돈 되는 실전 경매 5가지 아이템

나는 부동산 경매로 부자를 꿈꾼다!

돈 되는 실전 경매 5가지 아이템

나는 부동산 경매로 부자를 꿈꾼다!

정병철(정프로) 지음

매일경제신문사

경험에서
인생을 배우다

　어린 시절 우리 집은 가난했다. 정확하게 이야기하면, 내가 기억하는 어린 시절이 가난했고, 내가 기억하지 못하는 어린 시절은 부유했다고 한다. 아버지는 농협에 근무하셨고, 어머니는 평범한 주부셨다. 두 분이 아들 셋을 키우며 단란하고 화목하게 살던 시절이 있었다고 한다. 하지만 내가 기억하는 어린 시절은 돈 갚으라고 고래고래 소리 지르는 어떤 아저씨가 집에 찾아와서 행패를 부려서 어머니와 함께 무서움에 숨어 있던 기억밖에 없다. 농협에 잘 다니던 아버지는 사업을 한다고, 안정적인 직장을 때려치우고 사업을 하셨다. 하지만 잘되지 않았고, 심지어 친구 빚보증까지 잘못 서는 바람에 우리 가정은 풍비박산이 났다.

　무서운 얼굴을 하고 온 아저씨들이 집 안에 빨간딱지를 붙이면서 "이 딱지를 훼손하면 처벌받습니다"라고 협박 아닌 협박(?)을 했다. TV, 세탁기 등 집 안에 조금이라도 돈이 될 물건에는 전부 빨간딱지를 붙이고 갔다. 지금 생각해보면 그 무서운 아저씨들은 법원의 집행관들이었고, 강제경매를 위해 집 안 물건에 압류하고 갔던 것이었다. 경매를 알게 된

계기는 아마 어릴 때 집행관이 압류하는 것을 보면서였는지 모르겠다. 아무튼 그 당시에는 어려서 그런 상황들이 이해가 잘되지 않았지만, 지금 생각해보면 아버지가 돈을 갚지 못하자 채권자가 법원에 돈을 받아달라고 신청해서 강제 집행을 했던 것 같다.

이런 어릴 때의 경험이 나에게 영향을 줬는지, 유독 부자가 되어야겠다는 생각을 많이 했다. '어떻게 하면 돈 없고, 배경 없는 내가 부자가 될 수 있을까?' 고민을 많이 했다. 그리고 내 능력만큼 보상받는 직업이 뭘까를 고민하다가 세일즈라는 직업을 찾았다. 틀에 박히지 않고, 내가 일한 능력만큼 정직한 보상이 따르는 직업이며, 연고와 학벌보다는 오로지 능력과 실적에 의해 미래가 좌우되는 점이 마음에 들었다. 그래서 정말 여러 가지 세일즈를 경험하면서 택했던 직업이 보험 세일즈였다. 보험 세일즈를 알면서 부가가치에 대해서 알게 되었다. 단순히 보험 상품을 파는 게 아니라 보험의 가치, 즉 당신이 잘못되었을 때 당신 가정을 지켜줄 수 있는 보험을 준비해야 한다는 가치를 팔면서 이것이 진정한 세일즈라고 느꼈다.

세일즈로 전국 2위까지 실적을 내며 승승장구했고, 그렇게 1년 반이 지나던 어느 날, 외국계 보험회사에 스카웃 되었다. 열심히 세일즈 한 결과, 입사 3개월 만에 전국 세일즈 1위라는 위업을 달성했다. 철저히 세일즈 성과를 통해 관리자가 되는 외국계 금융회사의 인사시스템 덕분에 나는 금융매니저로 빠르게 성장할 수 있었다. 수많은 자산가와 만나며 대화하고, 그들이 어떻게 대한민국에서 부를 창출하며 사는지 생생하게 이야기하고 듣는 기회를 얻을 수 있었다. 대다수 부자는 부동산을 통해 부를 창출했고, 그중에서 부동산 투자를 통해 부자가 된 분들을 많이 만나며 다양한 투자 경험을 듣고 공유할 수 있었다. 특히 부동산 경매 분야는 그 당시만 해도 나에게는 생소하고 낯선 분야였는데, 덕분에 대한민국에서 부자가 되기 위해서는 부동산 투자가 필수이며, 부동산을 모르고는 부자가 될 수 없겠다고 느꼈다. 그래서 회사에 다니면서 부지런히 내 인생의 다음 부자 프로젝트인 부동산 투자 준비를 차근차근 실행해 나갔다.

어느 한 분야에서 전문가가 되기 위해서는 그 분야에서 10년 정도는 몸담아야 비로소 전문가의 반열에 오를 수 있다고 한다. 그래서 나 역시 금융 분야 경험을 10년 꼭 채우고, 제2의 인생은 부동산에서 이루겠다는 신념으로 차근차근 준비하고 있었다. 그리고 꼭 만 10년 하고 1개월이 되던 해에 금융회사를 그만두고, 2011년 부동산이라는 제2의 인생에 발을 들였다. 그로부터 13년이 지난 지금까지 나는 여전히 부동산 투자를 하고, 부동산 경매를 하며 제2의 인생을 살고 있다. 하지만 사람의 욕심은 끝이 없다. 남들이 말하는 부자 말고, 내가 진정 원하는 부자가 되기 위해 지금도 여전히 현업에서 공부하고 투자하며 바쁜 나날들을 보내고 있다. 금융보다 더 부가가치가 높고, 대한민국에서 부자가 되기 위해서는 꼭 해야 하는 부동산 투자를 열심히 하며, 한 걸음 더 내가 원하는 목표에 다가가고 있다.

몇 년 전에는 부동산 투자를 위해 건축 부분을 더 심도 있게 알고 싶어서 건축기사, 건설안전기사 자격증을 취득했고, 요즘에는 대학 평생교육원에서 부동산 관련 강의를 하고 있다. 내가 알고 있는 경험과 지식을 필요로 하는 다른 사람과 공유한다는 것은 참 의미 있는 일이다. 또한 초보자들이 실제로 도움받을 수 있는 전자책 출판도 제의받고 준비 중이다. 여러분들도 늦었다고 생각하지 말고, 지금까지 살아온 과정보다 앞으로 살아갈 미래를 위해 부동산 경매라는 새로운 분야에 도전해보길 바란다. 나는 여전히 현업에서 실전 투자자로 부동산 최일선에서 일하고 있다.

이 책에 기술된 내용은 단순히 부동산 경매를 위한 것은 아니다. 부동산의 본질적인 가치를 이해하고, 그 부동산의 가치를 스스로 평가할 방법을 제시하고 있다. 그래서 그 가치를 평가할 수 있는 부동산 기초지식을 습득하고, 그 위에 부동산 경매라는 기술을 배워 접목해야 부동산 투자에 성공할 수 있다. 책 한 권에 모든 것을 다 담을 수는 없지만, 최소한 부동산을 보는 안목을 배워서 가치를 평가하고, 경매라는 방법을 통해 당신이 부자가 되는 길에 한 발 더 다가가길 바란다.

정병철(정프로)

Part 4　　　**부자가 되는 실전 경매 아이템 5가지**

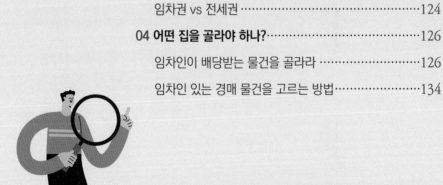

Part 1

부동산!
나무를 볼 것인가?
숲을 볼 것인가?

경매는 부동산을 사는
하나의 방법일 뿐이다

　사람들이 부동산 투자를 하는 가장 큰 이유는 현재 직장에서 정년을 보장받고, 월급이 평생 보장된다고 생각하지 않기 때문이다. 물론 주식 투자를 병행하며 수익을 보는 사람도 있겠지만, 적어도 대한민국에서는 부동산 투자가 더 안정적이고, 잘하면 큰돈을 벌 수 있으며, 파이어족이 되기 위한 가장 안정적이면서도 빠른 길이라고 생각한다. 또한 그 방법 중 부동산 경매는 정년도 없고, 땅덩어리가 좁은 대한민국의 특성상 '부동산은 실패하지 않는다!'라는 믿음이 있기 때문이다. 더군다나 불황과 호황을 가리지 않고, 일단 싸게 살 수 있다는 장점으로 인해 많은 관심을 받고 있다.

　하지만 초보자들에게 경매는 왠지 어려워 보인다. 경매 고수들 속에서 '초보자인 내가 과연 돈을 벌 수 있을까? 혹시 권리분석을 잘못해서 내 소중한 보증금이라도 떼이지 않을까?' 하는 별의별 생각과 두려움, 기대를 안은 채 경매 시장에 입문한다. 실수요자 입장에서는 조금이라도 내 집을 싸게 장만하기 위해서 입문하고, 투자자의 입장에서는 싸게 사서 정상가에 팔면 돈이 된다는 생각으로 오늘도 경매 시장에는 많은 사람이 참여한다. 대학 평생교육 강좌에서 유일하게 꾸준히 인기를 끌고 있는 부동산 강좌가 바로 부동산 실전 경매 교육 과정이다. 나 역시 현재 대학에서 부동산 투자 과정 강의를 하고 있지만, 생각보다 부동산에 관심이 있는 사람이 많다는 사실에 놀라곤 한다. 그중에서도 특히 부동산 경매 분야는 남녀를 가리지 않고, 나이도 가리지 않는다.

경매에는 초보자가 입찰하는 시장과 고수들이 입찰하는 시장이 따로 존재한다. 보통 갓 입문한 경매 초보들은 아파트 위주의 물건에 입찰하며, 하자가 없는 단순히 가격으로 승부를 볼 수 있는 물건에 입찰한다. 그래서 입지가 보통이고, 하자(선순위 임차인 등)가 없는 물건에는 많은 사람이 입찰해서 거의 시세보다 조금 싼 가격에 낙찰이 되는 모습을 자주 목격한다. 물론 이런 물건에는 경매 고수들은 입찰하지 않는다. 왜냐하면 그 사람들의 머릿속엔 경매는 싸게 사야 기본적으로 수익구조를 만들 수 있는데, 초보자들이 입찰하는 물건은 기본적으로 싸게 낙찰되지 않기 때문에 관심이 없는 것이다. 고수들에게 경매는 한번 잘못 입찰하면 소중한 내 돈이 날아가는 냉철하고 치열한 전쟁터다. 따라서 시세와 비슷하게 낙찰받는 것은 별 의미 없는 것이다. 그래서 경매 고수는 아이러니하게 실수요자를 이기지 못하는 것이다. 정확하게 이야기하면 경매 시장에서는 실수요자 시장과 투자 시장이 엄연히 따로 존재한다.

그렇다면 경매에서 단 몇 번의 입찰로 낙찰받는 경우와 몇십 번을 입찰했는데 아직도 낙찰받지 못한 경우가 있다면, 이런 상황을 당신은 어떻게 판단하는가? 사실 단순하게 이야기하면, 경매에서 낙찰받기 위해서는 높은 가격을 쓰면 낙찰된다. 아주 단순한 논리다. 그렇다면 수없이 패찰(경매에서 낙찰되지 않음)하는 사람은 그 사실을 몰라서 계속 패찰하는 것일까? 내 주위에는 경매 교육을 듣고, 경매 공부만 몇 년씩 하는 사람들이 많다. 어떨 때는 저 사람은 경매하기 위해 교육을 듣는다기보다 그냥 경매라는 학문을 공부하는 것처럼 학구열에 불타는 것처럼 보일 때도 있다. 당연히 실전 경매 입찰 경험은 없다. 벌써 몇 년째 권리분석에 매달리고, 판례에 매달려 이것은 이렇고 저것은 저렇다고 판단하며, 심지어 그 두꺼운 민법 책을 사서 책과 씨름하며 사는 사람도 있다. 나는 그런 사람을 보며 '저 사람은 왜 경매 공부를 할까?'라는 생각을 곰곰이 해본 적이 많다. 그런데 아이러니하게 경매 공부를 하면 할수록 낙찰 확률은 점점 줄어든다. 보이지 않던 위험들이 점점 보이기 때문에 입찰을 할 수 없다. 설령 입찰하더라도 다른 사람의 입찰가격과는 아주 괴리가 많은 최저가격에 입찰한다. 왜냐하면 그런 위험성을 다 감안하니까 물건의 입찰가격이 낮아질 수밖에 없다.

경매의 본질은 '부동산을 사는 하나의 방법'이라는 사실을 잊지 말자. 물건을 고를 때는 권리분석을 하되 최소한의 안전성만 검토하면 충분하다. 나머지 위험성은 경험을 통해서 익히면 충분하다. 그러기 위해서는 관심 물건 리스트를 만들어서 경매 법정이 열리는 매주 그 물건들의 낙찰상황, 낙찰가격을 체크해보며 내가 모의 입찰을 해본 결과와 대조한다. 낙찰가격과 낙찰자 수를 분석해서 점점 감을 끌어 올리는 준비 과정이 꼭 필요하다. 경매에서 모의 투자는 정말 좋은 습관이다. 모의 입찰을 실제로 내가 입찰하는 것처럼 물건 조사를 하고, 입찰가 산정도 해야 한다. 그 과정에서 수많은 모의 패찰을 경험을 해봐야 하고, 그러면서 점점 낙찰가격에 근접해가는 자신을 발견해야 한다. 어쩌면 경매는 낙찰받기 위해 하는 것이 아니라, 패찰을 경험하기 위해서 한다고 해도 과언이 아니다. 한번 잘못 낙찰받으면 보증금을 날릴 수도 있고, 큰돈이 묶일 수도 있고, 손해를 볼 수도 있다. 여러 번 패찰 경험 중 한 번의 제 대로 된 낙찰은 여러분들을 성장시키고 수익을 안겨 줄 수 있다. 그리고 패찰의 경험을 데이터로 축적하고, 향후 개선 시켜 나아가야 성공적인 경매를 할 수 있다.

- 패찰한 원인은 무엇일까?
- 부동산 가치를 제대로 평가했는가?
- 냉정하지 않고, 낙찰 욕심에 입찰가격을 너무 높게 썼나?
- 혹시 낙찰자가 이해 관계자인가?

여러 각도에서 패찰한 원인을 분석하고, 다음번 입찰에서 그 결과를 토대로 또 모의 입찰을 해본다. 패찰했다고 너무 실망할 필요는 없다. 부동산 경매 물건은 매주 쏟아진다. 기회는 언제든지 올 것이고, 나는 경험을 쌓아갈 것이다. 명심하라. 가장 중요한 것은 경매는 부동산을 사 는 하나의 방법일 뿐이다.

무엇이 부동산 가격을 결정하는가?

최근 몇 년 사이 아파트 가격은 많이 올랐다. 서울을 중심으로 광역시와 수도권에서 서울과 가까운 과천 의왕 등등 안 오른 곳이 없다. 또한 급격하게 오른 만큼 하락 폭이 심한 지역도 있었다. 그 와중에 몇몇 호재로 아파트 가격이 급반등한 지역도 있다. 대부분은 2018년을 기점으로 2배 이상 오른 지역이 많다. 경기 남부권에서는 대표적으로 GTX-A 노선의 부분 노선이 개통되며, 수서에서 동탄까지 운행이 시작되면서 동탄역 인근을 중심으로 신고가 아파트가 나오기도 했다. GTX가 도입된 이유는 서울의 인구를 분산하기 위함이었다. 일자리와 상업시설, 문화시설 등 각종 인프라가 잘 갖춰진 서울에 살기 위해 많은 사람이 인서울 하며 집중하는 현상을 방지하고, 서울 주변의 그린벨트를 넘어 좀 더 먼 곳의 넓은 지역에 신도시를 만들었다. 그러다 보니 좀 더 빠르게 서울로 접근하기 위해 GTX의 필요성이 대두되었다. 그 결과 동탄역에서 수서역까지 정확히 20분이면 도착할 수 있는 교통 혁명을 이룬 것이다.

필자 역시 GTX를 타봤는데, 신분당선을 타고 양재에서 용인 죽전까지 오는 시간보다, 거리는 훨씬 먼데도 불구하고 더 빨리 동탄까지 오는 것을 보면서 교통의 혁명이라고 느꼈다. 아파트의 관점에서 봤을 때는 분명 GTX 개통이 가격에 긍정적인 영향을 미치는 것은 사실이다. 하지만 상가의 관점은 어떨까? 과연 GTX 개통이 호재일까? 일단 동탄에 사는 사람들 입장에서는 그동안 서울로 가기 위해서는 광역버스 또는 SRT를 타거나 자가용을 이용해 갈 수 있었다. 하지만 GTX 개통으로 인해 한층 쉽고 빠르게 서울로 갈 수 있기 때문에 오히려 동탄에서 쇼핑하는 것보다 서울로 가서 쇼핑하고 오는 것이 더 쉽고 편리해졌다. 그렇다면 근린생활시설이나 상가의 가격에는 어떤 영향을 미칠까? 생각해보면 다소 부정적인 영향을 미칠 수도 있을 것 같다. 이처럼 교통망의 개선이 무조건 모든 부동산 가격에 긍정적인 영향만 미친다고 볼 수는 없다. 물론 현재는 3개 역(용인 구성역 제외)만 개통했기 때문에 아직 탑승객이 많지는 않지만, 향후 삼성역까지 개통되고 파주 운정까지 전체 개통이 되고 나면, 상황은 지금과 또 달라질 것이다.

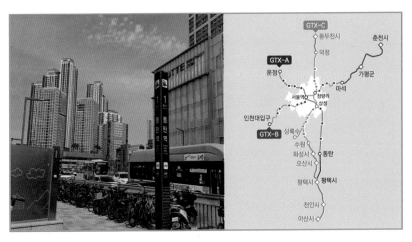

동탄역과 GTX 연장 노선   (출처 : 필자 촬영(좌), 국토교통부(우))

그렇다면 앞의 사례처럼 대한민국의 아파트 가격은 몇 년 사이에 어떤 이유로 올랐으며, 아파트 가격을 끌어올린 요인은 무엇일까? 금리가 내려서? 코로나로 인한 유동성 공급증가로? 전세가격이 올라서? 과도한 정부의 규제 정책 때문에? 여러분은 지금 말한 이러한 이유로 인해서 아파트 가격이 올랐다고 보는가? 조금 다른 측면에서 한번 분석해보자. 어떤 재화가 가격이 오르는 이유는 2가지 원인이 있다. 바로 '수요와 공급'이다. 최근 밥상 물가가 급등하고, 인플레이션으로 물가가 고공행진하고 있다. 그중에서도 서민들에게 가장 와닿는 과일 물가를 한번 보자. 최근 가장 가격이 많이 오른 과일 중에 하나가 사과다. 잦은 비와 온도, 일조량 등 기후위기로 인해 올해 사과 작황은 최악이었다. 그러다 보니 산지에서 사과 생산량이 급감했고, 그 여파로 사과 1개의 가격이 5,000원씩 하는 금사과의 시대가 왔다. 그렇다면 사과의 가격 상승 원인은 무엇일까? 바로 공급이 감소했기 때문이다. 반대로 사과의 공급 감소로 사람들은 대체 과일을 찾아서 몰렸고, 그 과일이 제주에서 생산되는 감귤이었다. 감귤이 본격적으로 수확되는 2023년 11월에만 해도 예년 가격이었던 감귤 가격이 사과의 가격 급등으로 2024년 1월부터는 2~3배씩 가격이 뛰었다. 바로 대체 과일을 찾아 몰린 수요의 영향 때문이었다.

여러분은 이 사과와 감귤 사례에서 어떤 것을 느끼는가? 어떤 재화에서 가격에 영향을 미치는 가장 큰 요인이 바로 수요와 공급이라는 사실을 느낄 수 있을 것이다. 부동산도 예외는 아니다. 금리가 인하되어 결과적으로 '수요가 증가'했기 때문에 집값이 오른 것이고, 공급이 감소해서 전세수요가 많아지니까 집값이 덩달아 오른 것이다. 정부에서 서울 수도권 아파트를 규제하니까 그 규제를 피해서 규제가 덜한 지방으로 수요가 몰려 지방 아파트의 가격이 오른 것이다. 결국 가격 등락의 정점에는 바로 '수요의 증가'와 '공급의 감소'라는 아주 기본적인 시장의 진리가 담겨 있는 것이다. 하지만 여기서 주목해야 할 점이 있다. 수요의 증가와 공급의 감소는 똑같이 가격을 상승시키는 요인이지만, 우리는 더 중요한 '거래량' 지표를 주목해야 한다. 가격이 오를 때 거래량 증가가 동반될 경우가 진짜 수요가 증가하는 것이고, 가격이 오르는데 거래량이 증가하지 않는 것은 공급이 감소할 경우다. 이 2가지 현상을 잘 분석해서 판단해야 한다. 전혀 다른 결과가 나오기 때문이다. 과일의 예시처럼 사과값이 오르면 사람들이 아예 사 먹지 않는다. 그렇지만 가격은 떨어지지 않는 것과 같은 이치다.

이 공식을 부동산에 대입해보면 현재 사과와 같은 시장이 토지 시장이고, 감귤과 같은 시장이 아파트 시장이다. 도심 내 상업지의 땅값은 공급이 한정되어 있어서 가격이 내리지 않는다. 일반인에게는 없어도 되는 토지이지만, 이러한 토지가 꼭 필요한 시행사에는 비싸더라도 필요한 토지이기 때문에 공급이 한정되어 있는 한 가격은 내리지 않는다. 하지만 아파트의 경우는 어떤가? 대한민국에서 아파트는 투자 수요도 있지만, 일단 실거주가 목적이다. 기본적인 수요가 많다는 의미다. 하지만 실거주를 목적으로만 아파트를 구입한다면, 한번 구입한 아파드에서 최소 10년 이상은 거주할 확률이 높다. 그만큼 거래도 뜸할 것이며, 가격 변동 폭도 크지 않을 것이다. 그런데 우리나라에서 아파트의 개념은 어떤가? 예를 들어 지방에서 살다가 애들이 자라면 좀 더 나은 교육 환경을 위해 수도권 외곽에 이사 간다. 지방에서 판 아파트 가격에 대출을 조금 받으면, 수도권 외곽에 아파트를 충분히 마련할 수 있다. 그리고 몇 년 지나서 아파트 가격이 올랐다. 이번에는 그 아파트를 팔아 서울 외곽의 아파트를 대출 좀 더 받아서 샀다. 그런데 몇 년 지나니 아파트 가격이 또 올라서 서울 시내의 아파트를 대출 좀 더 받아서 산다. 이런 순환이 이루어지는 것이다. 그러니 아파트에서 실거주하면서 위치는 점점 서울 도심 내부로 이동하면서 자산이 큰 아파트를 소유하는 형태로 우리나라 아파트는 진화해왔다. 그렇기 때문에 그 대출이자를 감당하면서 현금은 부족한 하우스 푸어가 양산되는 문제점을 일으켰다. 결과적으로 지금의 베이비부머 세대인 60~70대의 서울 아파트 자가 거주자들은 자산의 대부분이 부동산이고, 정작 현금이 부족한 현상이 발생하는 것이다.

이러한 상황을 본다면, 사람들이 여전히 서울에 아파트를 소유하고 싶어 하는 열망이 식지 않는 한 대한민국에서 아파트 불패는 계속 지속될 것으로 보인다. 또 하나의 측면은 이러한 베이비부머 세대들이 1세대 1주택자보다는 다주택자가 더 많다는 사실이다. 아파트로 돈을 벌다 보니 본인이 살 실거주 아파트 외에도 투자 목적으로 2주택, 3주택을 보유한 이들도 많다. 만약 실거주하는 아파트만 있다면, 거주만 해야 하기 때문에 매도하기 쉽지 않아 거래량이 늘어날 수가 없다(신규 공급이 없거나 적다는 가정). 하지만 2주택 이상의 주택부터는 나이가 들어가고 현금이 필요하면, 적당한 가격 시점을 보고 매도할 확률이 높아진다. 사실이 베이비부머 세대들의 2주택 이상의 주택이 대한민국에서 아파트 유동성을 공급하는 아주 큰 하나의 공급 축이었다. 그래서 이 공급자들이 현금이 필요하거나 집이 더 오르지 않을 것으로 판단되는 어느 시점부터는 시장에 주택을 내놓아 공급이 늘어날 것이며, 집값은 향후 공급과잉으로 인해 하락할 수도 있다는 사실을 염두에 둘 필요가 있다.

돈이 머무는 길목!
역세권에 주목하라

돈이 머무는 길목이 역세권이라는 사실은 여러분도 공감할 것이다. 여기서 돈이 지나가는 길은 철도 교통망을 뜻한다. 신설되는 철도와 도시철도, 그리고 광역급행철도(GTX) 등 부동산에서 떼려야 뗄 수 없는 역세권을 말하는 것이다. 물론 고속도로나 순환도로 등 자동차 관련 도로도 포함되지만, 필자가 강조하고 싶은 부동산 관점에서 돈이 지나가는 길은 '철도망'이다. 그럼 왜 철도망을 이야기할까? 우리나라는 서울 수도권에 전체 인구의 50%가 거주한다. 인구 5,000만 명 중에 2,500만 명이 거주한다는 뜻이고, 그중에 약 1,000만 명이 서울에 거주하고 1,500만 명이 수도권에 거주한다.

'2023년 경기도사회조사'에 따르면, 경기도민의 출근 시 평균 소요 시간은 39분이며, 서울로 출근하는 것은 1시간 7분으로, 평균 출근 시간의 1.7배가 걸리는 것으로 조사되었다. 경기도는 2023년 9월 1일부터 15일까지 도내 3만 1,740가구 내 15세 이상 6만 2,257명을 대상으로 복지, 주거와 교통, 문화와 여가, 교육, 소득과 소비, 일자리와 노동 등 6개 부문에 대한 사회조사를 실시했다. 조사 결과 15세 이상 도민 10명 중 6명이 출근하고 있으며, 출근 지역은 거주하고 있는 시·군이 54.5%로 가장 많고, 도내 다른 시·군 21.4%, 서울 20.3% 순으로 조사되었다. 출근 시 평균 소요 시간은 39분이었으며, 거주하는 시·군 내 출근은 평균 24분이었다. 경기도 내 다른 시·군은 48분, 서울로 출근은 1시간 7분이 걸리는 것으로 나타났다. 연령대별로는 모든 연령대에서 거주 시·군으로 출근하는 비중이 가장 높으며, 서울로 출근은 30대(25.2%)가 가장 많고, 20대(23.7%)가 뒤를 이었다. 나이가 많아질수록 서울로의 출근은 적고, 거주 시·군 내 출근 비율이 높게 나타났다.

경기도민 평균 출근 소요시간은 39분, 서울로 출근 시간은 1시간 7분이라는 것도 자가용의 경우는 여러 변수를 고려해야 하고, 그나마 정시 도착이 보장된 지하철과 국철 등 철도망을 이용해야 그러한 교통 정체 변수에서 해결될 수 있다. 결국 많은 사람이 서울과 접근성을 최우선으로 생각한다. 그렇다면 우리는 어떤 아파트에 주목해야 할까? 철도 계획은 이미 다 공개가 되어 있다. 조금만 손품을 팔면 인터넷에 정보공개가 되어 있고, 국토교통부의 제5차 국토종합계획만 들여다봐도 다 나온다. 그래서 향후 투자하면 성공할 수 있는 역세권 아파트의 조건과 이러한 역세권 주변만 검색해서 나온 경매 물건을 투자하면, 실패하지 않는 안정적인 투자를 할 수도 있다.

먼저 기본적인 아파트의 가치를 판단할 때 교통망, 학군, 주변 편의시설, 세대수, 면적 등 통상 판단하는 아파트의 가치 판단 기준이 있다. 그런데 여기서 우리가 고민해봐야 할 부분이 있다. 이 교통망이라는 요인은 보통 신도시에 호재로 많이 작용한다. 실제로 여러분들도 수도권 신도시에 가보면 구획정리가 잘된 택지에 아파트만 덩그러니 있고, 심지어 학교 부지만 있고, 학교도 건축되지 않은 그야말로 역세권이 될 아파트인데, 현재는 아파트만 덩그러니 있는 모습을 종종 목격한다. 반면 신도시와 인접하고 있는 구도심에는 전통적으로 중학교, 고등학교가 자리 잡고 있다. 초등학교는 신도시의 경우도 의무적으로 세대수에 비례해서 계획부터 개교까지 어느 정도 맞춰 가지만, 중고등학교의 경우는 그렇지 않다. 대중교통도 부족한데 학교마저 멀기 때문에 중고등학교 학생이 있는 세대의 경우는 신도시로 이사하기 쉽지 않다. 그래서 대부분의 신도시에는 초등학교 이하 자녀가 있는 젊은 세대들이 많고, 반면 중고등학교 학군이 있는 구도심 아파트에는 학군으로 인해 전통적인 40~50대의 중산층 이상의 세대가 많다.

그렇기 때문에 아파트의 가치에 가장 많이 영향을 미치는 교통망과 학군은 초기에는 절대로 양립할 수 없는 구조다. 신도시 초기 젊은 인구가 대거 유입되었다가 자녀가 중고등학교로 진학하면서 자연스럽게 학군 위주로 이사를 할 수밖에 없다. 따라서 신도시라고 하더라도 중고등학교 예정지에 얼마나 빨리 학교가 설립되는지 여부와 신도시에서 기존 중고등학교가 가까운 지역일 경우 다른 지역보다 아파트 가격 방어가 잘되고, 상승 폭이 더 높아질 확률이 높다. 또한 신설 역사가 생기는 역세권이나 기존 역이 있는데 노선이 추가되거나 새로운 노선이 생기는 경우(대표적으로 기존 역에 GTX 등이 추가되는 경우)는 더블 역세권이 되는 것인데, 그렇다면 역세권은 다 동일하게 판단하는 것이 맞을까? 실거주가 목적이든, 투자가 목적이든 내가 사는 아파트가 지하철역과 가까우면 많은 이점이 있다. 특히 서울로 출퇴근하는 경우는 더욱 장점이 된다. 걸어서 지하철역을 갈 수 있는 아파트와 버스로 환승해야 하는 아파트 중 어떤 아파트가 더 비쌀까? 당연히 도보로 지하철역에 갈 수 있는 아파트가 더 인기 있고 비쌀 것이다. 그렇다면 도보로 얼마 정도 거리의 아파트를 역세권 아파트라고 하고, 그 가치를 인정받는 것일까? 통상 도보로 10분 내 500m 이내 거리는 초역세권, 10~15분 이내 거리상으로 1km 이내의 아파트는 역세권 아파트 단지로 인정받을 수 있는 기준이다. 물론 그 이상 도보 시간이나 거리의 아파트도 역세권 아파트로 불릴 수도 있지만, 우리가 주목해야 할 아파트 단지는 도보 15분 내의 거리 1km 이내라는 사실을 잊지 말자.

아파트 가치와
즉시 반영하는 국가철도망

수도권 아파트 가격에 가장 중요한 요소 중의 하나가 바로 지하철역이다. 흔히들 말하는 역세권, 더블 역세권, 트리플 역세권이다. 아파트 홍보 기사를 보면 자주 보는 내용이다. 그만큼 역세권이 부동산 시세에 미치는 영향은 대단하다. 그래서 실거주 목적이든, 투자 목적이든 역세권은 부동산을 사고파는 데 있어 아주 중요한 요소 중 하나다. 하지만 역세권이라도 다 같은 역세권은 아니다. 수도권의 경우는 서울 중심 지역, 즉 강남, 서초, 송파나 종로, 명동 등 핵심지역으로 얼마나 빨리 이동할 수 있는지에 따라서 역세권의 위력도 달라진다. 물론 지하철역이 없는 지역과는 비교할 수 없겠지만, 역세권 내에서도 그 위상과 가치가 다르기 때문에 잘 판단해야 한다. 되도록 신설 지하철역 예정지에서 서울 중심 지역으로 이동하는 시간이 1시간 이내이고, 열차 간격도 짧으면 짧을수록 좋다. 그런 역 주변이라면 그 신설 지하철역 주변의 아파트는 시간이 지나면서 점점 더 가치를 인정받고 가격도 많이 상승한다.

일반적인 철도망 중에서는 이렇게 지하철이 가장 부동산 가격에 영향을 많이 미친다. 왜냐하면 대부분 직장인이 출퇴근 시에 정시 도착 가능성이 가장 큰 지하철을 이용하기 때문이다. 러시아워 시간에 수도권 지하철을 한 번이라도 이용해본 분들이라면 잘 알 것이다. 우리나라 인구의 절반이 모여 사는 서울 수도권에 늦지 않고, 목적지에 정확하게 데려다주는 수단이 바로 지하철이기 때문이다. 또한 역세권 주변에는 각종 쇼핑센터와 문화시설, 음식점, 카페 등 사람들이 만나서 이야기하고 즐기는 장소들이 집중되어 있다. 사람들이 모이고 유동 인구가 많아지면, 자연스레 부동산 가격은 올라간다. 그래서 역세권이 대표적으로 부동산 가격을 올리는 것이다. 지금까지는 우리가 흔히 아는 지하철에 대해서 이야기했는데, 이제 좀 더 범위를 넓혀서 국가철도망에 대해서 이야기해보자. 우리나라도 개발도상국이었던 시절에는 고속도로가 경제에 영향을 더 많이 미쳤던 시기가 있었다. 현재는 전국적으로 도로망이 잘 구축되어 있고, 차량으로 하루 만에 어디든 가는 1일 생활권 시대가 열렸다. 하지만 이 철도망은 조금 다른 의미를 지닌다.

현재는 제4차 국가철도망 구축계획으로 2012~2030년까지 계획이 세워져 있다. 한국철도공단 홈페이지에 가면, 이 국가철도망 계획 지도를 다운받아서 볼 수 있다. 부동산 투자를 하는 사람이면 제5차 국토종합계획과 더불어 꼭 보고, 분석해봐야 할 중요한 자료다. 최근 발표된 광역급행철도(GTX) 연장 노선 빼고는 정확하게 반영되어 있으니 한번 참고하길 바란다.

7대 추진과제

1. 철도 운영 효율성 제고
용량 부족 해소 및 기존 노선 급행화

2. 주요 거점 간 고속 연결
일반철도 고속화, 고속철도 운행지역 확대

3. 비수도권 광역철도 확대
기존 노선을 활용한 광역철도망 구축,
지방 대도시권 등 활성화를 위한 신규 광역철도 건설

4. 수도권 교통 혼잡 해소
광역급행철도망 구축, 신규 광역철도망 확대

5. 산업 발전 기반 조성
철도를 통한 산업 활동 지원, 철도 산업 도약을 위한 기반 시설 조성

6. 안전하고 편리한 이용 환경 조성
성능 중심 철도 시설 관리체계 구축을 통한 철도 안전 강화,
이용자가 편리한 철도 환경 조성, 환경 친화적인 철도 건설 추진

7. 남북·대륙 철도 연계 대비
통일시대에 대비한 남북 철도 연결, 남북/대륙 철도 연결 및 국제 철도
운행 준비

철도 7대 추진과제　　　　　　　　　　　　　　　　　　　(출처 : 한국철도공단)

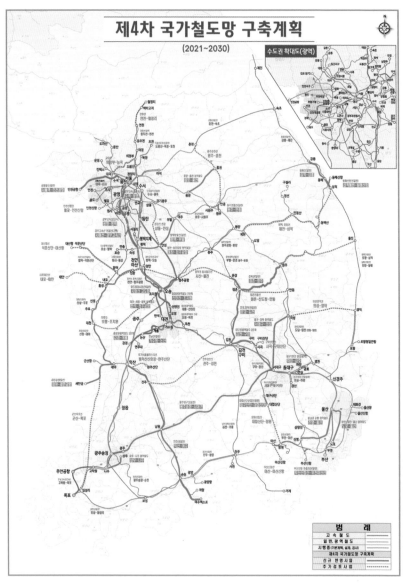

제4차 국가철도망 구축계획 (출처 : 한국철도공단)

- 공사 중인 사업 : 7개 사업 373.8km

노선명	사업구간	사업내용	연장(km)	총사업비(억원)	사업기간
삼성-동탄 광역급행철도	삼성-동탄	복선전철	39.7	21,349	2014~2024
신안산선 복선전철	안산-여의도	복선전철	44.9	43,055	2016~2024
대구권 광역철도	구미-경산	기존선개량	61.9	2,092	2014~2025
충청권 광역철도(1단계)	계룡-신탄진	기존선개량	35.4	2,583	2016~2026
수도권광역급행철도(A노선)	파주-삼성	복선전철	42.6	36,157	2018~2024
수도권광역급행철도(B노선)	인천대입구-용산, 상봉-마석	복선전철, 기존선개량	62.8	38,421	2022~2030
수도권광역급행철도(C노선)	덕정-수원/상록수	복선전철	86.5	46,084	2019~2028

- 설계 중인 사업 : 4개 사업 59.9km

노선명	사업구간	사업내용	연장(km)	총사업비(억원)	사업기간
용산-상봉 광역급행철도	용산-상봉	복선전철	20	25,584	2022~2030
신분당선(광교-호매실)	광교-호매실	복선전철	10.1	10,916	2022~2028
충청권 광역철도(옥천연장)	대전조차장-옥천	복선전철	20.1	490	2021~2026
태화강-송정 광역철도	태화강-북울산	복선전철	9.7	262	2022~2025

광역철도사업 내용   (출처 : 한국철도공단)

통상 부동산 가격은 개발계획 발표 때, 공사 착공 때, 마지막으로 공사 준공 때 3번 상승한다. 철도계획은 더 장기적인 계획으로 통상 개발계획 발표부터 준공까지 10~15년 정도 걸리는 장기 국책 사업이다. 또한 그 기간에 수많은 경기 변수와 대내외 상황에 따라 차이는 있겠지만, 대체적으로는 우상향하는 그래프를 보인다. 최근 부동산 시장에서 가장 주목받았던 철도망 이슈가 바로 앞서 이야기한 광역급행철도(GTX) A노선 일부 구간인 수서-동탄 구간이 2024년 3월 말 개통해서 운행한다는 소식이었다. 앞의 광역철도 사업내용을 보면 알겠지만, 사업기간이 2014~2024년까지 10년이다. 그렇다면 가장 수혜받는 아파트 단지인 동탄역 롯데캐슬 아파트의 전용 138㎡(구 41평)의 가격은 어떻게 변했을까?

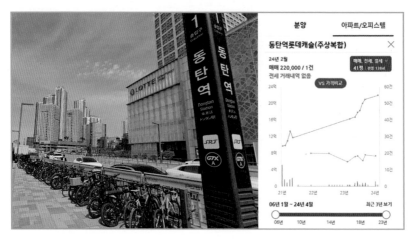

동탄역롯데캐슬   (출처 : 필자 촬영(좌), 호갱노노(우))

　2021년에 9억 원이었던 아파트 가격은 3년 만에 22억 원에 거래가 되었다. 물론 전적으로 GTX 영향으로만 올랐다고 단언할 수는 없지만, GTX 개통이 아파트 가격에 큰 영향을 준 것은 분명하다. 따라서 당신이 서울 외곽 경기도에 투자할 지역을 찾는다면 그 방법이 매매든, 경매든 해답은 신설 철도망을 주목해서 봐야 한다. 다만 GTX 투자와 기존 도시철도 투자는 성격이 다르고, 투자해야 할 지역도 다르다. 일반 도시철도에서 연장되는 구간이 있다. 새로 신설되는 역도 당연히 생길 것인데, 그런 도시철도 연장 구간은 서울과 가까운 지역으로 투자해야 하고, GTX 연장 구간의 경우는 서울에서 멀수록 투자 가치가 더 크다. 왜냐하면 GTX는 광역급행철도이기 때문에 시속 100~180km의 속도로 달린다. 서울에서 먼 곳이 더 큰 효과를 볼 수 있기에 향후 경기 남부는 오산, 천안, 아산을 주목할 것을 권한다.

05

경매보다 먼저
부동산의 가치에 집중하라

　사람들이 부동산 경매에 대해서 오해하는 부분이 있다. 그것은 마치 경매만 알면 부동산 투자로 무조건 수익을 볼 수 있다고 착각하는 것이다. 부동산 경매는 단지 부동산을 구입하기 위한 방법 중 하나일 뿐이다. 경매를 통하면 마치 가치가 높은 부동산을 싸게 사서 비싸게 팔 수 있다는 환상에 빠지는 경우가 많은데, 냉정하게 이야기하면 부동산의 가치를 공부하고 경험하지 않으면, 경매라는 방법은 무용지물이라는 사실을 잊지 말길 바란다. 경매를 잘하기 위해서는 기본적으로 그 부동산의 가치를 스스로 보고 판단할 줄 알아야 한다. 예를 들어 당신이 사는 아파트를 생각해보라. 당신이 사는 아파트의 가치와 시세는 누구보다 그곳에서 사는 당신이 가장 잘 안다. 세대수, 학군, 교통, 편의시설, 주변 상황 등 심지어 향후 어떤 교통망 계획이 있는지, 주변에 어떤 편의시설이 들어올지도 이미 알고 있을 것이고, 그러한 모든 상황을 판단해서 현재 내가 사는 아파트의 가격은 얼마이고, 향후 얼마의 가치로 올라갈 것인지 누구보다 당신이 가장 잘 알고 있을 것이다. 그래서 내가 사는 아파트의 가치가 내려갈 것 같으면 더 하락하기 전에 갈아타기를 시도할 것이고, 아파트의 가치가 상승할 것 같으면 실거주하며 그때를 기다려서 목표 가격이 왔을 때쯤에는 매도 전략을 세울 것이다.

그렇다면 만약 내가 사는 아파트의 가격이 8억 원인데, 나와 비슷한 동, 비슷한 층의 아파트 물건이 경매로 나왔고, 한 번 유찰되어 최저가 5억 6,000만 원에 나왔다면, 당신은 어떤 관점에서 이 물건을 바라볼 것인가? 그 지역에 살지 않는 외지 사람들은 당신의 아파트 가치를 당신만큼 알 수는 없다. 물론 손품, 발품을 팔아서 경매 물건 분석을 통해 어느 정도 알 수는 있지만, 그 아파트 단지에서 사는 당신보다는 속속들이 알지 못할 것이다. 만약 당신의 지인이 이 아파트를 물어본다면 특별한 하자가 없다는 전제하에 당신은 아주 자신 있게 "싸게 나왔으니 입찰해도 돼"라고 이야기를 할 것이다. 왜냐하면 당신은 이미 그 아파트의 시세를 정확히 알고 있기 때문에 7억 원에 낙찰받으면 1억 원 정도 수익이 나고, 7억 5,000만 원에 낙찰받아도 5,000만 원이 수익이라는 사실을 알기 때문이다. 바로 이 아파트의 시세를 정확히 알고 있기 때문에 가능한 일이다. 그만큼 경매에서 부동산의 가치는 중요하다.

최근 우리 사회를 떠들썩하게 했던 빌라 전세사기가 일어난 배경도 바로 이 부동산의 가치를 전세 세입자가 알 수 없기 때문에 발생한 일이다. 그 빌라의 가격을 어느 정도 스스로 파악할 수 있는 능력이 되었던 사람은 절대로 매매가격과 비슷한 전세금을 주고, 빌라에 들어가는 일은 없었을 것이다. 그 점을 노린 업자들에게 고스란히 당할 수밖에 없었던 것이었다. 물론 일반인이 신축 빌라의 시세를 파악한다는 것은 사실 무리다. 하지만 적어도 경매를 공부해봤던 사람은 한 번쯤은 내가 전세로 들어갔을 때 최악의 경우 경매로 진행될 수 있고, 그렇게 되었을 때 내 전세금은 보호가 될 수 있는지 여부에 대해서 심각하게 고민했을 것이다. 그래서 경매를 아는 것과 모르는 것은 살아가면서 부딪힐 수 있는 수많은 부동산 변수에 선제적으로 대처할 수 있는 기술 하나를 익히는 과정이라고 생각할 수 있다. 아파트의 경우에는 비교적 시세 확인이 쉽다. 부동산 관련 사이트와 앱을 보면, 다수의 거래사례와 실거래가 공개되어 있어서 누구나 조금만 손품을 팔고, 현장 답사를 통해 부동산 몇 군데만 가도 시세를 파악할 수 있다. 따라서 주거용 부동산을 가치 평가할 때는 내가 여기에 살고 있다는 관점에서 평가한다면, 조금 더 정확한 시세 파악이나 가치 판단이 가능할 것이다. 일단 시세 파악이 정확하게 된다면, 그다음은 입찰가격 산정 싸움이니 훨씬 쉬울 것이다.

06

내 눈에는 같은 땅인데,
이 땅이 더 좋은 땅이라고?

앞의 사례처럼 아파트는 손품, 발품을 좀 팔면 시세 조사가 그렇게 어렵지 않다. 하지만 토지는 어떨까? 많은 사람이 토지 투자에 관심을 두고 있지만, 토지를 어려워한다. 왜 토지는 어려울까? 쉽게 이야기하면 토지는 토지 그 자체의 가치보다 그 토지 위에 할 수 있는 개발행위나 건축할 수 있는 건축물의 종류와 넓이, 높이에 따라 토지의 가치가 정해지기 때문에 어렵다. 그런데 현재 토지 위에 건물이 없는 맨땅일 때에는 일반인들의 눈에는 그 땅이 그 땅처럼 보인다. 그래서 토지 투자에 관심은 많지만, 일반인들이 그나마 덜 어렵고 가장 안전하고 확실한 수익을 보기 위해 하는 투자가 바로 택지지구 내에 있는 토지 투자다. 이 토지를 사서 일명 원룸 건물이나 상가 주택을 건축해서 거주하다가 팔거나, 아니면 택지지구 내 토지를 사서 시세가 오르면 토지를 되팔아 수익을 내는 투자를 한다. 일반인들이 가장 기본적이면서도 안전한 방법으로 여기는 투자다. 시간이 지나면서 도심이 형성되면 자연스럽게 땅값이 상승하는 전형적이 도심 내 투자다.

필자는 전작 《지금은 땅이 기회다》에서 택지지구의 땅값은 5단계에 의해 상승한다고 설명한 적이 있다. 하지만 이러한 택지 투자에서조차 토지를 볼 줄 아는 안목이 있으면, 남들 눈에는 안 보이지만 내 눈에는 보이는 방법으로 좋은 토지를 선점할 수 있다. 분양이나 매매의 경우 해당되지만, 경매의 경우도 택지는 한꺼번에 몇 필지씩 경매에 나오는 경우가 있다. 일반인들은 다 그냥 비슷한 땅이라 생각하고 입찰하는 경우가 많은데 절대 그렇지 않다. 특히 택지지구 내에 있는 반듯반듯하게 구획된 택지의 경우는 꼭 건축을 염두에 두고, 토지의 가치를 평가해야 한다. 지금 내 눈앞의 택지는 다 똑같아 보이지만, 실제로 건축했을 때는 그 땅의 위치에 따라 땅의 가치 차이가 크게 난다. 가격은 비슷하지만 훨씬 더 값어치가 있는 용도의 땅을 골라내는 방법을 지금부터 알아보겠다. 택지 투자에서 가장 먼저 알아야 할 내용이 일조권 사선제한이다.

일조권 사선제한

건축법

제61조(일조 등의 확보를 위한 건축물의 높이 제한)

① 전용주거지역과 일반주거지역 안에서 건축하는 건축물의 높이는 일조 등의 확보를 위하여 정북방향(正北方向)의 인접 대지경계선으로부터의 거리에 따라 대통령령으로 정하는 높이 이하로 하여야 한다.

(출처 : 법제처 국가법령정보센터)

건축법 제61조에 의해 주거를 위한 지역에서 정북방향과 맞닿은 토지로부터 일정 거리를 이격해 북쪽에 있는 주거용 토지 및 건물에 일조 등을 확보하기 위한 법이다. 주거용 건물에서 남향이 좋다는 사실은 누구나 다 안다. 또한 누구나 햇볕을 쬘 권리가 있다. 태양은 남쪽에서 비추기 때문에 앞에 있는 건물로 인해 일조권을 방해받아서는 안 되기 때문에 법으로 일정 부분 보장하자는 취지의 법이다.

일조권 적용으로 4층이 꺾인 모양의 건물

　택지지구의 주거지역을 가보면 위 자료의 건물처럼 일조권 사선제한을 받아 4층에서 꺾인 건물이나 테라스를 만든 건물, 대각선 등으로 건축된 건물을 흔히 볼 수 있다. 부동산은 최유효이용 원칙이 있다. 법에서 허용하는 한 최대한 정해진 법규 내에서 최대 효용을 낼 수 있는 건물을 건축하는 것이 수익률 측면에서도, 부동산 가치의 관점에서도 옳은 일이다. 따라서 위 자료의 두 번째, 세 번째 건물도 테라스를 만들기보다 첫 번째 건물처럼 반듯한 건물로 건축해 건축면적을 더 넓히고 싶었을 것이다. 다만 법이 일조권 사선제한을 하고 있으므로, 건축면적으로 사용할 수 없어서 어쩔 수 없이 테라스로 만든 것이다. 건축주 입장에서는 일조권 사선제한을 받지 않는 토지를 샀더라면 건축면적을 다 찾아 먹을 수 있었을 텐데 하는 아쉬움이 있을 것이다. 그러는 와중에 최근 좋은 소식도 들렸다. 2023년 9월 12일, 건축법 시행령 중 일조권 사선제한이 9m에서 10m로 완화되었다.

건축법 시행령

제86조(일조 등의 확보를 위한 건축물의 높이 제한)

① 전용주거지역이나 일반주거지역에서 건축물을 건축하는 경우에는 법 제61조 제1항에 따라 건축물의 각 부분을 정북(正北) 방향으로의 인접 대지경계선으로부터 다음 각 호의 범위에서 건축조례로 정하는 거리 이상을 띄어 건축하여야 한다. 〈개정 2015. 7. 6, 2023. 9. 12〉

1. 높이 10미터 이하인 부분 : 인접 대지경계선으로부터 1.5미터 이상
2. 높이 10미터를 초과하는 부분 : 인접 대지경계선으로부터 해당 건축물 각 부분 높이의 2분의 1 이상

(출처 : 법제처 국가법령정보센터)

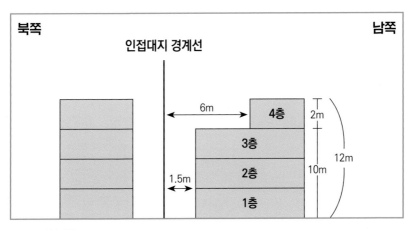

일조권 사선제한

그렇다면 일조권 사선 10m는 어떤 차이가 있을까? 일반적으로 건물 높이 3층까지는 일조권 제한이 거의 없다. 이는 보통 1개 층의 층고가 보통 3m로 설계되기 때문에 일조 사선이 10m로 완화됨으로 인해 1층을 4m로 설계하는 등 신축의 이점이 생긴다는 의미다. 그렇게 되면 건물 컨디션은 물론, 미관과 임대료에도 영향을 줄 수 있다. 그렇다면 어떤 건물이 일조권 사선제한에 유리할까? 통상 주거용 건물(아파트 포함)은 남향이 좋고, 상업용 건물(근린생활시설, 사무실 등)은 북향이 좋다고 한다. 상업용 건물은 일조보다 최대한 면적을 확보해 사업성을 더 높이는 게 유리하기 때문이다.

하지만 남향 도로를 가진 건물은 일조 사선을 많이 받고, 북향 도로에 접한 토지는 북쪽에 다른 건축물이 없으니 일조 사선을 적게(완화) 받을 수 있다. 따라서 똑같은 모양의 택지 내 토지도 가격은 동일하지만, 그 용도는 많은 차이를 보일 수 있다. 보통 건축을 전문적으로 하는 업자들은 부동산 중개사무소에 북향 도로에 접하는 일조권을 받지 않은 토지를 먼저 찾으며, 가격이 조금 더 비싸더라도 북향 도로에 접한 택지를 선호한다. 그렇기 때문에 건물과 접하는 도로의 방향성이 상가 주택이나 꼬마빌딩의 수요와 가치에 큰 영향을 줄 수밖에 없다. 실제로 다음 자료의 경매 사건 경우는 좋은 사례라고 할 수 있다.

다음 자료는 똑같은 택지 내 토지 4필지가 경매로 나왔는데, 기호 1번과 기호 2번이 제일 먼저 낙찰되었고, 그다음 회차에 기호 3번이 매각되었으며, 기호 4번은 한 번 더 유찰되었다. 필자가 이야기한 일조권 사선 제한을 이해한다면, 낙찰된 순서와 마지막 토지가 왜 아직 낙찰되지 않았는지 이해할 수 있을 것이다.

| 관련물건 | | 1 매각 | 2 매각 | 3 매각 | 4 진행 | ▶ |

미스고 부동산

경매 **2023타경___** (4) ___ 지방법원 경매4계 (click)

___ ___ **2831-4**

📄 주소복사

📍거리뷰

감정가	최저가 (▼66%)	실거래 매매가	실거래 전세가
286,185,200원	98,162,000원		

사진 더 보기

사건개요 | 매각기일 2024.05.07(화) 10:00

물건종류	대지	감정가	286,185,200원 (평당 1,887,640원)
전체 건물면적	-	최저가	(▼66%)98,162,000원 (평당 647,463원)
전체 토지면적	151.61평 (501.2m²)	보증금	(10%) 9,816,200원
매각형태	토지 매각	소유자	___
경매개시결정일	2023.___	채무자	___
사건명	부동산임의경매	채권자	___
사건접수일자	2023.___	진행상태	진행중
관련사건			
물건 특이사항			

지적 및 건물개황도

___ ___ **2830 외 3필지**   S = 1/1,000

경매 진행 물건 사례

(출처 : 미스고부동산)

Part 2
당신을 부자로 만들어 줄 수 있는 부동산 경매

왜 부동산
경매인가?

부동산 경매는 단지 부동산을 사는 하나의 방법이라고 필자가 이미 언급했다. 부동산을 사는 방법은 대표적으로 시장에서 거래되는 물건을 사는 매매가 있다. 경매를 통해서 사면 좋은 점이 분명 있다. 세상에는 싸고 좋은 물건이 없다고 하지만, 경매 시장에서는 예외다. 분명 싸면서 좋은 물건이 있다. 다만 그 물건은 공개되어 있지만 어떤 사람에게는 보이고, 어떤 사람에게는 보이지 않는다. 똑같은 물건인데 왜 어떤 사람에게는 보이는데, 어떤 사람에게는 보이지 않는 것일까? 지금 이 책을 읽고 있는 당신도 싸고 좋은 물건을 볼 줄 아는 안목을 키우기 위해 공부하며 노력하고 있을 것이다.

부동산 경매는 채권자의 돈을 채무자가 갚지 못했을 때 담보로 맡겼던 부동산을 강제로 매각하는 절차다. 따라서 돈을 빌리면서 담보로 맡겼기 때문에 기본적으로 가치가 있는 부동산일 확률이 높다. 아예 가치가 없다면, 은행이 그 부동산을 담보로 돈을 빌려줄 일이 없을 것이다. 따라서 은행이 돈을 빌려주며, 담보로 설정하는 부동산은 감정평가를 통해 그 부동산의 가치를 최대한 보수적으로 평가하려고 했을 것이다. 왜냐하면 혹시라도 나중에 채무자가 이자를 연체하거나 원금을 갚지 못할 경우에 경매 절차를 통해 빌려준 돈을 회수해야 하므로, 최대한 부동산의 가치를 보수적으로 낮게 그 가치를 매길 것이다. 만약 평가해봤는데 가치가 매우 낮다면, 아예 대출 실행이 불가능할 수도 있다. 그래서 경매로 나오는 부동산은 1순위 근저당 금액을 잘 분석해보면, 은행의 시각에서 이 부동산을 바라보는 채권 회수 금액을 파악할 수 있다. 그 금액이 법원 감정가격의 몇 % 정도인지, 현재 시세의 몇 %인지를 분석해보면 낙찰가격을 산정할 때 도움이 될 수 있다.

예를 들어 감정가격 5억 원의 아파트가 첫 회 유찰되면 30%(서울 외 지역) 저감되어 다음 회차 최저 입찰가격은 3억 5,000만 원이 된다. 물론 법원 감정가격은 물건과 그 시점에 따라서 일반 감정가격보다 다소 높은 경향이 있다. 모든 물건이 다 그렇지는 않지만, 대체로 감정가격이 높게 평가되는 경향이 있으므로 반드시 현재 부동산의 시세 파악이 중요하다. 아파트라면 손품(인터넷 검색)만 팔아도 대체적인 시세를 확인하는 데 어렵지 않다. 경매는 때에 따라서 5억 원짜리 아파트를 3억 5,000만 원에도 살 수 있다는 게 최대 장점이다. 아파트 매매일 경우 앞의 아파트 실제 시세가 4억 5,000만 원이라고 가정해보자. 하지만 매매에서는 4억 5,000만 원짜리 아파트를 아무리 급매라고 하더라도 3억 5,000만 원에 살 수는 없다.

경매의 최대 장점은 좋은 물건을 싸게 살 수 있다는 데 있다. 그래서 많은 사람이 경매에 관심을 두고 공부를 하는 것이다. 물론 유사한 개념의 공매도 있는데, 경매와 공매의 차이는 바로 뒤의 챕터에서 따로 다루어 보기로 하겠다. 결국 부동산 경매는 좋은 물건을 싸게 살 수 있기 때문에 장점이 있는 것이다. 부동산 경매는 꼭 부동산 투자의 관점에서만 효용이 있는 것은 아니다. 실수요의 입장에서도 경매는 중요하다. 우리나라의 주택 보급율이 많이 나아졌음에도 불구하고, 여전히 내 집 마련을 준비하며 세입자로 사는 사람이 많다. 따라서 현재 내가 전세로 사는 세입자의 입장이라면, 내가 사는 주택에서 내 보증금이 안전한가를 판단해볼 수 있고, 새로 이사 가게 되어 집을 구할 때도 권리상 안전한 집을 구할 수 있는 확률이 훨씬 더 높다. 부동산 경매라는 제도는 부동산 투자의 관점에서도 중요하지만, 실수요자 입장에서도 아주 중요하게 알아야 할 제도인 이유다.

경매와 공매
뭐가 다르죠?

부동산 재테크로 돈 버는 비결은 의외로 간단하다. 싸게 사서 비싸게 팔면 된다. 하지만 현실은 부동산 중개사무소에서는 좋은 물건을 찾을 수는 있지만, 싸고 좋은 물건을 구하기란 하늘의 별 따기다. 그래서 많은 사람이 경매와 공매에 눈을 돌린다. 왜냐하면 일단 시세보다 싸게 살 수 있기 때문이다. 경매와 공매는 공개적으로 입찰을 통해 물건을 매각하는 것은 동일하지만, 세부적으로 들어가면 다른 특징을 가지고 있다. 대표적으로 경매와 공매가 왜 다른지 몇 가지 사항을 살펴보자. 가장 큰 차이점은 그 근거 법률이 다르다는 것이다. 경매는 민사집행법에 의해 집행되고, 공매는 국세징수법에 의해 집행된다.

경매로 팔리는 이유는 부동산을 담보로 돈을 빌렸는데, 원금이나 이자를 갚지 못해 빌려준 사람이 돈을 회수하기 위해 관할 법원에 경매를 신청해서 경매로 물건이 나오는 것이다. 공매로 팔리는 이유는 세금 등을 납부하지 않은 사람의 압류재산을 강제로 매각해서 나오는 것이 대표적인데, 그 외에도 국유재산을 매각하는 등의 다른 이유로도 공매가 진행되기도 한다. 경매는 입찰일에 해당 법원에 직접 출석하거나 대리인이 출석해야 하고, 공매는 온비드를 통해 온라인 입찰을 하기 때문에 컴퓨터 앞에서 가능하다. 따라서 직장인은 직접 출석해야 하는 경매보다 공매가 훨씬 더 입찰하기 쉽다는 장점이 있다. 그리고 경매보다 덜 알려져서 경쟁률이 경매보다 좀 더 낮다는 장점도 있다.

경매의 진행 절차는 최저 매각예정가격의 30%씩 저감되며 주기는 통상 한 달이다. 공매는 일주일 단위로 10%씩 저감되므로 좀 더 매각 과정이 빠르다. 통상 매주 월, 화, 수요일까지 입찰하고 목요일에 개찰하는 것이 일반적인 공매 절차 프로세스다. 그리고 이렇게 낙찰된 공매 매수대금이 3,000만 원 미만인 경우 7일 이내 잔금을 납부해야 하고, 3,000만 원 이상인 경우 30일 이내 납부해야 한다. 전체적으로 볼 때 경매 낙찰 뒤 매각허가결정기일 결정 후 매각허가 확정일을 거쳐 보통 30일 안에 대금 지급기한이 결정되는 경매보다 공매의 납부 일정이 빠르다는 것을 알 수 있다. 이 때문에 경매와 공매가 동시에 진행되는 물건의 경우, 낙찰은 경매가 빨리 진행되었지만 그 후 진행된 공매에서 낙찰 후 대금 완납까지 더 빨리 진행되어 이미 낙찰은 되었지만 잔금 납입이 되지 않은 경매가 취소되는 경우가 발생하기도 한다.

특히 경매에서 같이 입찰했다가 패찰한 사람이 다른 사람에게 낙찰되었지만 공매는 여전히 진행된다는 사실을 알고, 경매 낙찰자가 대금을 완납하기 전 공매로 낙찰받고 먼저 매수대금을 납부해서 부동산 소유권을 취득한 사례가 있다. 이런 경우 캠코 매각 담당자는 법원 경매계에 잔금 납부 여부를 확인 후 아직 경매 낙찰자가 잔금을 납부하지 않은 경우 공매 낙찰자에게 대금 완납을 받고, 그 여부를 법원 경매계에 통보해주고, 통보받은 법원 경매계는 해당 경매 절차 중단을 요청한다.

그렇게 되면 경매에서 최고가 매수신고인은 매수신청보증금 10%를 다시 반환받고 낙찰은 무효가 된다. 보통 경매 물건의 경우 권리분석을 해보면 채무관계와 세금체납이 동시에 발생한 경우가 많다. 이런 물건인 경우 반드시 경매 입찰 전 공매의 진행 관계를 같이 파악해서 입찰해야 방금 이야기한 사태를 예방할 수 있다. 따라서 경매와 공매가 같이 진행되는 물건의 경매 낙찰자는 매각허가결정 후 잔금을 최대한 빨리 내는 것이 이런 사태를 미연에 방지할 수 있다.

대법원은 1959. 5. 19 선고 4292민재항2 결정에서 "경매와 공매의 경합에서 진정한 소유자는 양쪽 낙찰자 중 먼저 잔대금을 납부한 자로 확정된다"라고 판시하고 있다. 토지에서는 특히 주의해야 할 경우가 바로 농지의 경매, 공매다. LH 직원 농지 투기 사태로 인해 2022년 4월에 농지법이 개정되어 농사를 지을 목적이 아니면 농지취득이 매우 까다로워졌는데, 경매의 경우는 '매각기일로부터 7일 내 농취증을 제출해야 하고, 미제출 시 입찰보증금 몰수'라는 조건을 미리 안내해준다. 말 그대로 "최고가 매수신고인이 된 후 매각허가결정기일까지 통상 일주일의 기간 안에 농취증을 제출하라"고 안내해준다. 여기서 주의할 점은 최근 농지법 개정으로 농지취득자격증명원(이하 농취증) 발급 심사가 까다로워지고, 그 기간도 통상 2주 정도 소요된다. 특히 봉삭거리를 빗어난 관외 지역 거주자의 경우나 농업경영계획서가 부실하거나 의심이 되는 경우 농지심사위원회도 거쳐야 한다. 그러므로 반드시 최고가 매수신고인이 된 후 법원 경매계에 농취증 취득 목적을 원인으로 매각허가결정일 연기를 당일에 신청해야 한다. 만약 연기신청을 하지 않을 경우에는 일주일 정도 후 매각허가결정이 되는데, 그때까지 농취증 제출이 안 되면 최고가 매수신고인의 자격은 박탈되고 보증금은 몰수된다. 그래도 경매에서는 10%로만 손해 보는 것으로 끝나지만, 공매의 경우는 농취증을 발급받지 못해 아예 소유권 자체를 박탈당하는 경우도 있으니 조심해야 한다.

최근 공매의 경우는 공매 매각공고에 '농지는 매각결정기일 전까지 해당 서류를 미제출한 경우의 매각결정은 불허한다'라는 문구를 넣어 경매와 달리 보증금을 돌려주는 경우도 있으니 공고문을 잘 살피고 나서 입찰하는 습관을 가지자. 다만 매각결정 이후 농지위원회 심의 결과에 따라 농취증을 발급받지 못해 소유권이전등기를 할 수 없더라도 매각결정은 취소되지 않으므로, 이 경우에는 보증금이 몰수당한다는 사실을 꼭 명심하길 바란다. 이런 일이 발생할 수 있는 근거는 바로 공매의 대금 충당 방식에 그 이유가 있다. 경매와 공매는 돌려받지 못한 입찰보증금의 처리 방식이 다르다. 경매는 입찰보증금이 몰수될 경우 법원이 보관하다가 낙찰 후 대금이 완납되면, 몰수된 입찰보증금은 배당한 금액에 포함시켜 해당 사건 배당을 진행한다. 하지만 공매의 경우는 세금 체납이 원인으로 진행되기 때문에 몰수 보증금이 들어오자마자 강제징수비(공매 매각비용)와 체납액의 순서로 강제 충당된다. 이러한 경매와 공매의 몰수보증금 충당 방식 차이점은 집행기관과 절차가 달라서 생기는 일이니 경매와 공매를 하시는 분들은 반드시 알아야 하는 아주 중요한 내용이다.

앞의 예시처럼 농지 취득 시 농취증 사례는 공매에서 농지 취득 시 농취증은 소유권이전 시에만 첨부하면 되므로, 경매에 비해 농취증을 발급받는 데 시간적인 여유가 충분히 있다. 그래서 잔금 납입을 먼저 하고, 그 이후 소유권이전을 할 때까지 농취증을 제출하면 된다. 하지만 여러 원인으로 인해 농취증 발급이 지연되는 상황에서 납부한 대금이 체납액에 충당되면서 원소유자가 낙찰대금으로 충당된 금액 외의 체납액을 갚아버리고 압류를 말소한 후 매매한 경우라면, 농취증을 취득하지 못한 낙찰자는 소유권을 상실하게 된다. 그렇다면 소유권을 상실한 낙찰자가 납부한 대금을 돌려받을 수 있을까? 결론은 돌려받을 수 없다. 왜냐하면 경매는 법원이 그 돈을 배당 전까지 보관하고 있겠지만, 공매의 경우 캠코는 법에 따라 강제 징수비와 체납액 충당으로 이미 사용했으므로 돌려줄 돈도 없고, 돌려줘야 할 법적 근거도 없다. 농취증 미발급으로 소중한 재산을 날려버린 결과가 생겼어도 그 누구도 원망할 수 없다(무지한 자신을 원망할 수밖에 없다).

경매, 공매의 권리분석에서 가장 중요한 것이 말소기준권리 찾기인데, 요즘 경매에서는 워낙 유료 정보지 사이트가 많다 보니 권리분석을 다 해놔서 초보자들도 쉽게 권리분석(그렇다고 유료 사이트를 100% 믿지는 말자)을 할 수 있다. 하지만 공매의 경우는 스스로 권리분석을 해야 하고, 말소기준권리도 찾아야 한다. 따라서 자칫 잘못하면 잘못된 입찰을 하게 되고, 그 결과 보증금을 포기해야 하는 상황이 생길 수 있다. 공매에서는 특히 매각으로 소멸되지 않는 전세권을 조심해야 한다. 경매에서는 '배당'이라는 용어가 공매에서는 '배분'이라는 용어로 사용되는데, 특히 선순위 전세권의 배분 요구는 필히 파악해야 한다. 여기서 선순위는 말소기준권리보다 이전에 설정된 권리이기 때문에 인수해야 하는 권리라고 생각하면 된다. 선순위 전세권이 설정되어 있는 주택이 경매나 공매가 될 경우 매각으로 이 전세권이 소멸하는지, 인수하는지에 따라 낙찰금액이 아주 크게 달라진다.

공매의 경우는 체납으로 인해 진행되므로 진행사항을 선순위 전세권자에게 통보해주고 배분받을 것인지, 아니면 배분 신청하지 않고 대항력을 유지할 것인지 선택하라고 통보해준다. 어떤 결론을 내리든 그것은 전세권자의 마음이다. 만약 전세권자가 배분 신청을 하면 순위별로 배분하고 전세권은 소멸되는 것이고, 배분 요구를 하더라도 전액 배분 받지 못하는 경우도 마찬가지로 전세권이 소멸되니 낙찰자는 걱정 안 해도 된다. 이 부분이 경매와 큰 차이점이다. 경매의 경우는 전세권자가 배당 요구 후 전액 배당을 못 받은 나머지 보증금은 낙찰자에게 대항해서 받을 수 있다. 하지만 배분 요구하지 않은 경우 선순위 전세권은 낙찰자가 인수해야 한다. 만약 전세권 설정과 선순위임차권을 가진 사람이 동일인이라면 배분 요구는 선택적으로 할 수 있고, 둘 다 할 수도 있다. 전세권은 배분 요구를 하지 않고 임차권만 배분 요구를 하면, 동일 채권자라고 하더라도 임차권에 대해 배분을 받을 수 있고, 전세권은 말소되지 않고 낙찰자가 인수해야 한다. 다만, 임차권자와 전세권자가 동일인이므로 전세권은 임차권에 의한 배분금이 총 전세금에 미달되는 금액을 반환받는 조건으로 말소될 수 있다. 어떤 지위로 배분을 신청하는지가 중요한 포인트인 것이다. 간혹 이 선순위 전세권의 배분 요구를 제대로 확인하지 않고 입찰했다가 입찰보증금을 포기하는 사례가 있으니 꼭 선순위 전세권자의 배분 확인은 필수다.

또 하나 주의할 점은 낙찰자의 보증금이 몰수될 때마다 이 물건의 체납액도 즉시 충당된다는 사실이다. 때에 따라 이런 함정에 빠진 사람들이 몇 명 나오면 이 물건의 체납액 역시 빠르게 감소해서 원소유자가 나머지 체납액을 갚고 공매 취소가 되는 경우도 있으니 참고하길 바란다. 공매의 근거 법률인 국세징수법의 충당 방식이 민사집행법과 다르다 보니 이러한 일들이 발생하니 다시 한번 유의하길 바란다. 다만 선순위 임차인이 배분 요구를 한 경우 배분 순위에서 문제가 생기는 때가 있다. 바로 조세채권의 존재인데, 조세채권은 압류 일자가 기준이 아니라 '법정기일'이 기준이 된다는 점이다. 법정기일은 말 그대로 법에서 정해 놓은 기일이다. 국세채권과 저당권 등에 의해 담보된 채권 간의 우선 여부를 결정하는 기준일을 말하는 것인데, 쉽게 말하면 압류를 한 날짜가 기준이 되는 것이 아니라 압류하게 된 그 원인 날짜가 기준이 된다고 생각하면 된다.

만약 신고주의 세금을 납부하지 않으면 무신고가산세와 납부지연가산세를 더해서 고지서를 발송하는데, 그 납부고지서를 발송한 날짜가 법정 기일이 되는 것이다. 납부해야 될 세금 신고의 경우 신고만 하고, 납부는 하지 않는 경우 법정기일은 소득세 신고를 한 날이 법정기일이 된다. 예를 들면 소득세나 증여세, 상속세 등이다. 이런 경우도 있다. 세금 신고도 하고 세금 납부도 했는데 과소 신고, 과소 납부를 했을 때는 세무 당국이 경정해 고지서를 보내면 이 세금의 법정기일은 고지서를 발송한 날이 된다. 왜 이 법정기일이 중요하냐면 선순위 임차인이 배분을 신청한 경우 충분히 배분될 것을 예상하고 입찰했는데, 법정기일이 빠른 조세채권의 금액이 커서 배분 요구한 선순위 임차인이 전액 배분받지 못하는 경우가 있다. 임차보증금 전액 배분을 예상하고 입찰했지만, 법정기일에 밀려 임차인이 배분을 전액 또는 일부 받지 못한 경우 매수인이 인수해야 한다. 그래서 조세채권의 법정기일을 꼭 확인하는 습관을 지니고, 입찰 일주일 전 공개되는 압류재산 공매재산 명세를 보며, 법정기일 및 배분 요구 채권액을 체크하는 습관을 가지길 바란다.

공매 재산 명세서   (출처 : 온비드)

경매, 공매를 하는 이유는 싸게 사기 위해서다. 하지만 부동산 투자에서 절대 간과해서는 안 될 것이 있다. 바로 '부동산 그 자체의 가치'다. 서두에서 언급했다시피 경매와 공매는 부동산을 구입하기 위한 하나의 방법일 뿐, 부동산 투자는 수없이 많은 분야가 있다. 아파트, 주택, 상가, 토지, 재건축, 재개발, 토지 개발 등 여러 분야가 있다. 부동산을 볼 줄 아는 안목과 가치를 평가할 수 있는 공부를 끊임없이 하면서 그 수단의 하나로 경매와 공매를 공부하고, 실전 투자를 해야 한다는 사실을 잊지 말길 바란다.

구분	경매(법원)	공매(한국자산관리공사)
법률적 성격	민사집행법 (금전채권을 법원의 재판을 통해 회수)	국세징수법 (체납 세액 징수를 위한 행정 처분)
입찰방식	현장 입찰(각 관할 법원)	인터넷 입찰
해당 사이트	대법원경매정보	온비드
개시결정기입등기	등기부상 경매개시결정기입등기	등기부상 공매공고등기시행
입찰보증금	최저가의 10% 이상 (전 낙찰자의 대금 미납 시 최저가의 20~30%)	최저가의 3%, 5%, 10% (2016. 1. 1 이전의 공고는 입찰가격의 10% 이상)
매각최저가격	전차 가격의 20~30% 저감 (차기 매각 평균 1개월)	1차 공매 예정가격의 50% 한도 (매주 감정가격의 10% 저감)
농지취득자격증명	낙찰허가결정 전 7일 이내 (미제출 시 낙찰불허)	소유권이전등기 촉탁 시까지 (소유권이전등기필)
대금납부기한	매각허가결정 확정일로부터 1개월 이내	압류재산 매각결정일로부터 (2013년 개정) 3,000만 원 미만 7일 이내 3,000만 원 이상 30일 이내
낙찰대금과 채권 상계 가능 여부 (최고가매수인)	상계 가능(상계 신청)	상계 불허(전액 납부 후 배분 참여)
배당 요구 종기일	첫 매각기일 이전에 정한 배당 요구 종기일	최초 입찰 기일 이전까지
배당 순위	통상적으로 등기순위 적용	법정기일순위
명도책임	매수자(인도명령)	매수자(명도소송)
공유자우선매수권 제도	우선매수제도 적용	우선매수제도 적용 (매각허가결정통지서 발부 전까지 입금)
취소신청	낙찰자가 대금 납부 전까지	매각허가결정통지서 수령 전까지 수령 후 낙찰자의 동의 필요
임대차 사실조회	집행관의 임대차 현황조사서	공매 대상 재산현황조사 및 공매재산명세서 작성 의무화
대리입찰	가능	압류재산 공매만 불가능

경매와 공매 차이점

Part 3

경매!
준비부터 명도까지
완전 정복

경매 준비,
어떤 것을 챙겨야 하나?

경매 절차, 몇 가지 알아야 할 것들

당신이 경매에 관심을 가지는 이유는 좋은 물건을 싸게 사기 위해서다. 좋은 물건을 싸게 산다는 것은 시장 논리와는 맞지 않는다. 좋은 물건은 비싸게 나오고 비싸게 사는 게 시장 논리인데, 경매에서는 왜 좋은 물건을 싸게 살 수 있다고 하는 것일까? 그 해답을 찾기 위해 간단히 경매가 왜 생겼고, 경매 물건은 어떻게 나오는지 흐름을 한번 살펴보자. 지금부터 말하는 용어는 전문적인 경매 용어다. 조금은 생소할 수 있겠지만, 경매 시장에 뛰어들기 위해서는 기본적인 용어와 법률 지식이 필요하다. 물론 거창한 용어나 지식은 아니다. 누구나 살아가면서 가끔 들어봤음 직한 내용이니까 부담 가질 필요는 없다. 생소하더라도 계속 듣다 보면 나중에는 익숙해진다.

부동산 경매라는 제도는 돈을 빌려준 채권자가 돈을 빌려간 채무자가 약속한 이자를 일정 기간 이상 지급하지 않거나 변제기가 도래했는데 원금을 갚지 않는 경우, 빌려준 돈을 받기 위해 담보로 맡긴 부동산을 처분해서 빌려준 돈을 회수하는 방법이다. 그래서 부동산 처분을 공신력 있는 기관인 법원에서 해주는 것이고, 이러한 부동산을 매주 '입찰'이라는 방식을 통해 거래한다. 최고 가격에 입찰한 사람에게 파는 방식이 경매 제도이고, 최고 가격을 써낸 사람을 '경매 낙찰자'라고 한다. 채권자, 채무자, 낙찰자 3명이 바로 경매에서 주요 이해관계인이다. 또한 이 부동산에 소유자가 아닌 사용자가 있을 수도 있고, 완공된 건물에는 임차인이 대표적이며, 건축 중인 건물에는 건물을 점유 중인 유치권자가 있을 수 있는데, 이들 역시 주요 이해관계인이다. 해당 부동산과 직접적인 인과 관계가 있는 당사자를 우리는 '이해관계인'이라고 부르고, 법원은 해당 경매 사건 진행에 관한 사항을 통보해주고 권리가 있는 사람은 받을 돈을 청구(배당 신청)하라고 친절하게 안내해준다. 그 절차가 바로 '배당 신청 절차'다.

경매를 잘하기 위해서는 바로 이 경매를 둘러싸고 있는 이해관계를 파악하는 것이 매우 중요하다. 이해관계인 중에 가장 강력한 권한을 가지고 있는 사람이 바로 채권자다. 경매 제도는 채권자가 받지 못한 돈을 받게 해주는 제도다. 물론 채권금액 전액을 받게 될지 안 될지는 모르지만, 그 궁극적인 목적은 채권자의 이익을 위해서 경매 제도가 존재한다. 경매에서 채무자는 어찌면 웬만한 권리는 다 배세시킨 채 채권자와 낙찰자와의 관계가 제일 중요하다. 그래서 채권자와 낙찰자 입장에서 바라보는 경매 차이점을 이해한다면, 입찰자인 당신이 경매에서 어떤 준비를 해야 하는지 조금 더 명확히 알 수 있다.

경매 한눈에 파악하기

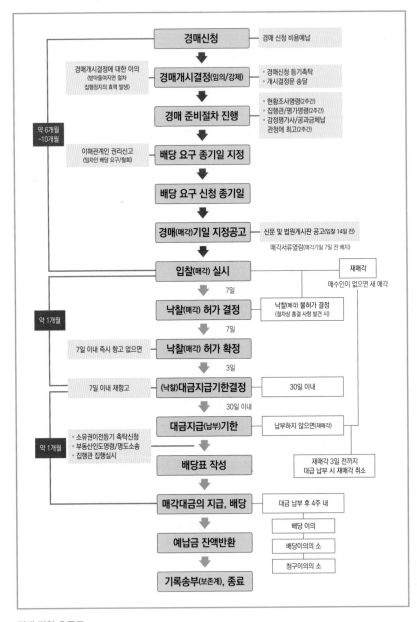

경매 절차 흐름도

경매 신청부터 경매 종료까지 흐름을 살펴보면, 경매 신청부터 매각 기일 공고까지가 약 6~10개월 정도로 비교적 오래 걸린다. 이것은 채권자와 채무자의 입장에서 흐름이고, 입찰자와는 상관없다. 우리는 매각 기일이 지정공고 되는 순간부터 준비하면 되고, 첫 번째 입찰 실시일까지는 14일 정도의 시간이 있다. 통상적인 경매 절차에서 첫 번째 입찰은 유찰되는 경우가 많기 때문에(왜냐하면 법원 감정가격은 통상 감정가격보다 높게 책정되는 경우가 많음) 14일+30일(다음번 입찰 기일은 통상 한 달 후에 입찰 기일 지정됨)인 한 달 보름 정도의 시간적인 여유가 있다. 우리는 이때 경매를 준비하면 된다. 따라서 부동산 경매 준비에서 가장 중요한 것은 부동산 경매의 흐름을 이해하고, 어떤 물건에 투자할지 경매 정보지나 경매 사이트를 통해 손품을 많이 팔아야 한다.

보통 부동산 절차는 경매개시결정, 배당 요구 종기, 매각기일 결정, 매각공고, 매각실시 등 익숙하지 않는 법률 용어가 잔뜩 나와서 초보자들은 처음부터 기가 죽는 경우가 있지만, 사실 그럴 필요가 전혀 없다. 사람마다 각자 자기가 가진 투자금액도 다르고, 투자하고 싶은 물건의 종류도 다르다. 경매의 경우는 정말 소액(몇백만 원의 물건도 많다)부터 레버리지(대출 : 참고로 경락자금 대출은 낙찰금액의 80%까지도 가능함)를 활용한 다양한 금액의 투자가 가능히기 때문에 자신과 맞는 금액의 물건을 찾고, 주거용 상업용 토지 등 부동산의 종류의 특성을 파악해서 자신과 맞는 물건 종류를 찾아내는 과정이 필요하다. 또한 권리상 하자(선순위임차권, 법정지상권, 유치권, 제삼자의 이해관계 등 권리상의 흠을 통칭하는 용어)가 있는 물건의 하자를 제거해서 온전한 물건을 만드는 과정이 바로 초보와 중수와 차이를 만든다.

필자가 계속 강조하면서 이야기하지만, 부동산 경매는 실무에 필요한 것만 배우면 된다. 나머지는 실천과 경험에서 배우면 된다. 많은 사람이 경매는 권리분석이 가장 중요하다고 생각하지만, 실제로 경매에서 권리분석이 차지하는 비율은 10% 미만이다. 권리분석이 차지하는 비율은 아주 낮고, 더 중요한 것들이 많다는 의미다. 많은 사람들이 그 10%를 공부하다가 지쳐서 포기한다. 따라서 법원에 공고된 매각물건을 살펴보고, 자신의 운용자금(레버리지와 이자까지 고려)을 고려해 투자할 수 있는 물건을 고른다. 본인의 성향(장기 투자, 단기 투자 등)을 분석하고, 물건의 성향(시세, 수익률, 미래가치 등)을 분석한다. 그래서 부동산 경매에서 가장 중요한 단계가 바로 '경매 준비단계'인 것이다.

남들이 아무리 좋은 물건이라고 해도 나와 맞지 않으면 그 물건은 좋지 않은 물건이다. 누구나 탐내는 위치의 아파트가 시세보다 30% 저렴하게 경매 물건에 나왔지만, 나의 자금력이 안 된다면 그 물건은 나에게는 안 맞는 물건일 수 있다. 또한 가장 유치권자가 맞는 것 같은데 내 성격상 유치권자와 만나서 담판 짓고 협상하는 성격이 안 된다면 그 물건은 나와는 맞지 않은 물건인 것이다. 최근 주목받고 있는 토지 경매에서 묘지경매 역시 아무리 돈이 된다고 해도 묘지에 대한 두려움이 있는 분들은 현장 임장을 가서 기겁하고 돌아오는 경우도 많다. 돌아와서도 꿈에 무덤이 나타난다. 이런 물건은 본인의 성향과 맞지 않는 경우인 것이다. 그래서 경매는 상대적이고, 각자 수익을 올릴 수 있는 분야도 다 다르다는 것을 인식하는 것이야말로 진정한 경매 준비의 첫걸음이 되는 것이다.

그래서 경매 준비 단계에서 자신과 맞는 물건을 찾는 것이 중요한 것이다. 그런 물건을 되도록 손품을 팔아서 정기적으로, 습관적으로 많이 찾아야 한다. 마치 기계적으로 물건을 찾듯이 습관을 들이고, 찾은 물건들을 다음 단계인 권리분석으로 넘어가서 분석하면 된다. 한 가지 더 말하자면, 이 경매 준비 단계에서 해당 물건에 대해서 전체적인 계획을 세워 본다면 더 도움이 된다. 물건을 선정한 후 기본적인 권리분석을 하고, 낙찰자에게 인수되는 권리는 없는지, 내가 입찰할 가격을 정한 후 수익률은 어느 정도 예상되는지, 일정 시점에서 매각했을 때 차익은 얼마나 될지, 세금은 얼마나 될지, 그리고 물건 대비해서 경쟁률도 예상해 본다. 권리분석이 없는 물건이라면 순전히 가격으로만 승부해야 하고, 경매 초보들과 경쟁해야 하니 어느 정도 경쟁률이 될지, 낙찰가격은 얼마나 될지 예측해본다. 그래서 하자가 있는 물건이라면 하자 제거 방법과 하자로 인한 초보자들의 입찰 제한으로 인한 경쟁률과 입찰금액과 낙찰 확률 등을 합리적으로 추론해보자. 자금의 운용계획을 세우고, 명도를 해야 한다면 명도 방법과 절차까지 전체적인 경매의 과정을 이 준비 단계에서 체크해봐야 한다. 그래서 필자가 앞서 말한 권리분석은 경매의 10%라면, 경매 준비단계가 경매에서 50% 이상 중요한 과정이다.

효과적인 경매 물건 검색법

(출처 : 지지옥션)

앞의 자료처럼 통상 경매 유료 사이트의 종합검색 화면에서 내가 검색하고자 하는 ❶ 지역 선택을 먼저 하고, 아래쪽에 ❷ 특수조건에서 여러 가지 조건 중에 내가 검색하고자 하는 유형의 조건을 선택한다. 만약 ❸ 선순위 전세권이나 선순위 임차인이 있는 물건을 검색하고자 한다면, 해당 사항을 체크하고 검색하면 다음 화면처럼 나온다.

(출처 : 지지옥션)

위의 검색 방법으로 물건이 검색되면 2차로 조건을 한 번 더 준다. 사건번호별, 용도별, 소재지별로 여러 조건이 검색되어 나온다. 여기서 ❶ 감정평가액은 높은 순서를 클릭하고, ❷ 유찰회수가 많은 순서를 클릭하면, 감정가격은 높은데 유찰이 많이 되어 최저 입찰가격이 낮은 물건이 순서대로 나온다. 여기에 하나의 조건을 더 주는 경우도 있다. 사람들의 경매 물건 관심도를 보기 위해 ❸ 조회수 순서가 높은 순서까지 조건을 주면, 어떤 경매 물건에 사람들이 관심이 많은지 알 수 있다. 물론 조회수를 보고 물건의 관심도를 평가하기 위해서는 가장 많이 사용하는 경매 사이트일 경우, 신뢰할 수 있는 데이터가 나온다는 점을 잊지 말자. 인지도가 낮고 무료 경매 사이트에서 조회수는 크게 의미가 없다. 여러분들도 필자처럼 자신만의 경매 검색 방법을 설정하고 꾸준하게 습관적으로 검색하면, 좋은 물건을 빨리 발견할 확률이 높아진다.

 정프로의 경매 꿀팁

경매 물건은 신건일 때부터 관심 목록에 두고 지켜봐야 한다. 그래야만 낙찰 확률을 높일 수 있다. 간혹 유찰이 많이 되어 있는 물건만 보는 사람이 있는데, 이 경우는 물건을 놓칠 확률이 높다. 정말 좋은 물건은 신건에서도 낙찰되는 경우도 있고, 감정가격 이상에서 낙찰되는 경우도 있기 때문에 유찰이 많이 되어서 가격이 낮아졌다고 무조건 좋다는 생각은 편견이다. 오히려 유찰이 많이 되는 물건은 안 좋은 물건이거나 하자가 있는 물건일 확률이 높다. 만약 하자가 있어 초보자들이 입찰하지 않아서 유찰되는 경우라면, 하자를 제거하면 큰 수익을 볼 수도 있으니 꾸준히 분석하고 입찰 경험을 쌓아서 그런 물건을 볼 줄 아는 안목을 키우는 게 경매로 수익을 볼 수 있는 방법이다.

권리분석
파헤치기

쉽게 푸는 권리분석

경매에서 일반 사람들이 가장 궁금해하는 용어가 바로 '권리분석'이다. 과연 권리분석이라는 용어 안에는 어떤 뜻이 내포되어 있을까? 좋은 부동산은 그 부동산 자체로 시간이 지나면 가치가 오른다. 보통 매매를 통해 거래되는 부동산은 이러한 좋은 부동산의 가치로 인해 가격이 오른다. 하지만 경매는 어떤가? 경매에 나오는 물건은 기본적으로 안 좋은 부동산이다. 왜냐하면 권리적 하자로 인해 경매 시장에 나왔기 때문에 그 자체로 안 좋은 부동산인 것이다. 그래서 이 안 좋은 부동산을 싸게 낙찰받아서 안 좋은 조건을 제거하면, 원래의 부동산 가치를 인정받을 수 있는 것이다. 그 과정에서 안 좋은 부동산이기 때문에 권리분석을 통해 하자를 발견하고, 기술을 통해 하자를 제거했을 때 비로소 수익이라는 열매가 열리는 것이다. 쉽게 이야기하면 흠이 있는 물건이기 때문에 경매 시장에 나왔고, 어떤 흠이 있는지 알면 그 흠을 감안하고 물건의 값어치를 평가하고 가치가 있는지 없는지 판단할 수 있는 것이다.

그럼 어떤 흠이 가장 많을까? 대표적으로 아파트의 경우를 이야기해보자. 가장 많은 케이스가 집을 살 때 받았던 대출금(근저당권) 이자를 3개월 이상 연체했을 경우다. 또 돈 문제이긴 하지만, 은행에 대출이나 개인 채무(개인에게 돈을 빌리고 근저당권을 설정한 경우) 외에 임대차 관계에서 보증금을 주지 못해 보증금에 관련된 권리로 인한 경우나, 집을 짓거나 수리했는데 공사비나 수리비를 주지 못해 공사업자가 돈 받을 때까지 점유하는 권리(유치권)나, 첫 번째와 두 번째 경우가 복합적으로 섞여 있는 경우도 있다. 여기에 등기부등본에는 표시되지 않지만, 세금 체납과 과태료 미납 등 개인 채무에 문제가 생기면 동시다발적으로 압류, 가압류, 근저당 등이 생겨서 결국 채무자는 돈 갚는 것을 포기하고, 경매에 나오는 경우가 대부분이다.

이렇게 보면 경매는 스토리가 다 있다. 어떤 상황에서 경매가 나오는지 대략 짐작이 간다면 권리분석이 좀 쉬워진다. 상상력을 발휘해보자. 그런 후 등기부등본을 보고 순서대로 권리를 나열해본다. 요즘은 유료 경매 사이트에서 이 권리들을 순서대로 다 나열해주고, 말소기준이 되는 권리도 친절하게 알려준다. 부동산 경매를 처음 하게 되면 유료 경매 사이트를 구독해야 할지, 말아야 할지 고민한다. 가볍게 공부할 때는 무료 사이트(경매마당, e-옥션, 두인경매 등)를 이용하고, 본격적으로 경매에 뛰어들고 싶다면 유료 사이트(지지옥션, 옥션원, 스피드옥션, 태인경매, 미스고부동산 등)를 이용하길 추천한다. 그 이유는 권리분석 하는 시간을 획기적으로 줄여준다. 필요한 정보를 한눈에 정리해놓고, 각종 정보가 되는 서류(등기부등본, 감정평가서 등)는 물론, 체크해야 할 부분과 물건에 대한 코멘트와 주의사항도 제공받을 수 있다. 그래서 꾸준히 물건을 계속 검색할 경우에는 유료 사이트가 확실히 도움된다. 투자해야 할 것에는 과감히 투자하길 바란다. 물론 대법원 경매 정보 사이트도 있지만, 초보자들이 보기에 는 좀 어렵고 정보도 제한적이다.

투자의 입장에서 부동산 경매의 목적은 실천해서 돈을 버는 것이다. 따라서 돈을 벌기 위해서 일정 부분 투자도 해야 한다. 이렇게 기본적인 권리분석을 경매 사이트를 통해서 해보고, 이 권리들이 나와 상관 있는 지 판단해봐야 한다. 그리고 만약 내가 입찰했을 때는 '이 권리의 하자 를 내가 제거할 수 있는가?'에 대해서 생각해야 한다. 아파트에서는 가 장 많은 케이스가 '대항력 있는 선순위 임차인'이다. 케이스에 따라 수 많은 경우의 수가 생기는데 이런 하자를 해결할 수 있다면, 치열하게 경 쟁하지 않고 좋은 물건을 낙찰받아 수익을 만들 수 있다. 하자 있는 아 파트 경매 방법은 Part 4의 실전 경매 아이템 1에서 자세히 다루도록 하겠다. 중요한 것은 스토리를 잘 이해해야 한다. 이 물건에서 대항력 있는 선순위 임차인이 어떤 상황이고, 채무자와 관계는 어떤 상황인지, 배당은 신청했는지, 아니면 대항력을 유지하는 것인지, 현장조사와 탐 문을 통해 알아낼 자신이 있고, 해결할 확률이 높다고 생각하면 과감히 입찰하는 것이다. 여기서 경매 공부를 이론으로 한 사람과 차이가 나는 것이다.

이론으로만 공부한 사람의 특징은 일단 생각이 많다. '복잡하다, 위험 하다, 임차인이 버티면 어떡하지?' 등 여러 부정적인 생각으로 인해 아 예 입찰 도전조차도 하지 않는다. 권리분석이라는 것은 이 물건에 대해 서 권리해석을 하고, 소멸하지 않고 인수해야 할 권리를 찾아내서 내가 해결할 수 있는지, 없는지를 판단하는 과정이다. 만약 인수되는 권리가 없다면, 순전히 가격으로만 입찰을 고민하는 경쟁률 심한 물건이 되는 것이다. 경매 초보자들이 아주 좋아하는 권리분석이 필요 없는 물건이고, 초보 입찰자들이 잔뜩 모이고 낙찰가격은 천정부지로 솟는 초보자 전용 물건이 되는 것이다. 인수되는 권리가 있는 물건은 초보자들은 일단 피하고 보기 때문에 권리분석을 할지, 말지는 순전히 본인의 선택이다. 그렇다면 무조건 경매 사이트만 볼 게 아니라 스스로 권리분석을 한번 해보면 어떨까?

의외로 간단한 말소기준권리

경매에서 권리분석을 공부하는 것은 기초 실력을 다지기 위해서 괜찮은 방법이다. 예전에 유료 경매 사이트가 초기였을 때는 입찰자들이 직접 서류를 보고 권리분석을 했다. 대표적으로 권리분석을 하기 위해서는 등기부등본을 보면 된다. 등기부등본을 보는 가장 큰 이유는 말소기준권리를 찾기 위해서다. 이 말소기준권리를 찾는 것이 권리분석의 핵심이라고 생각하면 된다. 말소기준권리란 정당한 채권자를 보호하기 위해 매각으로 소멸하지 않는 권리의 기준점이다. 말소기준권리 기준으로 그보다 앞선 권리는 낙찰자가 인수하고, 그 아래 권리는 전부 소멸한다. 어떻게 보면 간단한 논리다. 법원이 나서서 말소기준권리 아래 권리는 전부 직권 말소해준다. 결국 권리분석은 말소기준권리를 찾아 그보다 앞선 권리를 찾아내는 과정이라고 생각하면 이해가 쉬울 것이다. 말소기준권리는 총 7가지가 있다.

1. 근저당권
계속적인 거래관계로부터 발생하는 불특정 다수의 채권을 장래의 결산기에 일정한 한도액까지 담보하기 위해 설정하는 저당권.

2. 저당권

채무자 또는 제삼자가 채무 담보로 제공한 부동산의 점유를 이전하지 않고, 채무 담보로 제공한 부동산에 대해 다른 채권자보다 자기 채권의 우선변제를 받을 권리.

3. 가압류

금전채권에 기초한 본안소송에 앞서 차후 본안판결에서 승소해 집행권원을 얻은 후 집행할 채무자의 재산을 보전할 수 있도록 하는 제도.

4. 압류

채권자의 신청으로 법원의 재산처분 및 권리행사를 하지 못하게 하는 행위.

5. 경매개시결정등기

경매 신청이 적법하다고 인정해 경매 절차의 개시를 선고하는 법원의 결정으로 촉탁된 등기.

6. 담보가등기

가등기담보의 설정을 위한 가등기. 가등기담보권을 공시하는 역할을 하지만, 저당권설정등기와는 달리 담보되는 채권에 한해(채권액·채무자 등) 일체 기재하지 않으며, 담보가등기와 보통의 가등기는 등기부상의 기재만으로는 구별이 힘듦. 일반적으로 가등기는 순위 보전의 효력만 가진 것으로 이해되나 담보가등기는 그 밖의 실체적 효력이 인정. 즉, 가등기담보의 목적물이 다른 채권자에 의해 경매에 부쳐진 경우, 가등기담보권자는 가등기인 채로 그 가등기의 순위를 가지고 우선변제권을 행사할 수 있음. 따라서 이 경우, 담보가등기는 마치 본등기와 같은 효력을 가짐.

7. 전세권

(건물 전체에 전세권이 설정되고, 전세권자가 배당 요구나 경매를 신청한 전세권)

전세금을 지급하고 타인의 부동산을 일정 기간 그 용도에 따라 사용·수익한 후, 그 부동산을 반환하고 전세금의 반환을 받는 권리

앞의 7가지 중에서 전세권을 제외한 6가지는 기본으로 말소기준권리가 된다. 대부분 실제 경매 사건을 체크해보면, 대부분 80~90%는 근저당권이 말소기준권리가 되는 경우가 많다. 주택을 취득할 때 자기 돈으로 모두 지불하기에는 금액이 크기 때문에 은행에 돈을 빌려 취득하는 경우가 많다 보니 실제적으로도 경매에 나오는 물건 말소기준권리는 대부분 근저당이 문제가 되어 나오는 케이스가 제일 많다. 전세권이 말소기준권리가 되는 경우는 전세권이 건물 전체에 설정되어 있고, 또 전세권자가 배당 요구나 경매 신청한 경우에만 전세권이 말소기준권리가 된다. 이 말은 다가구주택의 경우 여러 세대가 모여서 있는데, 어느 한 세대의 전세권으로 인해 전체 건물에 대해서 경매를 신청할 수는 없다는 의미다. 왜냐하면 그렇게 되면 나머지 세입자들은 불리해지기 때문이다. 앞서 말한 근저당권, 저당권, 가압류, 압류, 경매개시결정등기, 담보가등기는 기본으로 말소기준권리가 되고, 전세권은 앞과 같이 조건에 맞아야 말소기준권리가 된다. 이렇게 6~7가지 말소기준권리 중에 가장 먼저 등기된 권리가 그 경매 물건의 말소기준권리가 된다.

말소기준권리 이후에 설정된 권리는 모두 말소가 될 것이고, 말소기준권리 전에 설정된 권리들은 인수가 될 것이다. 즉 어떤 임차인이 그 해당 부동산에 말소기준권리 이전에 대항력이 있으면, 경매로 낙찰받은 매수인은 인수하게 되어 그 임차인의 보증금을 책임져야 하고, 만약 말소기준등기 이후의 임차인이라면 말소가 되어서 낙찰자한테 대항하지 못하게 된다. 그 임차인은 배당 순위에 참여해서 전액을 배당받든, 일부를 받든 말소되기 때문에 그 집에 대한 명도를 넘겨줘야 한다. 말소기준등기란 결론적으로, 경매 목적물의 등기부 기재 사항 중에서 매각되었을 때 소멸 또는 인수 여부를 결정하는 기준이 되는 등기를 말한다.

다시 말해서 말소기준권리 이후의 설정된 모든 권리는 매각으로 소멸되고, 이게 바로 말소 기준권리가 되는 기준등기라는 이야기다. 물론 예고등기나 건물 철거 토지인도 가처분은 소멸되지 않는다. 하지만 예고등기 제도는 이미 없어졌고, 가처분의 경우는 소송이 진행 중이므로 누구나 위험성에 대해서 인지할 수 있기 때문에 너무 크게 염려하지 않아도 된다.

등기부등본! 공신력이 없다고?

말소기준권리의 종류를 알았다면 등기부등본을 알아보자. 통상적으로 이야기하는 등기부등본의 법률상 정식 명칭은 '등기사항증명서'다. 보통 부동산 거래할 때 기준이 되는 서류이고, 해당 부동산의 소유권 및 권리사항을 보기 위한 서류다. 참고로 부동산의 기본정보(면적, 용도, 지목 등)를 확인하는 서류는 '대장'이다. 대장의 종류에는 토지만 존재하면 토지대장, 건축물이 존재하면 건축물대장이 있다. 예를 들어 등기사항증명서와 건축물대장상 소유자가 다르면 등기사항증명서가 정확한 정보이고, 면적이 다르다면 대장이 정확한 정보다. 이러한 서류의 차이는 각각의 서류가 다른 기관에서 관리되고, 정보가 갱신되는 시점도 다르기 때문이다. 혼돈하지 않길 바란다. 여기서 중요한 사항이 하나 있다. 등기부등본과 관련해서 일반인들이 이해하기 어려운 부분이다. 바로 '등기부등본에는 공신력이 없다'라는 사실이다.

질문 등기부등본을 믿고 계약했는데…

A씨는 평소에 열심히 일하고 저축해서 자기 집을 장만하게 되었다. 이 집은 원래 C씨가 5년 전에 신축한 주택이고, 2년 전에 B씨 명의로 소유권 이전등기가 되어 있었다. A씨는 B씨와 매매 계약 시 등기부등본을 보고, B씨 명의로 되어 있음을 확인해서 등기부상 소유자인 B씨와 계약을 체결했다.

그런데 어느 날 C씨가 나타나서, 이 집은 B씨가 서류를 위조해 A씨와 매매한 것으로 등기를 말소해달라는 소송을 제기했다. 등기부등본상 B씨 명의로 되어 있는 것을 확인하고 산 것인데, 그렇다면 이 집의 소유권은 누구에게 있을까?

해답 등기부의 공신력

B씨가 서류를 위조한 것이 맞는다면, A씨 앞으로 이전된 소유권 등기를 말소해줘야 한다.

해설

모든 부동산마다 등기부가 있다. 부동산을 파는 사람이 소유자인지, 아닌지의 여부를 확인하는 방법은 등기부등본을 열람하거나 발급해보는 것이다. 요즘은 인터넷상으로도 쉽게 열람할 수 있다. 그런데 등기부에 어떤 사람이 소유자로 등재되어 있다고 하더라도 이 등기부에는 절대적 공신력은 없다. 우리나라에서는 등기부등본의 공신력을 인정하지 않는다. 위의 사례처럼 우리나라 등기부에는 기재되어 있는 사실을 곧이곧대로 믿고, 별도의 검증 절차 없이 효력을 부여하기 때문에 공신력이 인정되지 않는다. 향후 우리나라도 제도 보완을 통해 부동산 등기부가 공신력을 갖도록 해야 한다. 위의 사례에서 억울하게 피해를 본 A씨가 취할 수 있는 행동은 B씨에게 사기 등 형사고소와 손해배상청구 등의 민사소송의 방법으로 대응하는 방법밖에는 없다.

여러분들은 앞의 사례가 이해되는가? 하지만 실제로 우리나라는 등기부등본의 공신력을 인정하지 않기 때문에 가끔 발생하는 일이다. 참고로 알고 있어야 할 내용이다.

등기부등본 쉽게 보는 법

등기부등본은 표제구, 갑구, 을구 3가지 파트로 나눠져 있다. 하나씩 알아보자.

표제부

표제부는 사람으로 치면 호적등본 같은 것이다. 언제 건축되었고 지번, 구조와 면적, 층수는 어떻게 되어 있는지 나타낸다. 표제부는 2개의 파트로 나뉘어 있다. 표제부 상단은 다음 자료처럼 1개 동 전부 ❶에 관한 정보이고, 하단은 전유부분에 관한 내용이다.

대지권

표제부에서 중요한 사항은 대지권 비율이다. 아파트의 대지지분은 각 세대가 실질적으로 소유하는 땅의 면적을 말한다. 건물은 시간이 갈수록 노후화되고 가치가 떨어지지만, 땅은 변하지 않기 때문에 대지지분이 더 중요하다. 특히 재개발, 재건축에서 대지지분이 높은 물건이 가격이 더 높게 거래되는 이유이기도 하다. 대지지분은 아파트 전체 대지면적을 소유자 수로 나눈 면적을 의미한다. 대지권 비율 ❶은 대지면적 16,656에서 소유자가 가지고 있는 대지면적이 28.1156이라는 의미다. 대지지분은 그냥 거주할 때는 큰 의미가 없지만 재개발, 재건축에서는 중요하기 때문에 부동산 경매에서 물건을 고를 때는 대지지분이 높은

등기사항전부증명서(말소사항 포함)
- 집합건물 -

고유번호 1345-░░░░░░░░

[집합건물] 경기도 용인시 수지구 죽전동 ░░░░░░░░░░░░░░

【 표 제 부 】 (1동의 건물의 표시) ❶				
표시번호	접 수	소재지번,건물명칭 및 번호	건 물 내 역	등기원인 및 기타사항
~~1~~ (전 1)	~~1999년4월27일~~	~~경기도 용인시 수지읍~~ ░░░░	~~철근콘크리트벽식구조~~ ~~경사스라브~~ ~~브16층 아파트~~ ~~1층1068.090㎡~~ ~~2층1060.380㎡~~ ~~3층1060.380㎡~~ ~~4층1060.380㎡~~ ~~5층1048.230㎡~~ ~~6층1048.230㎡~~ ~~7층1048.230㎡~~ ~~8층1048.230㎡~~ ~~9층1048.230㎡~~ ~~10층1048.230㎡~~ ~~11층1048.230㎡~~ ~~12층1048.230㎡~~ ~~13층968.270㎡~~ ~~14층968.270㎡~~ ~~15층904.010㎡~~ ~~16층904.010㎡~~ ~~지하1층992.460㎡~~	~~도면편철장 제2책242호~~
				부동산등기법 제177조의 6 제1항의 규정에 의하여 2002년 01월 31일 전산이기
2		░░░░	~~철근콘크리트벽식구조~~ ~~경사스라브~~ ~~브16층 아파트~~ ~~1층1068.090㎡~~ ~~2층1060.380㎡~~ ~~3층1060.380㎡~~ ~~4층1060.380㎡~~ ~~5층1048.230㎡~~ ~~6층1048.230㎡~~	2001년12월24일 ~~행정구역명칭변경으로~~ ~~인하여~~ ~~2002년7월29일 등기~~ ~~도면편철장 제2책242호~~

표제부

[집합건물] 경기도 용인시 수지구 죽전동 ░░░░░░░░░░░░░░

(대지권의 표시)			
표시번호	대지권종류	대지권비율	등기원인 및 기타사항
1 (전 1)	1 소유권대지권 ❶	16656분의 28.1156	1999년4월27일 대지권 1999년4월27일
			부동산등기법 제177조의 6 제1항의 규정에 의하여 2002년 01월 31일 전산이기

대지권

물건이 더 가치가 큰 물건이라는 사실을 잊지 말길 바란다.

갑구

갑구는 소유권에 관한 사항을 기재한다. 사항란과 순위번호란으로 나뉘는데, 사항란에는 부동산의 소유권만 표시하고, 순위번호란에는 사항에 표시한 소유권을 등기소에 접수한 순서를 표시한다. 갑구에서 중요한 사항은 소유권이다. ❶ 등기목적이 소유권이전이고 등기원인은 매매다. ❷ 등기목적은 임의경매개시결정이고, 등기원인은 법원의 판결이다. 다음 내용을 보면 소유자는 최초 2000년에 매매를 원인으로 소유권을 취득해서 23년간 소유했다. 중간에 행정구역이 변경되어 표시변경

순위번호	등 기 목 적	접 수	등 기 원 인	권리자 및 기타사항
1 (전 2) ❶	소유권이전	2000년10월24일 ████	2000년9월20일 매매	소유자 ████ ████ -****** 용인시 수지읍 죽전리 ████ 벽산타운4단지아파트 ████ 부동산등기법 제177조의 6 제1항의 규정에 의하여 2002년 01월 31일 전산이기
1-1	1번등기명의인표시 변경	2011년4월7일 ████	2005년10월31일 행정구역및지번 변경	김태윤의 주소 경기도 용인시 수지구 죽전동 ████
1-2	1번등기명의인표시 변경	2017년5월31일 ████	2011년10월31일 도로명주소	████ 주소 경기도 용인시 수지구 ████
2	임의경매개시결정	2021년12월27일 제████	2021년12월27일 수원지방법원의 임의경매개시결정(2021타경747 68)	채권자 ████
3	2번임의경매개시결 정등기말소	2022년1월19일 제████	2022년1월17일 취하	
❷ 4	임의경매개시결정	2023년8월31일 ████	2023년8월31일 수원지방법원의 임의경매개시결정	채권자 ████ 서울 강남구 테헤란로 ████

갑구

이 2번 있었고, 2021년 12월에 한 차례 임의경매개시가 결정되었다가 2022년에 취하되었고, 다시 2023년 8월에 임의경매개시 결정이 되었다. 우리는 갑구를 통해서 이 사람이 갑구에 기재되는 압류나 가압류가 아닌, 을구의 어떤 원인으로 경매가 개시되었다는 내용을 유추해볼 수 있다. 이렇게 갑구는 소유권에 관한 흐름과 변천사를 파악할 수 있다.

을구

을구는 소유권 이외의 권리사항이 기재된다. 통상 경매 개시가 결정된 부동산의 등기부등본 을구는 몇 장에 걸쳐 기재되어 있는 경우가 많다. 왜냐하면 을구에 기재할 내용이 많기 때문이다. 80페이지 등기부등본처럼 근저당권 등 각종 권리가 기재되고, 말소되는 사항들이 반복되고 또 설정되는 과정들이 등기부등본에 기재되다 보니 내용이 길 수밖에 없다. ❶ 2001년에 빌렸던 대출금을, ❷ 상환하면 말소등기가 되고, 그 기록이 남는다. 이러한 과정이 반복되니 을구가 길어질 수밖에 없다. 이 부동산 역시 등기부 총 14장 중에 을구가 10장을 차지한다. 그만큼 돈을 빌려다가 갚았다 하는 횟수도 많고, 우리는 이 과정에서 을구를 통해 이 부동산 소유주의 재정 상황까지 유추해볼 수 있다. 물론 말소된 권리는 빼고 볼 수도 있는데 경매 입찰을 위해 등기부등본을 본다면, 이 집의 스토리를 유추해보기 위해서라도 말소된 사항까지 같이 보는 것을 추천한다.

을구 1

　81페이지 자료는 을구 마지막 장이다. 현재 빨간 선으로 표시된 등기사항이 없는 것을 볼 수 있고, 말소되지 않고 살아 있는 등기사항은 기재되어 있다. 이 부동산의 현장보고서에 보면 현재 소유자가 거주하고 임차인이 없는 것으로 되어 있는데, ❶ 2022년에 전세권 설정이 되어 있다. 전세권자가 대부회사로 되어 있는 것을 보니 가장(가짜) 전세권일 확률이 높고, 채무 관계를 전세권 설정의 방법으로 해둔 것 같다. 또한 ❷ 설정을 보면 근저당권자가 양재동 서울오토갤러리로 주소가 나온다. 근저당권자 역시 ○○○대부 회사로 나오는 점을 보면, 자동차와 관련된 채권 채무 관계에서 담보로 부동산까지 같이 제공했을 것이라는 추측을 해볼 수 있다. 또 하나 ❸ 45번 근저당부채권질권설정이라는 것이 나오는데, 이 내용을 통해 ❹ 더○○인베스트먼트주식회사가 ❷ 대부회사에 돈을 빌려준 내용도 확인할 수 있다. 통상 NPL 경매에서 많이 나오는 케이스인데, 참고로 알고 있으면 좋다. 자세한 사항은 뒤에 NPL 경매에서 다루기로 하겠다. 우리는 을구를 통해 소유자의 현재 채무 상황을 유추해볼 수 있다. 금전적으로 너무 힘들고 갈 때까지 갔다는 생각이 든다. 그래서 이 물건은 경매 취하될 확률도 희박할 것이라고 예상할

순위번호	등기목적	접수	등기원인	권리자 및 기타사항
				1층 72호
43 ❶	전세권설정	2022년1월17일 제6374호	2022년1월17일 설정계약	전세금 금10,000,000원 범위 건물의 전부 존속기간 2022년 1월 17일부터 2024년 1월 17일까지 전세권자 ▒▒▒
43-1				43번 등기는 건물만에 관한 것임 2022년1월17일 부기
44	42-1번질권등기말소	2022년1월26일 제10700호	2022년1월26일 해지	
45 ❷	근저당권설정	2022년8월23일 제104141호	2022년8월23일 설정계약	채권최고액 금45,000,000원 채무자 경기도 용인시 수지구 ▒▒▒ 근저당권자 주식회사 ▒▒▒대부 서울특별시 서초구 양재대로 ▒▒▒ (양재동,서울오토갤러리)
45-1 ❸	45번근저당권부채권 질권설정	2022년9월21일 제116409호	2022년9월21일 설정계약	채권액 금45,000,000원 채무자 주식회사 ▒▒▒대부 서울특별시 서초구 양재대로 ▒▒▒ (양재동,서울오토갤러리) 채권자 더▒▒인베스트먼트주식회사 ❹ 서울특별시 은평구 백련산로 ▒▒▒ (응암동, 녹번역센트레빌)
				-- 이 하 여 백 --

을구 2

수 있다. 또한 가짜로 의심되는 전세권으로 인한 낙찰 후 명도의 저항도 일부 예상해볼 수 있다.

질권이란 담보 물건을 채무의 변제가 있을 때까지 유치함으로써 채무의 변제를 간접적으로 강제하는 동시에, 변제가 없는 때는 그 질물로부터 우선적으로 변제받는다. 앞의 케이스에서 담보 물건은 금 45,000,000원의 금전채권이다. ❷ 근저당권자인 대부회사가 45,000,000원의 금전을 담보로 ❹ 채권자 더○○인베스트먼트주식회사에서 소유자에게 빌려줄 금액을 대출받아서 빌려줬다는 의미다. 질권은 저당권과 함께 약정 담보물권으로서 금융을 얻는 수단으로 이용된다. 질권을 설정할 수 있는 것은 동산과 양도할 수 있는 권리(채권·주식·특허권 등)다. 부동산에는 저당권만을 설정할 수 있다. 질권은 주로 서민이 일용품 등을 담보로 해서 소액의 돈을 차용하는 데 이용된다. 질권자는 질물을 유치할 권리와 함께, 채무자가 기한 내에 변제하지 않을 때는 질물로부터 우선변제를 받을 권리를 가진다. 우선변제를 받으려면 원칙적으로 민사소송법에 따라 경매해야 하나, 감정인의 평가에 따라 간이변제충당을 할 수도 있다(제338조). 부동산 계약에서 질권이 사용되는 경우가 있는데, 선순위 대출이 있는 임대차 계약에 기업에서 사원을 위한 임대차 계약을 할 경우, 보증금이 후순위라서 안전하지 않을 때다. 임대인에게 그 보증금에 대해 은행에 예치하고, 예치한 통장(동산)에 질권을 설정하면, 선순위 권리로 인한 경매 등 문제 발생 시 후순위의 보증금(통장에 질권설정)은 안전하게 보전받을 수 있다.

질권

채권자가 채권의 담보로서 채무자 또는 제삼자로부터 받은 목적물을 점유하고 변제가 없을 경우 그것으로 우선변제 받을 수 있는 권리.

등기부등본의 마지막 장은 주요 등기사항 요약이다. 갑구와 을구를 요약한 장이며, 빨리 순서대로 볼 때 참고하면 된다.

주요 등기사항 요약

매각물건명세서로 경매 한눈에 파악하기

　권리분석을 할 때 꼭 봐야 할 서류 3가지가 있다. 첫 번째는 매각물건명세서, 두 번째는 현황보고서, 세 번째는 전입세대확인서다. '매각물건명세서'란 법원이 경매 물건의 정보를 누구나 볼 수 있도록 기록해서 비치한 문서다. 사건번호, 물건번호, 최선순위 설정 날짜와 배당 요구 종기, 점유자 내역과 주의사항까지 경매 부동산의 입찰 때 주의해야 할 사항을 친절하게 안내한 서류라고 보면 된다. 매각물건명세서는 대법원 경매 정보 사이트에 매각기일 일주일 전부터 공개된다. 통상 부동산 사이트에서는 기본적으로 매각물건명세서를 제공한다. 경매에서 가장 많이 듣는 용어인 말소기준권리를 매각명세서상 기재하는데, 정식 용어로는 ❶ '최선순위 설정'이라는 용어로 사용된다. 따라서 이 물건은 2016. 07. 08 근저당권이 말소기준권리다. 혹시라도 매각물건명세서에 최선순위 설정 일자보다 더 빠른 권리가 있으면 매각으로 소멸되지 않는다. 따라서 매각물건명세서상 최선순위 설정 날짜와 경매 사이트에 분석된 말소기준권리 날짜와 등기부등본상 최선순위 권리 설정 날짜가 일치하는지 확인이 필요하다. 또 하나는 소멸되지 않은 권리가 있을 경우에는 경락잔금대출이 불가한 경우가 있고, 특히 유치권의 경우 잔금대출 가능 여부를 필히 확인해야 한다. ❷ 점유자도 조사해서 기재하는데, 임차 권리를 가지고 있는 권리자를 기재한다. 다만 100% 맹신해서는 안 된다. 임대차 내역이 없는 경우는 '조사된 임대차 내역 없음'이라고 표시되는데, 말 그대로 조사된 내역이 없다는 이야기지, 실체적인 내용까지 조사하지는 않는다. 따라서 조사관이 임차인을 만나지 못했을 경우도 있고, 점유자가 있으나 조사를 거부하는 등 다양한 경우가 존재할 수 있다. 따라서 비고란 아래에 ❸ 주의사항을 기재해둔다(최선순위 설정 일자보다 대항요건을 먼저 갖춘 주택, 상가 건물 임차인의 임차보증금은 매수인에게 인수되는 경우가 발생할 수 있고, 대항력과 우선변제권이 있는 주택·상가 건물 임차인이 배당 요구를 했으나 보증금 전액에 관해 배당받지 아니한 경우에는 배당받지 못한 잔액이 매수인에게 인수됨을 주의하길 바란다).

매각물건명세서

집행관이 대신 임장을? - 현황보고서

만약 매각물건명세서에 '조사된 임대차 내역 없음'이라는 문구가 있을 경우에는 여러 가지 경우의 수를 가정해봐야 한다고 했는데, 추가로

'현황조사서'를 통해 집행관이 직접 현장을 방문해서 본 현장보고서를 추가로 공개해준다. 통상 임대차 내역을 모르는 경우 현장 방문 시 폐문부재(문은 닫혔고 사람은 만나지 못함)이고, 주민센터에 전입세대를 열람해보니 '등재자도 없음'이라는 내용을 기재한다. 다음 현황보고서를 보면 ❶ 부동산 임대차 정보와 ❷ 부동산의 점유관계를 기재해놓았다. 이 부동산은 소유자가 점유하고 있고, 현장에서 조사관도 만나서 그 내역을 기재해놓은 것이다. 따라서 매각물건명세서와 현황조사서를 보면 웬만한 서류상 임대차 권리사항은 파악할 수 있다.

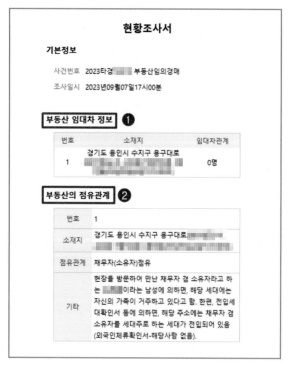

현황조사서   (출처 : 대한민국 법원 법원경매정보)

전입세대확인서로 한 번 더 확인하기

전입세대확인서는 실제로 그 부동산에 주민등록상 전입이 되어 있는 세대만 기록되어 있으므로 소유자든, 임차인이든 전입 신고를 하지 않으면 기록되지 않는다. 실제로 주민등록 전입이 되어 있지 않은 주택도 허다하다. 쉽게 이야기해서 등기부등본(전세권 등)에도, 전입세대확인서(전입 신고 등)에도 없는 세대는 실제로 임대차 관계가 존재한다고 해도 법적으로 보호받지 못한다. 반대로 생각하면 경매 투자자 입장에서는 적법한 임차인을 확인하기 위해 전입세대확인서상 세대가 없다면 신경을 안 써도 되고, 소유자 이외의 세대가 있다면 그 전입 날짜와 말소기준권리와 선후 관계를 따져보면 된다. 현재 경매로 매각 중인 사건인 경우에는 제삼자라고 하더라도 전국 어느 주민센터라도 발급받을 수 있다.

전입세대확인서

임장 및 현장조사

손품과 발품 팔기

경매 물건을 검색해서 나의 관심물건 목록을 만들고, 기본적인 권리분석과 시세조사를 하는 과정을 흔히 손품의 과정이라고 한다. 인터넷을 통해 컴퓨터 자판을 열심히 두들기며 정보를 취득하는 과정을 '손품을 판다'라고 하는데, 그 단계에서 1차적으로 선정된 물건들을 실제 내 눈을 통해 보고 확인하는 과정이 꼭 필요하다. 우리는 그 과정을 '발품을 판다'라고 하고, 부동산 용어로 '임장을 간다. 현장조사를 한다'라고 한다. 그럼 과연 경매 물건의 임장과 현장조사에서는 어떤 것을 확인하기 위해서 가는 것일까? 임장이나 현장조사는 사실 똑같은 말이다. 대표적으로 아파트나 빌라 다가구주택 등 주거용 부동산과 상가, 근린생활시설, 오피스텔 등 상업용 부동산, 마지막으로 토지 등 부동산의 종류에 따라 현장조사는 달라야 한다. 현장조사를 해야 하는 가장 큰 이유는 손품으로 확인할 수 없는 사항을 확인하기 위해서다. 구체적으로 살펴보자.

주거용 건물 현장조사 시 체크 항목

간혹 이런 분들이 있다. 주거용 부동산은 수리 비용이 많이 나올 수 있으니까 내부를 볼 수 있으면 봐야 한다. 틀린 말은 아니다. 하지만 내부를 어떻게 볼 것인가? 소유자나 점유자가 거주한다는 가정하에 초인종을 눌러서 "내가 이 집을 경매 입찰할 건데 내부를 볼 수 있을까요?"라고 물어보라. 어떤 일이 일어나겠는가? 입장을 바꿔보면 안 그래도 법원에서 집행관이 조사한다며 오고, 경매 사건 이해관계인들도 오고 하는데 당신이 낙찰자도 아니고, 입찰 예정자라고 찾아갈 경우 잘못하면 주거침입으로 경찰에 신고당하기 딱 좋은 상황이 생길 수도 있다. 많은 분이 오해하고 있는데, 현장조사에서 확인할 사항은 집 내부가 아니다. 물론 집 내부를 보면 좋겠지만, 현실에서는 쉽지 않다. 손품으로 확인할 수 없는 사항을 눈으로 보고, 확인해야 할 것을 확인하는 것이 현장조사에서 해야 할 일이다.

아파트라면 대표적으로 층과 방향이 중요한데, 실제 현장조사를 가서 시간별 일조량을 체크해보고, 앞 동에 가리는지 조망권도 체크해보고, 실제 관리사무소에 방문해서 미납관리비를 확인해보고, 가능하다면 공용부분과 전유부분을 분리해서 확인해본다. 관리사무소에서는 체납된 관리비를 낙찰자가 내줄 것이라는 기대에 아주 호의적으로 미납관리비를 알려준다. 입찰가격을 산정할 때 부대비용도 합산해봐야 해서 아파트나 빌라 등 관리실이 있는 주거용 부동산은 현장조사 때 반드시 관리사무소를 방문해봐야 한다. 그 아파트에 대해서 가장 잘 아는 곳이 바로 관리사무소다. 특히 방문할 때 음료수나 간식이라도 사서 친절하게 물어보면, 의외의 정보도 획득할 수 있다. 소유자나 점유자의 스토리나 현재 상황 등 관리실을 통해 뜻밖의 정보를 알아서 입찰 및 입찰가격 산정에 도움이 되는 경우가 많으니 관리실은 꼭 방문하길 바란다. 참고로 체납관리비 중 공용부분 3년 치는 낙찰자가 통상 부담한다. 또한 전용부분의 일반관리비, 전기세, 수도세, 장기수선충당금과 연체이자는 원칙적으로 인수되지 않는다. 하지만 실무에서는 관리실에서 미납된 관리비 전체를 낙찰자에게 받으려고 시도할 것이다. 여러분이 내야 할 관리비와 내지 않아도 될 관리비를 명확히 알고 있다면 현명하게 대응할 수 있다. 아는 것이 힘이라는 사실을 잊지 말길 바란다.

때로는 관리비 체납 기간과 금액을 보고, 현재 점유자의 상황을 추측할 수도 있다. 만약 경매개시결정 이후로 관리비를 체납하는 임차인이 있다면, 법을 어느 정도 알고 활용하는 임차인이며, 차후 명도 시 이사비 등을 과도하게 요구할 수 있는 확률이 있는 사람이다. 배당으로 본인의 보증금을 전액 받거나 대항력이 있는 임차인인데, 관리비를 연체하지 않았을 경우는 명도가 비교적 쉬울 것이라는 추측을 할 수 있다. 왜냐하면 그 임차인은 보증금 반환에 전혀 문제가 없기 때문에 이 경매에 대해서 악한 감정이 없을 것이기 때문이다. 그래서 평상시대로 살고, 관리비도 연체하지 않는 것이다. 그리고 우편함도 꼭 체크하길 바란다. 우편물이 있을 경우 우편물에 기재된 이름이 소유자인지, 임차인인지, 아니면 전혀 처음 보는 사람 이름인지 슬쩍 체크해본다. 우편물이 많이 쌓여 있다면 관리가 잘되지 않는다는 의미이고, 우편물이 없이 깨끗하다면 거주자가 관리를 잘한다는 의미다. 사소한 것에서 유추할 수 있는 것들이 많으니 현장조사는 필수다.

또한 현장조사를 할 때 낮에도 가보고, 밤에도 가보길 바란다. 발품이 괜히 발품이겠나? 많이 가보고 또 가보라고 해서 발품이다. 퇴근 후 현장에 가봤을 때 아파트나 빌라의 주차상황도 체크해보는 것이 좋다. 왜냐하면 낙찰 후 임대를 줄 때 주차상황도 중요한 요소다. 요즘은 주차가 워낙 문제가 많다 보니 주차대수나 주차환경이 임대차의 중요한 요소가 되기도 해서 퇴근 후 현장조사도 필수다. 그리고 낮과 밤을 봐야 부동산의 가치 판단을 하는 데 도움이 되는 것도 많다. 특히 밤에는 방범과 유동 인구도 체크해보길 바란다. 주거환경이야말로 집의 가치에 영향을 주는 아주 큰 요소 중의 하나다. 마지막으로 주변 인프라 점검인데, 손품에서도 지도 앱을 통해 기본적으로 점검할 수 있다. 하지만 수요자의 입장에서 거주 만족도를 알아보기 위해 주변의 마트나 상가, 공원 등과 지하철역이나 버스정류장 등의 거리를 내가 실제 입주자라는 가정하에 걸어서 다녀 본다. 그러면 이 집이 어떻다는 것을 몸소 느낄 것이다. 당연히 입찰가격 산정에도 도움이 될 것이고, 때에 따라서는 손품에서 매력이 있던 물건이 실제 현장조사 후 별로라서 입찰을 포기하는 사례도 많다. 그래서 현장조사가 꼭 필요한 것이다. 필자는 주거용 부동산에서 손품이 70%, 발품이 30% 정도라고 생각되는데, 그 30%가 경매에 미치는 영향이 무척 크다는 사실을 잊지 말자.

상업용 부동산 현장조사 시 체크 항목

상업용 부동산의 대표적인 것이 바로 오피스텔과 상가나. 물론 오피스텔은 주거용이 아닌 업무용을 기준으로 말하는 것이다. 앞서 봤던 주거용 건물과는 성격도 다르고, 추구하는 가치도 다르다. 따라서 상업용 부동산의 현장조사도 주거용과는 차이가 있다. 상업용 부동산에서 가장 중요하게 알아봐야 할 현장조사는 바로 '임대료 확인'이다. 상업용 부동산의 가치는 수익률이 결정하고, 수익률은 물건의 가격과 임대차 금액의 비율에 의해 결정된다. 통상 상업용 부동산의 수익률은 연 5%

이상이면 훌륭하다. 하지만 나는 경매로 물건을 살 것이기 때문에 기대수익률이 더 높다. 수익률은 물건가격과 임대료의 비율로 결정된다. 통상 요즘은 연 5% 정도가 기준인데, 경매로 낙찰받는다면 물건가격을 낮게 낙찰받는다는 가정하에 최소 8~10% 정도는 되어야 낙찰받을 가치가 있는 물건이라고 필자는 생각한다. 그렇게 임대료를 받다가 어느 타이밍이 오면 정상 가격에 매각하는 것이다. 그게 상업용 부동산을 경매로 받는 이유다. 따라서 현장조사 때는 무엇보다 주변 부동산에 들러서 현재 상가나 오피스텔의 시세를 정확히 파악해보고, 최소 세 군데 이상 공인중개사사무소에 들러 시세를 확인해보는 것이 좋다.

토지 현장조사 시 체크 항목

어쩌면 앞서 말했던 주거용 부동산과 상업용 부동산보다 현장조사가 가장 필요한 부동산이 바로 '토지'다. 필자가 앞서 언급했던 주거용 부동산에서 손품 70%, 발품 30%가 토지에서는 손품 30%, 발품 70%다. 그만큼 토지는 매매뿐만 아니라 경매, 공매에서 현장을 가보지 않고는 절대 입찰해서는 안 된다. 그만큼 토지 경매에서 임장과 현장조사는 중요하다. 왜냐하면 건물이 있는 부동산은 실체가 있고, 눈으로 확인이 가능하지만, 토지는 토지 위에 건물이 없기 때문에 토지 자체만 봐서는 절대 그 가치를 평가할 수가 없다. 특히 서류상 확인한 내용과 실제로 현장에서 확인한 내용이 틀린 경우도 많다.

예를 들어 농지를 입찰한다고 하자. 서류와 지도상으로 봤을 때는 그냥 일반적인 농지라서 농지 구입 시 필요한 농지취득자격증명(이하 농취증)이 별문제 없이 발급될 것으로 생각하고, 현장을 가보지 않고 입찰했다고 하자. 그런데 실제로 현장에 가보니 현재 농사를 짓지 않을뿐더러

구조물이나 콘크리트 잔해 같은 것들이 불법적으로 방치되고 있어서 농취증이 발급되지 않아 보증금이 몰수된 사례가 있다. 아래 사례는 현재 경매 진행 중인 물건인데, ❶ 삼각형 형태의 토지 부분이 주거지역이 아닌 자연녹지지역이라서 농지취득자격증명이 필요한 사례다. 만약 자연녹지지역이 아니라면 농취증은 필요하지 않다.

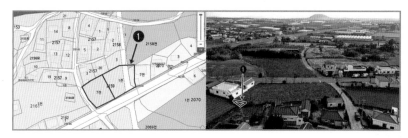

경매 시 주의할 사례 - 농취증 발급 유무 　　　　　　　(출처 : 카카오맵(좌), 필자 촬영(우))

94페이지의 매각물건명세서로 좀 더 자세히 알아보자. 매각물건명세서상 최선순위 설정은 2017년 11월 8일이고, 지상에 설정된 지상권도 없다. 주의사항이 적혀 있는 비고란을 보도록 하자.

매각물건명세서의 비고란 ❶을 보면 주의해야 할 여러 가지 사항을 기재해놓았는데, 농지의 경우 농지취득자격증명서 제출 요(미제출 시 보증금 미반환)라고 명시되어 있다. 예전에는 '보증금 몰수'라는 표현으로 기재되었다. 특히 이 땅은 용도지역이 제1종일반주거지역이라서 원칙적으로 주거지역 내의 농지에 해당되어 농취증이 필요 없다. 하지만 위의 자료에 표시해놓은 것처럼 아주 작은 면적이 자연녹지지역에 포함되어 농취증이 필요한 사례다. 하지만 경매 유료 사이트에는 대부분 농취증이 필요하지 않다고 기재되어 있다. 따라서 경매 사이트의 분석도 참고만 할 뿐 의심나는 사항은 꼭 직접 확인해보는 습관이 필요하다.

매각물건명세서

사 건	2023타경 ███ 부동산임의경매	매각 물건번호	1	작성 일자	2024.01.29	담임법관 (사법보좌관)	███
부동산 및 감정평가액 최저매각가격의 표시	별지기재와 같음	최선순위 설정		2017.11.08.근저당권		배당요구종기	2023.06.19

부동산의 점유자와 점유의 권원, 점유할 수 있는 기간, 차임 또는 보증금에 관한 관계인의 진술 및 임차인이 있는 경우 배당요구 여부와 그 일자, 전입신고일자 또는 사업자등록신청일자와 확정일자의 유무와 그 일자

점유자의 성 명	점유부분	정보출처 구 분	점유의 권 원	임대차기간 (점유기간)	보 증 금	차 임	전입신고일자·외국 인등록(체류지변경 신고)일자·사업자등 록신청일자	확정일자	배당요구여부 (배당요구일자)
				조사된 임차내역없음					

※ 최선순위 설정일자보다 대항요건을 먼저 갖춘 주택·상가건물 임차인의 임차보증금은 매수인에게 인수되는 경우가 발생 할 수 있고, 대항력과 우선변제권이 있는 주택·상가건물 임차인이 배당요구를 하였으나 보증금 전액에 관하여 배당을 받지 아니한 경우에는 배당받지 못한 잔액이 매수인에게 인수되게 됨을 주의하시기 바랍니다.

등기된 부동산에 관한 권리 또는 가처분으로 매각으로 그 효력이 소멸되지 아니하는 것

해당사항없음

매각에 따라 설정된 것으로 보는 지상권의 개요

해당사항없음

비고란

- 일괄매각
- 목록1.은 농지취득자격증명서 제출요(미제출시 보증금 미반환).
- 목록1.의 일부는 도시계획시설도로 저촉 있음.
- 목록2. 제1종일반주거지역.
- 현황 : 전(경작지)
- 목록1에 대하여 ███면에 사실조회 결과(2024.01.29.자), 매각시 농지취득자격증명이 필요하다는 회신이 있음(별지 사실조회 회신서 참조).

주1 : 매각목적물에서 제외되는 미등기건물 등이 있을 경우에는 그 취지를 명확히 기재한다.
　2 : 매각으로 소멸되는 가등기담보권, 가압류, 전세권의 등기일자가 최선순위 저당권등기일자보다 빠른 경우에는 그 등기일자를 기재한다.

매각물건명세서

　법원에서도 이 부분 때문에 미리 해당 면사무소에 공문을 보내서 ❶ 토지의 현황이 농지인지 질의했고, 그 결과 ❷ 지목이 전인 농지로 주거지역에 해당되나 자연녹지지역도 포함되어 있어서 농취증이 필요하다는 회신을 보냈다. 이 사례에서 보듯이 토지는 발생할 수 있는 문제의 경우의 수가 너무 많다. 특히 임야의 경우는 도로, 형상, 묘지 등 현장에 가보지 않으면 모를 수밖에 없는 변수가 너무 많다. 주변에 축사가 있어 냄새가 나는 지역이 있는데, 바람의 방향에 따라 어떨 때는 냄새가 나고, 또 어떨 때는 안 나는 지역이 있다. 만약 이런 곳에 나온 토지가 있는데

집을 지을 목적으로 입찰을 생각한다면, 현장을 여러 번 가보기 전에는 이런 사실을 알 수가 없다. 이 외에도 토지는 무수히 많은 변수가 존재한다. 따라서 토지 경매에 있어서는 꼭 임장과 현장조사를 해야 한다.

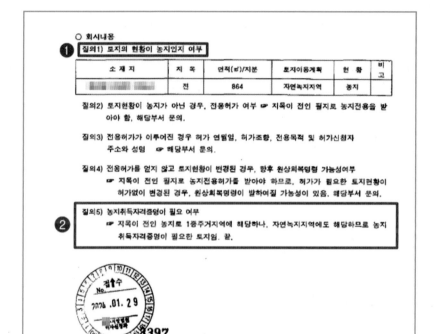

토지 현황 면사무소 질의

04

입찰해볼까?

입찰 당일 챙겨야 할 준비물

부동산 경매 법정에 가본 적 있는가? 법원마다 경매 법정이 열리는 날짜가 다르다. 보통 입찰 시간은 오전 10시~11시 30분 정도까지고, 입찰 마감을 하고 나면 법원 직원들이 입찰한 서류를 정리한다. 당일 경매 건수에 비례해서 보통 10~20분 정도 소요된다. 그리고 나면 본격적인 개찰이 시작된다. 법원마다 개찰 시간이 달라서 확인해보고 가야 한다. 통상 법원은 주차 사정이 좋지 않기 때문에 자가용일 경우 주차시간도 고려해야 한다. 혼잡해서 의외로 주차에 시간을 많이 소비할 수도 있기 때문이다. 신분증과 도장, 입찰보증금 수표는 미리 준비해두는 것이 좋다. 물론 법원 내부에 은행이 있지만, 당일 준비보다 느긋하게 하루 전에 준비해가는 것이 더 심리적으로 여유롭다.

입찰 당일 아침에 가장 먼저 해야 할 일은 대한민국 법원 법원경매정보 사이트에 들어가서 오늘 내가 입찰할 물건의 진행 상황을 체크해야 한다. 법원 경매는 직접 가서 입찰해야 하므로 집 주변에 경매 법정이 있다면 그나마 다행이지만, 멀리 있는 경매 법정에 가야 한다면 자칫 당일 경매 진행 현황을 체크하지 않고 출발했다가는 돈 낭비, 시간 낭비 하는 경우가 허다하다. 예전에는 경매 법정 앞 입찰 게시판에 경매 당일 입찰 예정 물건의 진행 상태가 게시되어 있어 사람들이 몰려서 확인하는 모습을 볼 수 있었는데, 요즘은 인터넷으로 다 확인한다. 물론 입찰 게시판은 지금도 존재한다. 여전히 그 앞에서 오늘 사건 상황을 보는 사람들이 있는데 굳이 그럴 필요는 없다.

입찰 당일 법원 경매 법정의 모습(모니터를 통해 법정 바깥에서도 실시간 중계한다)

입찰 당일 확인해야 할 사항

98페이지 자료를 보면 입찰 당일 아침 대한민국 법원 법원경매정보 사이트에 접속해서 ❶ 경매 물건을 클릭하고, ❷ 경매 사건 검색을 클릭해서 사건번호를 검색하면 다음과 같은 화면이 나온다. 만약 당신이 매각기일 아침에 이렇게 검색해봤다면 경매 법정에 가지 않았을 것이다. 왜냐하면 이 사건은 ❸ 기일이 변경되었기 때문이다. 따라서 경매 입찰 당일 아침에는 내가 입찰할 물건을 반드시 확인하자. 혹시라도 멀리 있는 경매 법원이라면 어렵게 도착해서 게시판에 오늘 입찰할 물건의 입찰 상태가 변경되었다는 것을 확인하는 순간, 허탈할 수밖에 없다. 그래서 당일 아침에는 꼭 기일 변경 내용을 확인하자.

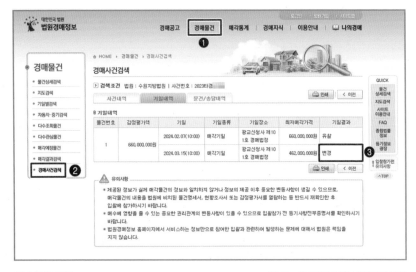

경매 사건 검색   (출처 : 대한민국 법원 법원경매정보)

입찰표 작성하는 방법

경매 법정 앞에는 집행관이 입찰표와 입찰봉투, 그리고 입찰보증금 봉투를 비치해놓는다. 법원마다 차이가 있는데, 입찰표는 인터넷에서 출력해서 사용해도 무방하지만 입찰봉투는 일련번호를 기재해놓는 법원이 있다. 따라서 일련번호가 없는 입찰봉투는 무효가 되기 때문에 혹시 다른 경매 법원의 입찰봉투는 사용하지 않는 것이 좋다. 기일입찰표 양식은 다음과 같다.

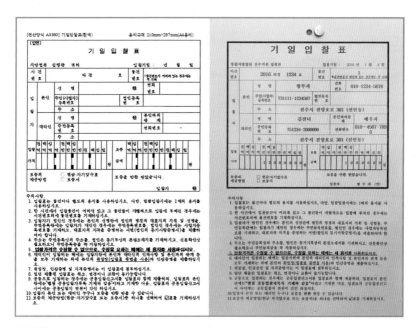

기일입찰표

위의 기일입찰표 샘플은 실제로 필자가 경매 입찰을 위해 창원지방 법원 진주지원에 가서 촬영한 경매 법정에 비치된 기일입찰표 샘플이 다. 빨간색으로 기재된 부분이 여러분들이 기재해야 할 내용이니 참고 해서 기재하면 된다. 입찰표 작성은 한 번만 해 보면 어렵지 않다. 입 찰표 작성 시 가장 조심해야 할 부분이 바로 '금액'을 기재하는 부분 이다. 기일입찰표 아랫부분 주의사항 5번을 보면 '입찰가격은 수정할 수 없으므로, 수정을 요하는 때에는 새 용지를 사용하십시오'라고 친 절하게 안내되어 있다. 그리고 숫자 칸을 잘 확인하고 기재해야 한다. 10,000,000원에 '0'을 하나 더 쓰면 1억 원이 된다는 사실을 잊지 말 고, 되도록 기일입찰표는 경매 당일보다는 미리 전날에 출력해서 작성 해놓는 것이 당일 분위기에 휩쓸리지 않고, 내 소신대로 입찰가격을 산정하는 데 도움이 된다. 패찰하면 어떤가? 내 소신대로 입찰가격을 정했고, 안 되면 또 다음번에 입찰하면 된다는 생각으로 입찰하자. 우리나라 경매는 본인이 직접 경매 법정에 방문해서 입찰하도록 하고 있다. 다만 대리인도 입찰할 수 있다. 필요한 서류는 인감증명서(본인), 위임장(인감날인), 신분증(대리인), 도장(본인, 대리인), 입찰표, 보증금 등이다. 또한 공동명의로 입찰도 가능하고, 법인명의로 입찰도 가능하다. 입찰이 다 끝나면 개찰이 시작된다. 보통 11시 30분쯤 입찰이 마감되고 나면, 입찰표 집계를 하고 바로 개찰이 시작된다.

낙찰인가? 패찰인가? 개찰 후 알아야 할 것

개찰이 시작되면 집행관은 사건번호와 입찰한 사람을 순서대로 호명하고, 최고가 매수신고인을 호명한다. 그리고 단상 앞으로 오게 한 후 모든 사람이 보는 상황에서 보증금이 맞는지 그 자리에서 확인시키고, 최고가 매수인으로 선정되었음을 선포한다. 통상 최고가 매수금액과 2번째 차순위금액, 3번째 금액 정도까지는 불러준다. 혹시 내가 패찰했더라도 그 금액을 잘 듣고 메모해놓으면 큰 도움이 된다. 물론 유료 경매 사이트에 기재되는 경우도 있지만, 통상의 경매 사이트에서는 최고가 낙찰금액만 기재되는 경우가 많다. 특히 모의 입찰을 하는 경우라면 차순위와 차차순위 금액의 갭을 보고, 입찰가격 산정의 경험을 쌓을 수 있다. 결국 낙찰은 경쟁자들과 심리 싸움이기 때문이다. 이렇게 개찰이 종료되면 낙찰자는 낙찰영수증을 받고, 패찰자는 법정 뒤쪽에서 보증금을 돌려받는다. 보통 최고가 매수신고인으로 선정된 후 특별한 문제가 없으면 일주일 후 매각허가결정이 난다. 농지의 경우는 통상 농취증의 발급 시간(약 2주일)을 고려해 낙찰 후 바로 경매계에 가서 매각허가결정 연기를 신청해야 충분히 시간을 벌 수 있다는 사실을 잊지 말자.

최고가 매수신고인이 되어 경매 법정을 나오면 명함을 주는 분들을 많이 볼 수 있다. "사장님, 축하합니다. 경락잔금대출을 잘해드릴 테니 연락 주세요!" 하며 아주머니들이 명함을 나눠 줄 때도 있고, 그들 사이에 양복을 입은 금융기관 직원도 있다. 요즘은 은행직원들도 이렇게 경매 법정에 나와서 대출 영업을 한다. 잔금대출은 꼭 필요하니 명함은 주는 대로 다 받아서 오는 게 좋다. 여러 군데를 비교해볼 수 있기 때문이다. 예를 들어 최고가매수신고인이 된 후 경매 사건에 대해서 이의신청이나 절차상 문제가 없다면 일주일 후에 매각허가결정이 나고, 나머지 대금지급기한은 통상 매각허가결정일로부터 한 달 후다. 따라서 잔금을 준비해야 한다. 통상 경락잔금대출은 낙찰가격의 80%까지 가능한데, 요즘은 개인의 상황에 따라 경락잔금대출도 한도가 다르다. 그러니 경매 법정을 나오면서 받았던 명함을 다시 꺼내서 여러 군데 잔금대출을 알아보면 된다. 그리고 2금융권(새마을금고, 지역농협, 상호신용금고 등)은 좀 더 공격적으로 경락잔금 대출을 해주니까 대출한도를 더 받을 수 있다. 하지만 금리가 1금융권보다는 좀 더 높다는 사실을 알고 있어야 한다. 잔금 외에 추가로 더 들어가는 비용도 미리 생각해두어야 한다. 등기 관련 비용과 체납관리비 명도비용과 아직은 알지 못하는 수리비용과 인테리어 비용까지 조금은 자금 계획을 넉넉하게 세우는 것이 좋다.

05

명도!
생각보다 어렵지 않다

명도는 심리 싸움이다

'명도'는 건물 또는 토지를 정당한 권원 없이 무단으로 점유하고 있는 상대방에게 건물 또는 토지를 돌려받는 행위다. 부동산 경매 실무에서 토지의 경우는 명도 문제가 거의 없다. 왜냐하면 토지를 무단으로 점유하는 경우가 드물기 때문이다. 통상 아파트나 빌라 등 주거용 건물의 임대차 관계에 기인해서 임차인이 점유할 경우와 상가 임대차를 원인으로 임차인이 점유할 경우에 낙찰 후 명도의 문제가 발생한다. 대부분의 경우는 주거용이 많으니까 주거용 아파트의 경우를 가정하고 이야기해보자. 낙찰된 주택에는 소유자가 직접 거주하는 경우도 많은데, 소유자가 점유하는 경우와 임차인이 점유하는 경우는 차이가 좀 있다. 소유자의 경우는 본인이 직접 집을 구매해서 살고 있었기 때문에 자존심에 상처 나지 않도록 협상을 잘해야 한다. 어떻게 보면 쫓겨나는 것이기 때문에 자칫 잘못하면 배 째라는 식으로 나올 수도 있어서 최대한 정중하게 자존심을 다치지 않게 대해줘야 한다.

임차인의 경우는 사례별로 좀 다르다. 입찰가격 산정을 잘해서 원하는 아파트를 낙찰받았다. 법적 소유권이전 등기까지는 아직 남았지만, 점유자를 만나 집을 비워 줄 스케줄을 확인하러 간다. 얼른 점유자(임차인 등)에게 집을 비워 달라 하고 싶어 찾아가서 "이제 이 집은 내 집이 될 테니 소유권이전이 완료되면 집을 비워 주세요"라고 해보자. 그러면 점유자가 "예, 그렇게 하겠습니다"라고 고분고분할까? 물론 그렇게 고분고분한 경우도 있다. 임차인이 배당신청을 했고, 전액 배당받는 임차인은 낙찰자와 호의적인 관계를 맺을 확률이 높다. 왜냐하면 그들은 경매로 인해 보증금에 문제가 생긴 것도 아니고, 전액 배당받기 위해서는 낙찰자의 인감증명서와 인감도장을 찍은 '명도확인서'를 법원에 제출해야 배당금을 수령할 수 있다. 그래서 별도로 이사비를 요구하지도 않고, 관리비도 체납되는 경우가 드물다. 말 그대로 누이 좋고 매부 좋은 경우다. 전액 배당을 받는 케이스는 집 상태도 대체로 양호한 편이다.

하지만 일부 배당받는 임차인의 경우는 이사비를 요구하는 경우가 많다. 보증금 중에서 일부는 받고, 일부는 받지 못한다. 물론 전 주인의 남은 재산에 압류를 해서 받을 수는 있겠지만, 보통 경매로 집을 날릴 정도가 되면 이미 본인 앞으로 되어 있는 재산은 없다고 봐야 하는 게 맞다. 만약 배당받는 보증금이 전체 보증금 중 아주 일부라면 임차인과 잘 협상해야 한다. 간혹 이판사판으로 명도확인서고, 배당이고 다 필요 없고 나는 못 나간다고 버티는 분들도 있다. 물론 인도명령을 통해 결국은 강제집행 되겠지만, 그때까지 낙찰자도 고생한다. 보통 배당을 받기 위해서는 낙찰자의 명도확인서가 필수라고 생각해서 낙찰자가 '갑'이라고 생각하는 경우가 있는데, 명도확인서가 없어도 임차인이 배당받는 방법도 있다. 당장 이사 나가지 않고 배당금을 수령할 수는 없겠지만, 낙찰자가 함부로 대하거나 자존심이 상하면 배당금은 나중에 받는 다고 생각하며 버티는 상황도 있다. 또한 실제로 이사는 나가더라도 열쇠를 인도하지 않는 예도 있으니 되도록이면 점유자와 원만한 협상이 가장 좋은 방법이다.

 정프로의 경매 꿀팁

명도확인서 없이 배당금 수령하는 방법
(해당 법원 경매계에 미리 서류 확인 요망)

1. 이사계약서
2. 아파트의 경우 관리소장 확인서/빌라는 통, 반장 확인서
3. 관할 경찰서의 사실조회 신청
4. 이사한 곳의 주민등록초본

명도할 때 주의할 점

간혹 명도확인서를 이사 나가기 전에 주는 낙찰자가 있는데, 자칫하면 큰일 날 수도 있다. 명도확인서는 반드시 이삿짐이 나가고, 관리비와 공과금이 정산된 후에 줘야 한다는 사실을 잊지 말길 바란다. 보증금을 다 못 받고 나가는 임차인은 보상심리가 있어 끝까지 관리비나 공과금 등을 안 내고 가려는 심리가 있다. 보증금도 다 못 받고 나가는 마당에 뭔가 하나라도 자신에게 이득이 될 수 있는 행동을 분명 하려 한다. 말한마디가 천냥 빚을 갚는다고 하지 않는가? 좋은 말로 협상하면 일부 배당금을 받는 임차인의 명도는 그렇게 어렵지 않다. 가장 어려운 사례가 바로 한 푼도 받지 못하고 나가야 하는 후순위 임차인이다. 사실 이

런 경우는 많지는 않다. 보통 후순위 임차인은 선순위 권리가 있다는 사실을 알고 들어오는 경우가 많아서 전세 계약보다는 일부 전세와 월세가 섞인 계약이 많다. 그래서 최우선변제 조건에 해당이 되어 최우선변제 금액은 변제받는 경우가 대부분이다. 하지만 정말 후순위 임차인인데 한 푼도 못 받는 임차인이 있다. 그런 경매 물건이라면 처음부터 명도의 어려움을 감수하고 입찰하든지, 아니면 아예 입찰을 포기하고 다른 물건을 찾아보는 게 더 현명한 선택일 수도 있다. 그래서 물건 검색 단계가 중요한 이유가 바로 명도와 관련 있기 때문이다. 검색 단계부터 명도를 생각하고 물건을 검색한다면, 훨씬 더 현명한 경매를 할 수 있다.

내용증명서 발송하기

모든 법적인 조치를 하기 앞서 내용증명은 항상 보내야 한다. 협상하면서도 보내야 한다. 왜냐하면 글로 남겨야만 사람이 나중에 딴소리를 안 한다. 그리고 내용증명 자체가 심리적 압박이 상당히 느껴지는 효과적인 수단이기도 하다. 그래서 임차인과 협상하면서 좋은 말로 "저랑 지금 이야기하는 내용들은 별도로 내용증명으로 보낼 테니 혹시 받더라도 너무 언짢아하지 마세요. 그냥 형식상 보내는 거니까요"라고 미리 말하면 된다. 웃으면서 이야기하는 낙찰자지만, 약속을 어기면 법적으로 대응한다는 단호한 면을 보여주는 것이 필요하다. 내용증명 양식은 별도로 없다. 내가 하고 싶은 이야기를 글로 옮기는 것이라고 쉽게 생각하면 된다. 요즘 내용증명은 예전처럼 출력해서 우체국에 직접 가서 부치지 않는다. 요즘은 인터넷 우체국을 통해 온라인에서 바로 내용증명을 보낼 수 있다. 세상 참 좋아졌다.

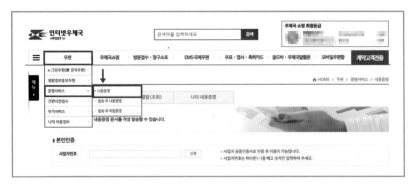

인터넷 우체국 내용증명 신청

(출처 : 인터넷 우체국)

아래 내용증명은 필자가 보낼 때 사용하는 양식이다. 참고하길 바란다.

내용증명

발신인 :

주 소 :

연락처 :

수신인 :

주 소 :

경매 사건 번호 : 2024타경 ○○○○○호

해당 부동산의 표시 : 서울시 서초구 ○○○

발신인은 해당 부동산에 관해 ○○지방법원 본원 2024타경 ○○○○○호 사건을 통해 2. 24. ○○. ○○ 낙찰을 받고, 법률사무소를 통해 소유권이전을 준비 중인 해당 부동산의 최고가 매수신고인입니다.

수신인이 해당 부동산을 현재 점유하고 있기에 상기 부동산을 점유하고 있는 귀하에게 향후 진행될 절차에 대해서 알려드리고자 서면을 보냅니다.

1. 본인은 상기 부동산의 매각 잔금을 2024년 ○○월 ○○일까지 완납할 예정으로, 현재 매각대금과 소유권이전에 필요한 모든 절차를 마친 상태이며, 귀하와 원만하게 명도가 협의되길 바랍니다. 이 내용증명 수령 후 7일 이내 상기 연락처로 연락을 주시길 바라며, 만일 연락이 없을 경우 협의 의사가 없는 것으로 간주하겠습니다.

2. 매각 잔금일 이후 완납일을 기준으로 상기 부동산은 본인이 완전한 소유권자가 되며, 잔금 완납일 이후 낙찰자의 승낙 없이 상기 부동산을 점유하고 계속 거주할 경우 이는 무단 점유가 되며, 부득이하게 인도명령신청과 강제집행을 진행할 것입니다. 이에 소요되는 강제집행 비용과 명도지연 손해금 등으로 인해 귀하의 배당금을 압류하거나 법적으로 비용을 청구할 것입니다. 대항력이 없는 임차인은 소유권이전일부터 보증금 없는 임료 상당의 금액을 지급할 의무가 있습니다. 따라서 본인은 소유권이전일로부터 해당 부동산을 인도 받을 때까지 귀하에게 매월 ○○만 원을 임료로 청구할 예정이며, 미지급 시 부당이득반환 소송을 제기할 예정입니다.

3. 다만, 위의 2번 항목은 귀하가 명도에 협조하지 않을 경우 법적으로 취할 상황을 사실 확인 차원에서 안내해드립니다.

4. 따라서 상기 부동산은 잔금 납입이 예상되는 2024년 ○○월 ○○일까지 현재 거주 중인 세대주 및 세대원(동거인 포함) 전원이 퇴거해주시길 요청 드립니다.

5. 귀하가 법원에서 배당금을 지급받기 위해서는 낙찰자 본인의 명도확인서와 인감증명서가 필요하며, 상기 부동산의 이사 완료 및 관리비 정산 후 위 서류를 교부하는 데 적극 협조할 것을 약속드립니다.

6. 귀하 또한 상기 부동산의 경매 매각으로 인해 정신적 고통 및 경제적 손실이 있었을 것으로 사료되며, 낙찰자 본인도 이 점에 관해서는 매우 안타깝게 생각합니다. 따라서 발신인과 수신인의 협의로 원만히 마무리되기를 간절히 바랍니다.

20○○년 ○○월 ○○일

발신인 : 낙찰자 ○ ○ ○(010-○○○○-○○○○)

내용증명을 보내고 협의가 되지 않아 인도명령신청까지 했는데도 임차인이 이사를 나가지 않는다면 어쩔 수 없이 강제집행을 할 수밖에 없다. 여기서 중요한 팁이 하나 있는데, 이 정도로 했는데도 나가지 않는 임차인은 보통이 넘는 사람이기 때문에 다양한 대비가 필요하다. 따라서 인도명령신청과 동시에 부동산점유이전금지 가처분 신청도 같이 해야 한다. 간혹 세로운 전입자가 전입하는 경우가 있는데, 점유자가 바뀌면 또다시 인도명령신청을 하는 것을 막기 위해 '점유이전 가처분'도 같이 신청하는 것이 안전하다. 인도명령이 나면 결정문은 우편물로 송달된다. 송달이 완료되면 인도명령결정문과 송달증명원을 첨부해 강제집행 신청서를 작성하고, 법원 집행관에게 제출하면서 집행 비용을 예납하면 모든 절차가 끝난다.

인도명령 신청하기

경매하다 보면 별의별 임차인을 다 만나는데, 모두 다 협상으로 명도가 되지는 않는다. 결국 명도를 진행하다 보면 강제로 해야 할 경우가 있다. 경매라는 제도는 법적 절차다. 아무리 말로 하는 협상이 잘된다고 하더라도 자고 일어나면 바뀌는 게 사람 마음이다. 그래서 경매는 항상 '협상'과 '원칙'이라는 2가지 방법을 동시에 사용해야 한다. 특히 경매 제도에만 있는 '인도명령신청'이라는 제도는 명도를 간단하게 할 수 있는 법적 장치다. 다만 매각대금을 완납 후 6개월 내에 신청할 수 있기 때문에 임차인과 협상을 시작하면서 인도명령신청도 같이 신청하는 것이 좋다. 만약 임차인과 관계가 나쁘지 않은 상태에서 6개월이 지나면 인도명령신청은 불가능하고, 그때는 정식 명도소송을 해야 한다. 임차인은 언제든지 돌변할 수 있다는 사실을 명심하고 대응하길 바란다.

부동산인도명령신청서

사건번호 : ▓▓▓ ▓▓ 부동산임의경매

신 청 인 : ▓▓▓▓▓▓▓▓

(주소) ▓▓▓▓▓▓▓▓▓▓▓▓▓▓▓▓▓▓▓▓

피신청인 : ▓▓▓▓▓

(주소) ▓▓▓▓▓▓▓▓▓▓▓

신 청 취 지

피신청인은 신청인에게 별지 목록 기재 부동산을 인도하라는 재판을 구합니다.

신 청 이 유

위 사건에 관하여 신청인(매수인)은 ▓▓▓▓ ▓▓ 매각대금을 낸 후 피신청인
(☑채무자, ☑소유자, ☑부동산 점유자)에게 별지 기재 부동산의 인도를 청구하
였으나 피신청인이 이에 불응하고 있으므로, 민사집행법 제136조 제1항의 규정
에 따른 인도명령을 신청합니다.

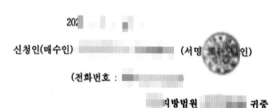

20▓ ▓ ▓ ▓

신청인(매수인) ▓▓▓▓▓▓▓▓ (서명   인)

(전화번호 : ▓▓▓▓▓▓)

▓▓지방법원 ▓▓▓ 귀중

※ 유의사항
1. 매수인은 매각대금을 낸 뒤 6개월 이내에 채무자·소유자 또는 부동산 점유자에 대하여
부동산을 매수인에게 인도할 것을 법원에 신청할 수 있습니다.
2. 괄호안 네모(□)에는 피신청인이 해당하는 부분을 모두 표시(☑)하시기 바랍니다(예를 들어
피신청인이 채무자 겸 소유자인 경우에는 "☑채무자, ☑소유자, □부동산 점유자" 로 표
시하시기 바랍니다).
3. 당사자(신청인+피신청인) 수×3회분의 송달료를 납부하시고, 송달료 납부서(법원제출용)를
제출하시기 바랍니다.

부동산 인도명령신청서

Part 4

부자가 되는
실전 경매 아이템
5가지

임차인 있는 주거용 경매로
안정적 수익 창출하기

누구나 할 수 있지만
아무나 성공 못하는 아파트(주거용) 경매

미국의 금리인하가 예상외로 물가상승률에 발목 잡혀 더디게 될 확률이 높아진 지금, 대한민국의 아파트값은 지역마다 편차가 심하다. 모두가 갈망하는 곳인 서울은 집값이 한 차례 하락 후 재차 반등하면서 집값 흐름을 관망하던 내 집 마련 수요자들이 혼란스러운 상황에 빠졌다. 분양가격 또한 원자재가격과 땅값이 상승하면서 시세보다 낮은 가격에 주택을 구입할 수 있는 경매에 관심을 가지는 사람들이 많아졌다. 현재 서울 아파트의 경우는 개별 장세가 펼쳐지고 있는데, 어떤 곳은 신고가로 거래되고 있다. 2024년 4월 기준으로 양천구 신정동 '목동신시가지 9단지' 전용 126.02㎡는 23일 22억 원에 거래되며 신고가를 새로 썼다. 지난 16일 강남구 압구정동 '현대 13차' 전용 105㎡도 43억 4,000만 원에 신고가를 경신했고, 성동구 성수동 아크로서울포레스트 전용 97㎡ 역시 지난 3일 43억 5,000만 원에 신고가 거래되었다. 이들 아파트 가격을 보면, 서민들은 엄두도 내지 못할 가격이다. 그들만의 시장에서 고가 아파트는 한정된 공급으로 인해 조금만 수요가 늘어도 신고가를 갱신한다.

아파트 시장에서 가격은 거래량과 같이 봐야 정확한 진단이 가능하다. 이것은 앞서 말했듯 최근 사과 가격과 유사하다. 기후위기로 작황이 부족해서 사과 공급량이 줄어들면서 가격이 오르는 것이다. 서민들은 비싼 사과를 사 먹지 못하기에 거래량이 늘지 않은 상태로, 순전히 공급량의 한계로 가격이 오르는 현상이다. 우리가 의미 있게 봐야 할 지표가 '거래량'인 이유가 바로 이것이다. 수요가 늘면서 거래량이 늘어나야만 의미 있는 투자 지표로 삼을 수 있다. 청약 시장을 살펴보면 점점 더 청약 문턱이 높아지고 있다. 왜냐하면 분양가격이 고공 행진을 거듭하고 있기 때문이다. 말 그대로 자격은 되는데, 당첨되어도 낼 돈이 부족하다. 2024년 3월 기준, 서울 소형 아파트(전용 60㎡ 이하)의 ㎡당 평균 분양가는 1,143만 원으로, 2023년 동월 949만 원 대비 20.5% 상승했다. 중소형 아파트(전용 60㎡ 초과~85㎡ 이하) 역시 올해 1분기에 지난해 대비 16% 올랐다. 코로나 사태를 겪으며 인력난으로 원자재가 상승했던 원인이 러시아 우크라이나 전쟁, 이스라엘 하마스 전쟁으로 이어지면서 이제는 원자잿값이 떨어질 일은 없다고 생각해야 할 것이다.

분양가격도 상승했지만, 공급도 줄고 있다. 지난해 서울 지역의 주택 착공은 2만 1,000가구로 연평균의 32.7%에 그쳤다. 허가는 2만 6,000가구, 준공은 2만 7,000가구로 각각 연평균의 37.5%, 42.1%에 불과했다. 건설사들도 PF 기준이 높아지면서 자금 조달이 쉽지 않고, 원자재 상승 등으로 수지 타산이 잘 나오지 않는 원인이 복합적으로 작용하고 있다고 봐야 한다. 그러면 서울에서 서민들이 택할 수 있는 내집 마련 방법은 무엇이 있을까? 바로 경매를 통한 내 집 마련 방법이다. 집값과 분양가격이 동시에 오르면서 더 저렴하게 내 집 마련이 가능한 방법으로 경매에 관한 관심도 높아지고 있다. 원래 경매는 불황에 대출 이자 등의 연체로 물건이 많이 나오는 시기에 관심을 받지만, 요즘 경매 시장은 불황과 호황을 가리지 않고, 꾸준히 관심을 가지는 사람들이 많다.

2024년 3월 기준, 서울 아파트 경매 진행 건수는 261건으로, 2023년 3월 126건에 비해 2배 이상 늘었다. 매각 물건이 늘어나면서 낙찰률은 35.3%로 전월보다 3%p 하락했고, 감정가격 대비 낙찰가율도 전달에 비해 1.4%p 상승에 그치며 85.1%를 기록했다. 최근 낙찰된 아파트들도 시세를 한번 보면, 서울 서대문구 남가좌동 'DMC파크뷰자이' 전용 84㎡는 2024년 3월에 10억 6,800만 원에 낙찰되었다. 이달 실거래가격은 12억 4,000만 원을 기록했는데, 낙찰가격이 실거래가격의 86% 정도 가격이다. 경매는 가격 측면에서 싸게 살 수 있는 이점이 있다. 하지만 권리분석을 해야 하고, 낙찰 이후 명도 절차를 거쳐야 하는 등 챙겨야 할 것이 많다. 하지만 요즘은 경매 책이나 유튜브, 경매 교육 등을 통해 일반인들도 경매 시장에 많이 뛰어든다. 이러한 노력을 통해 좋은 매물을 고르는 안목을 키운다면, 더 쉽고 저렴하게 내 집을 마련할 기회가 될 수 있다. 하지만 '누구나 뛰어들지만 아무나 성공하지 못하는 시장'이라는 것을 명심하고, 이론과 실전 경험을 통해 차차 경매 전문가로 거듭나자.

하자 있는
아파트란?

여러분들은 '하자'라는 단어를 들으면 어떤 생각이 드나? 하자는 말 그대로 결함이 있는 상태를 뜻한다. 보통은 하자라고 하면 기능이나 구조 등 눈에 보이는 결함을 말하는데, 부동산 경매에서는 권리적으로 문제가 있는 물건을 '하자 있는 물건'이라고 한다. 하자가 있는지, 없는지 구분하는 방법은 권리분석 과정에서 등기부등본을 열람했을 때 말소기준권리보다 앞서는 권리가 없으면, 그 물건은 하자가 없다고 이야기한다. 왜냐하면 매매의 경우는 근저당권 이후 모든 금액을 갚아야 말소되지만, 경매는 말소기준권리를 포함해서 낙찰되면 전부 소멸되기 때문이다. 이렇게 하자가 없는 물건은 순수하게 가격만 판단해서 입찰하면 된다. 따라서 경쟁률이 심하다. 경쟁률이 심한 만큼 낙찰가격도 올라간다. 심지어 시세(감정가격 아님)와 거의 비슷하게 낙찰되는 경우도 있다. 경매는 기본적으로 싸게 사고 싶어서 하는 것인데, 가끔 경매 법정에 가보면 무조건 덤비는 사람들이 있다. 보통 경매 시장에 뛰어든 지 얼마 안된 초보들이 많이 입찰하는데, 경매 고수들은 보통 이런 물건에는 입찰하지 않는다. 왜냐하면 본인이 설정한 입찰금액에 낙찰될 리도 없고, 경쟁자들의 입찰가격이 너무 높아 경매 자체의 매력도 없기 때문이다.

그러면 어떤 물건에 입찰할까? 초보 경매자가 두려워하는 '하자 있는 경매'에 입찰한다. 사실 하자라고 하지만, 아파트 경매에서 하자는 보통 선순위 임차인이 있는 경우를 그렇게 부른다. 그런데 조금만 권리분석을 해보면 사실 별것 아닌 경우가 많다. 대항력이 있어 인수해야 할 상황이면 그만큼 입찰금액을 낮추면 되고, 배당 신청을 한 경우라면 권리분석으로 전액 배당받을지, 일부만 배당받을지 분석해서 그것에 맞게 입찰가격을 산정하면 되는 것이다. 오히려 초보 경매자가 두려워서 입찰하지 않기 때문에 더 낮은 가격에 경쟁자도 별로 없이 느긋하게 낙찰받는 것이다. 선순위 임차인이 없는 일반 경매 물건을 시세 비슷하게 낙찰받았다가는 생각지 못한 명도에 관련된 추가 비용이나 관리비, 공과금 등 비용 등을 합산하면, 오히려 매매로 사는 것보다 더 주고 사는 결과가 될 수도 있다.

임차인
파헤치기

주거용 건물에서 임차인은 왕이다

앞서 권리분석 편에서 말소기준권리 찾는 방법을 알아봤다. 경매 유료 사이트를 이용하든, 등기부등본을 펼쳐 놓고 수기로 분석하든, 몇 가지 경우를 제외하고는 말소기준권리보다 앞선 권리는 인수하고, 말소기준권리보다 뒤에 있는 권리는 소멸한다는 사실을 우리는 알고 있다. 아파트 하자는 현재 임차인이 살고 있을 때 하자 확률이 높은 물건이다. 집주인이 거주할 경우는 하자가 아니다. 따라서 집에 임차인이 살고 있다면, 임차인의 권리가 말소기준권리보다 앞서는지 따져보면 된다. 임차인 분석을 제대로 하지 않았다가 낙찰 후 보증금 10%를 포기하는 사람이 의외로 많다. 왜냐하면 임차인의 보증금을 인수하지 않는 것으로 판단하고 입찰했다가 낙찰 후 임차인의 보증금을 인수해야 한다는 사실을 알고는 잔금을 칠 수 없기 때문이다. 따라서 많은 모의 입찰을 통해 권리분석 경험을 많이 쌓는 수밖에 없다. 그 누구도 잘못한 입찰에 대해 책임져 주지 않는다. 순전히 본인의 탓이다.

우리는 경매에서 존재하는 3가지 부류의 사람을 알고 있다. 채권자와 채무자, 그리고 이해관계인. 이 중에서 임차인은 이해관계인에 해당한다. 채무자는 배당 후 남는 돈이 있으면 돈을 받는다. 채권자는 때에 따라서 전액 변제를 못 받을 수 있다. 그러면 임차인은 어떨까? 선순위 임차인이라면 보증금 전액을 다 받을 수 있다. 후순위 임차인도 주택임대차보호법에 의해서 일정 금액의 보증금은 법으로 보장되어 후순위인데도 불구하고 돌려받는다. 그만큼 대한민국에서는 임차인의 권리가 법으로 강력하게 보장받는다. 경매 권리분석에서 임차인은 어떤 지위를 지니고 있는지 파악하는 것이 중요하다. 바로 '대항력 유무'와 '배당 신청' 유무다.

대항력 있는 임차인 vs 배당받을 수 있는 임차인

대항력이란 이미 발생하고 있는 법률관계에서 제삼자에게 주장할 수 있는 힘이다. 대항력 있는 임차인이란 낙찰자에게 보증금을 요구하거나 남은 계약기간 동안 거주하겠다고 요구할 수 있는 임차인이다. 따라서 낙찰자 입장에서 대항력 있는 임차인은 까다로운 존재이고, 집값 하락 시에는 낙찰가격보다 인수할 보증금이 많을 수 있기 때문에 임차인 분석을 잘해야 한다. 결국 대항력 있는 임차인은 말소기준 권리보다 신순위로 전입 신고(대항력의 요건)를 한 임차인이고, 보통 은행에서는 선순위 임차인의 보증금을 확인하고 대출해주기 때문에 임차인이 전세로 계약할 경우 통상 대출은 불가능하다고 보면 된다. 만약 대항력 있는 임차인이 경매 종료 후 법원에서 전액 배당받지 못할 경우, 낙찰자가 나머지 보증금을 인수해야 한다. 그래서 대항력 있는 임차인은 무서운 존재다. 대항력은 말소기준권리보다 선순위든, 후순위든 발생은 한다. 다만,

최우선 권리일 때만 행사할 수 있고, 후순위일 때는 행사할 수 없는 것이다.

다음 3가지 사례를 통해 대항력을 완벽히 분석해보자.

사례 1 **대항력은 있고, 확정일자가 없는 경우**
이 경우는 대항력의 조건인 전입 신고는 했지만, 확정일자 신고는 안 했기 때문에 우선변제는 받을 수 없다. 이런 물건은 임대차 기간에 임차인이 대항력을 주장하면 임차인을 내보낼 수 없다. 다만, 실무에서는 전입신고와 확정일자는 거의 동시에 받는다. 잘 발생하지 않는 사례다.

사례 2 **대항력과 확정일자 둘 다 있고, 배당 요구한 경우**
이 경우 임차인의 의사는 '보증금을 돌려받으면 이사 가겠다'라는 의사표시다. 이때는 임차인이 경매 종료 후 보증금을 전액 배당받았을 경우 쉽게 이사를 나간다.

사례 3 **대항력과 확정일자 둘 다 있지만, 배당 요구를 하지 않은 경우**
이 경우는 임차인이 지금 당장 보증금을 돌려받지 않고 계약기간을 채우겠다는 의미다. 본인의 직장이나 자녀의 학교 문제 등을 고려해 계속 살겠다는 의사표시를 한 것이다.

위의 3가지 사례를 통해 임차인의 의도를 파악하고 입찰 유무를 판단한다. 만약 대항력이 있는데 후순위면 어떻게 될까? 낙찰자 입장에서는 추가로 인수해야 할 권리가 없으므로 반가운 물건이다. 임차인의 입장은 안타깝지만, 낙찰자 입장에서는 좋은 물건이 되는 것이다. 요즘은 시대가 좋아져서 임차인들이 전입 신고와 확정일자도 다 받고, 추가로 전세권 설정이나 전세보증보험가입(주택도시보증공사 등)에 가입해서 자신의 보증금은 다 지킨다. 일종의 확정채권 양도와 같은 개념인데, 임차인은 주택도시보증공사에서 임차보증금을 받고, 주택도시보증공사가 임차인의 권리를 승계받는 것이다. 또한 주택보증공사에서는 여러 차례 유찰이 되거나 유찰될 확률이 높은 물건에 대해서는 감정가격의 70% 이상만 낙찰되면, 나머지 30%에 대해서는 권리를 포기하겠다는 조건을 다는 경우가 있다. 이런 물건은 대항력 있는 물건이지만, 감정가격의 70%로 입찰해서 낙찰받으면 나머지 금액은 책임을 안 져도 되니 요즘은 이런 물건만 전문적으로 입찰하는 사람도 있다. 따라서 대항력 있는 물건이라고 해서 그냥 지나치지 말고 꼼꼼히 살펴보는 습관을 지니자. 이런 물건이 많지는 않지만, 관심을 가지고 찾아보는 사람들 눈에는 보이는 법이다. 결국 임차인의 권리가 경매에서는 큰 부분을 차지하는 것이다.

최우선변제권과 우선변제권

임차인이 자신의 보증금을 배당받을 수 있도록 주택임대차보호법에서 보호해주는 권리로는 최우선변제권리와 우선변제권리가 있다. 최우선변제권리는 주택임대차보호법에 따라 임차 주택의 경매 시에 소액임차인의 보증금 중 일정 금액을 다른 담보물권자보다 우선해서 변제받을 수 있는 권리를 말한다. 따라서 최우선변제권리의 성립요건을 갖춘 임차인은 낙찰가격의 2분의 1범위 내에서 보증금 중 일정액을 가장 먼저 변제받게 된다. 낙찰가격의 2분의 1을 설정한 이유는 선순위채권자의 권리도 보호해야 하므로 한도 규정을 두는 것이다.

적용일자	서울 및 광역시			기타지역
1984.6.14	300만원 이하 300만원			200만원 이하 200만원
1987.12.1	500만원 이하 500만원			400만원 이하 400만원
1990.2.19	2000만원 이하 700만원			1500만원 이하 500만원
1995.10.19	3000만원 이하 1200만원			2000만원 이하 800만원
2001.9.15	서울, 과밀억제권역	광역시 (군, 인천제외)		기타지역
	4천만원 이하 1600만원	3500만원 이하 1400만원		3천만원 이하 1200만원
2010.7.28	서울	수도권 과밀억제권역	광역시 (군지역 제외)	기타지역
	7500만원 이하 2500만원	6500만원 이하 2200만원	5500만원 이하 1900만원	4000만원 이하 1400만원
2014.1.1	9500만원 이하 3200만원	8000만원 이하 2700만원	6000만원 이하 2000만원	4500만원 이하 1500만원
2016.3.31	1억원 이하 3400만원	8000만원 이하 2700만원	6000만원 이하 2000만원	5000만원 이하 1700만원
2018.9.18	서울	수도권 과밀억제권역	광역시 (군지역 제외)	기타지역
	1억 1천만원 이하 3700만원	1억원 이하 3400만원	6천만원 이하 2000만원	5천만원 이하 1700만원
2021.5.11	1억 5천만원 이하 5000만원	1억 3천만원 이하 4300만원	7천만원 이하 2300만원	6천만원 이하 2000만원
❶ 2023.2.21	1억 6500만원 이하 5500만원	1억 4500만원 이하 4800만원	8500만원 이하 2800만원	7500만원 이하 ❷ 2500만원 ❸

최우선변제 기준표　　　　　　　　　　　　　　(출처 : 국가법령정보센터(주택임대차보호법))

최우선변제권은 현재 위의 ❶ 2023년 2월 21일 이후 지역별로 ❷ 일정 금액의 보증금 이하로 계약한 임차인에게 ❸ 최우선변제금액을 지급한다. 그리고 최우선변제를 받기 위한 기준은 ❶ 날짜가 기준이며, 이는 내가 임대차한 날짜 기준이 아니라 최초의 담보물권(저당권, 근저당권, 담보가등기 등) 설정 날짜가 기준이다. 예를 들어 집주인이 집을 매매하면서 은행에서 대출받아 근저당권을 설정한 날짜가 2021년 12월 1일이고, 내가 전입 신고한 날짜가 2023년 3월 1일이라면, 서울 기준으로 보증금 1억 5,000만 원 이하일 경우 5,000만 원까지 소액 임차인 최우선변제가 된다는 의미다. 만약 착각해서 나의 전입일자를 기준으로 생각해서 1억 6,500만 원으로 보증금을 걸었다면 소액 임차인에 해당되지 않아 최우선변제가 되지 않으니 기준 날짜를 꼭 기억하길 바란다. 최우선변제를 받기 위해서는 배당 요구 종기까지 채권신고서를 제출해 배당신고를 해야 하고, 경매 개시 결정 등기 전에 대항요건(주택 인도 및 주민등록)을 갖춰야 하며, 배당 요구 종기까지 대항력을 유지해야 한다.

우선변제권은 주택임대차보호법상 임차인이 보증금을 우선적으로 받을 수 있는 권리다. 원래 임차권은 물권이 아닌 채권이기 때문에 동종의 채권과는 채권액에 비례해 동등하게 변제를 받는 것이 원칙이다. 하지만 예외적으로 법률이 인정한 경우에 우선변제를 받을 수 있는데, 임차권은 물권과 동등하게 권리 효력 발생일의 선후를 따져 순위대로 경매 매각대금에서 배당받을 수 있는 권리다. 우선변제권의 조건은 대항력을 갖추고 확정일자를 받으면 된다. 우선변제권을 조금 더 쉽게 이야기하면 말소기준권리보다 후순위의 임차권인 경우 낙찰자에게 대항할수는 없지만, 후순위 권리자보다 우선해서 배당받을 권리가 생긴다는 것이다. 배당을 우선해서 받을 권리가 생기는 것이지, 무조건 배당을 받는다는 것은 아니다. 배당금액에 따라 배당받을 수도 있고, 배당받지 못할 수도 있다. 물권인 은행의 저당권과 채권인 임차보증금이 경합하는 경우 항상 물권인 저당권이 우선하는데, 대항요건을 갖추고 확정일자를 받은 임대차계약은 물권과 같은 효력이 생김으로써 상호 간 순위는 시간으로 정하고, 먼저 성립한 권리가 우선한다.

구분	대항력	우선변제권	최우선변제권
개념	집주인이 바뀌어도 임차 기간과 보증금을 반환받을 때까지 계속해서 살 수 있는 권리	후순위 권리자보다 우선해 보증금을 변제(배당)받을 수 있는 권리	소액보증금 중 일정금액을 선순위 권리자보다(순위와 관계없이) 변제받을 수 있는 권리
효력 발생 요건	① 주택의 인도(입주) ② 주민등록전입 익일	① 주택의 인도(입주) ② 주민등록전입 익일 ③ 계약서상의 확정일자	경매개시기입등기 전에 ① 주택의 인도(입주) ② 주민등록전입 익일
효과	보증금 전액을 소유자, 양수인, 경락인에게 대항할 수 있음.	보증금을 후순위에 우선해 변제받음.	소액보증금 중 일정액을 최우선변제받음.

대항력, 우선변제권, 최우선변제권 구분

임차권 vs 전세권

전세 제도는 전 세계에서 몇 군데 없는 독특한 제도다. 하지만 최근 전국을 떠들썩하게 만들었던 전세사기 사건으로 인해 전세가 많이 사라지고, 월세 계약이 많아지는 추세다. 또한 예전처럼 은행의 금리가 높지 않다 보니 전세금을 받아도 굴릴 곳이 마땅찮다. 그래서 월세를 받는 주인들이 더 많아진 것이다. 임차권과 전세권은 같으면서 다르고, 다르면서도 같은 면이 있다. 임차권은 임대차 계약서에 확정일자 날인으로 성립하고, 등기할 필요도 없으며, 전입 신고와 점유가 필요조건이다. 만약 집주인이 보증금을 돌려주지 않을 경우, 임차권은 '임차권등기명령'이라는 형태로 등기해서 결정문을 받아야만 경매 신청이 가능하다. 반면 전세권은 집주인의 동의하에 서류를 첨부해 설정하는 방법으로 건물 등기부등본에 등기되며, 전세권 설정 비용이 발생하고, 전입 신고나 점유가 필요조건이 아니다. 만약 집주인이 보증금을 돌려주지 않을 경우 소송 없이 경매 신청이 가능하다.

이 2가지를 비교해보면 전세권이 임차권에 비해서 비용이 들고, 더 번거로운 점이 있다. 하지만 전세권은 물권이고, 임차권은 채권이기 때문에 전세권이 더 강력하다. 2가지 권리를 같이 보유하는 경우도 많다. 최근에는 임차권과 전세보증보험 가입이 더 많은 추세이기는 하나 전세보증보험은 매년 보증료를 내야 해서 비용적으로 부담이 될 수도 있다. 전세권은 보통 전세기간 2년으로 설정하지만, 기간이 지나서 갱신되어서 전세권 설정 기간이 지나더라도 그 효력은 이상이 없다. 간혹 전세권 기간이 지나서 효력이 없다고 주장하는 사람이 있는데 사실이 아니다. 여전히 전세권은 말소등기 전까지 물권으로 효력을 지닌다.

원래 전세권은 전입 신고를 하지 못하는 경우 설정하는데, 특히 법인에서 사원을 위한 사택을 임차할 경우 전세권 설정을 하는 경우가 많았다. 이 경우도 주택임대차보호법이 개정되면서 법인의 사원도 전입 신고로 임차권을 보호받고 있다. 전세권은 대항력은 없다. 대항력은 임차권만 가질 수 있다. 임차권과 전세권 둘 다 가지고 있는 경우, 전세권으로 강제경매를 넣어도 임차권의 효력은 그대로 유지된다. 결국 선순위라면 임차권만 가지고 있어도 대항력이 생기기 때문에 굳이 전세권을 같이 설정할 이유는 없다. 하지만 사람의 앞일을 알 수 없지 않은가? 집주인이 보증금을 돌려주지 않을 경우에는 강력한 전세권으로 즉시 경매 신청을 넣을 수 있고, 그러한 전세권이 무기가 되어 보증금을 돌려받을 수도 있다. 물론 임차권도 임차권등기명령제도를 통해 등기할 수 있다. 전세 만기가 되어서 보증금을 돌려받고, 또 다른 집을 이사 가는 상황이 가장 좋은 그림이다.

04

어떤 집을
골라야 하나?

임차인이 배당받는 물건을 골라라

말소기준권리와 임차인의 권리를 확실히 찾아낼 수 있다면, 마지막으로 '배당'을 체크해봐야 한다. 배당이야말로 아파트 경매에서 아주 중요한 부분이다. 배당의 의미는 경매 낙찰대금을 법원이 정한 순서대로 나눠주는 것이다. 만약 임차인이 전액 배당을 받을 수 있다면, 당신이 인수할 권리는 없다. 배당을 보는 안목은 다 똑같지 않다. 어떤 사람에게는 보이고, 어떤 사람에게는 보이지 않는다. 이론만 공부한다고 보이는 게 결코 아니다. 필자가 서두에서도 이야기했지만, 기본적인 권리분석과 다양한 방식의 현장조사를 통해 알 수 있는 것이다. 초보자의 눈에는 보이지 않기 때문에 초보자들은 임차인이 있는 물건을 두려워하고, 되도록 입찰하지 않고 쉬운 물건만 찾으려고 한다. 그렇게 해서는 경매에서 돈을 벌 확률이 줄어든다. 적어도 당신은 경매 초보자와 경쟁을 해서는 안 된다는 사실을 꼭 염두에 두어라. 임차인이 배당받는 경매 사건 예시로 조금 더 자세히 알아보자.

임차인현황 대항력있음					현황조사서 ⬇ 매각물건명세서 ⬇
말소기준권리		2021.09.06	배당요구종기		2023.01.31
임차인	점유부분	전입/확정/배당	보증금/차임	대항력	비고
이 ■	■■로 전부	전입일자 : 2021.08.20. 확정일자 : 2021.07.29. 배당일자 : 2022.12.15	1,200,000,000원	있음	미배당 보증금 매수인 인수
			총 임차인 수 : 1명 보증금 합계 : 1,200,000,000원 월세 합계 : 미상		
기타사항	1. 1) 이건 부동산의 전입세대열람 내역에 세대주만 등재되어 있으며,2) 이건 부동산을 방문하였으나 점유자를 만나지 못해 연락처가 기재된 안내문을 부착해 두었으나 점유자 등으로부터 아무 연락이 없어 전입세대열람내역에 등재된 세대주를 일응 임차인으로 보고함.				

등기부현황

건물등기현황 말소기준 인수권리 경매신청   건물등기 ⬇

접수일자	권리종류	권리자	채권액(원)	소멸여부	기타사항
	소유권이전	김■ ■	-		공동소유 [■(21/35) ■(6/35) ■(4/35) ■(4/35)]
21.09.06	근저당권	주식회사에스비아이저축은행	584,400,000	말소기준	대상소유자(지분): 김■ 등
21.12.13	근저당권	■대부주식회사	90,000,000	소멸	대상소유자(지분): 김■ 등
22.01.11	근저당권	■■■■대부주식회사 외 1명	150,000,000	소멸	대상소유자(지분): 김■ 등
22.11.11	임의경매	주식회사 에스비아이저축은행	498,221,807	소멸	대상소유자(지분): 김■ 등 사건번호: 2022타경
					채권액합계 : 824,400,000원

(출처 : 미스고부동산)

위의 경매 사건에서 임차인은 2021년 8월 20일에 전입 신고를 했고, 보증금은 12억 원이다. 말소기준권리가 2021년 9월 6일의 근저당권이니까 선순위 근저당권보다 빠른 대항력을 갖춘 임차인이다. 그리고 배당 요구 종기일이 2023년 1월 31일인데, 그 이전인 2022년 12월 15일에 배당 신청을 했다. 그렇다면 위의 임차인은 배당금을 전액 받아서 이사를 나가겠다는 의사표시를 한 것이다. 이 물건의 감정가격은 19억 6,000만 원으로 실제 시세인 16~17억 원보다 높게 감정평가가 되었지만, 아무리 유찰이 된다고 하더라도 임차인의 보증금은 12억 원 이하로 낙찰될 확률이 없어 보인다. 배당으로 임차인의 보증금이 정리될 확률이 높아서 입찰해도 될 물건이다. 그렇다면 이 집이 낙찰되고 나면 그 후의 일을 상상해보자. 예를 들어 이 집이 15억 원에 낙찰되었다고 가정해보면, 12억 원은 임차인에게 우선 배당되고, 남은 3억 원은 저축은행에서 청구한 498,221,807원의 배당금으로 충당되고, 나머지 금액은 못 받고 후순위 채권들도 다 소멸된다. 냉정하게 이야기하면 채권자들이 얼마를 배당받든, 손해를 보든 당신과는 아무 상관없다. 당신은 오로지 임차인이 전액 배당받는지, 일부 배당받는지가 중요하다. 왜냐하면 일부 배당받았을 때는 나머지 보증금은 당신이 인수해야 하고, 그것 못지않게 부담되는 것이 바로 '명도'다.

입장을 바꿔 생각해보면 내가 사는 집이 경매에 넘어갔는데 보증금을 다 받는 경우와 일부만 받는 경우, 때에 따라서는 아예 한 푼도 못 받을 수도 있다. 물론 임차인이 이 집을 임차할 때 최소한 보증금이 안전할 수 있는 집을 골라야 하고, 후순위가 아닌 선순위가 보장되는 집을 구해야 하는 것은 누구나 다 아는 사실이다. 하지만 세상사가 다 내 뜻대로 되지 않는다. 한정된 예산에 집 위치가 중요하거나(예를 들어 아이 학군), 아니면 선순위 대출 규모가 크지 않아 괜찮다는 부동산 중개사무소장의 이야기에 혹해서 등 여러 이유로 오늘도 후순위 임차인이 생기고 있다. 그들만 탓할 수는 없다. 그러면 집의 관리 상태 입장에서 한번 보자. 전액 배당받는 임차인은 정상적으로 집을 관리하며, 관리비나 각종 공과금 등을 연체할 확률이 낮다. 하지만 만약 한 푼도 받지 못하는 임차인의 경우는 어떨까? 간혹 실제 현장에서 발생하는 일인데, 명도 협상 과정에서 협박 아닌 협박을 하는 경우가 있다. 어차피 본인은 한 푼도 받지 못하고 쫓겨나야 할 사정이다 보니 위로금 명목이든, 이사비 명목이든 과도한 비용을 요구하고, 만약 주지 않으면 끝까지 버티면서 집 안 내부 시설과 집기 비품에 대해서 장담할 수 없다는 협박을 하기도 한다. 이런 부류의 임차인은 낙찰 후 집 안 내부를 절대 보여주지 않는다. 그렇다고 낙찰자가 강제로 볼 수도 없다. 낙찰자의 입장에서는 혹시라도 내부 집기 비품이라도 손상될까 봐 난감한 상황이 된다.

경매라는 제도는 법을 근거로 집행하는 일종의 집행 제도다. 하지만 법을 근거로 집행한다고 해서 "당신이 언제까지 나가지 않으면 강제집행 할 거야"라고 접근하면 안 된다. '말 한마디에 천냥 빚을 갚는다'라는 속담이 왜 있겠나? 그런 임차인에게는 따뜻한 말 한마디와 위로가 우선이다. "보증금을 못 받아 속상하시죠? 저도 마음이 아픕니다"라는 말로 시작하되 이 사태의 원인이 낙찰자한테 있는 게 아니라 집주인에게 있다는 사실을 각인시켜줘서 그 원망이 집주인에게 향하도록 해야 한다. 그리고 지금은 보증금을 못 받지만 민사소송으로 집주인에게 보증금을 받을 수 있도록 안내해주고, 자기 앞으로 재산이 없어 못 받는다고 하더라도 최소한 집주인을 괴롭힐 수는 있다는 마음의 위로를 해줘야 한다. 동병상련의 입장이라는 사실을 임차인에게 각인시켜줘야 뭐든 협상이 시작될 수 있다.

그리고 밀린 관리비도 내가 내줄 것이고, 이사비도 넉넉히 줄 거라고 마음을 누그러뜨려 주면서 "집을 한번 봐도 되겠냐?"라고 슬쩍 이야기해본다. 집 상태를 봐야 돈이 얼마나 더 들어갈지 판단할 수 있다. 수리 비용이 많이 들면 당신에게 줄 이사비가 줄어들 수 있다고 이야기하면, 임차인은 그때부터 오히려 집 안 시설과 집기 비품을 더 소중하게 다루어 줄 것이다. 잊지 마라. 사람이 법보다 더 우선이다. 필자가 이렇게 장황하게 낙찰 후 임차인과 협상 상황을 이야기하는 이유가 뭘까? 바로 '명도가 쉬운 집'을 이야기하기 위해서 이렇게 장황하게 설명한 것이다. 반대의 경우 배당을 다 받은 임차인은 상대하기가 훨씬 쉽다. 자신의 배당금을 다 받을 것이고, 낙찰자의 '명도확인서'를 받아야 하기에 일반 매매에서처럼 아주 수월하게 집을 비워준다. 이사비를 달라고 하지도 않고, 관리비도 연체하지 않는다. 여러분이 어떤 집을 골라야 하는지 답이 나온다.

경매가 진행되어 매수인이 낙찰받고 그 낙찰대금을 납부하면, 법원에서는 배당 절차가 이루어진다. 선순위 배당권자와 후순위 배당권자가 법률로 정해지고, 그에 따라 선순위 배당권자가 자신의 채권액 전부를 배당받게 되고, 남으면 후순위 배당권자에게 지급된다. 물권은 해당 순위에 따라 채권은 안분배당을 받게 된다. 우리가 중요하게 봐야 할 부분은 최우선변제와 우선변제다. 등기부등본에는 세금 체납에 관한 자세한 정보가 나오지 않는다는 점이 임차인의 배당금 지급 유무에 큰 영향을 미친다. 세금 같은 경우는 압류 사실만 나올 뿐 금액이 표시되지 않기 때문이다. 따라서 배당금 지급 금액 유추를 잘하고 입찰해야 한다.

	저당권이 국세보다 앞선 경우	저당권이 국세보다 늦은 경우	저당권이 없는 경우
1	• 집행비용(민사집행법 제53조)		
2	• 경매 부동산의 관리에 소요된 필요비 및 유익비(민법 제367조)		
3	• 소액임차보증금채권(주택임대차보호법 제8조 제1항, 상가 건물임대차보호법 제14조 제1항) • 최종 3개월분 임금과 최종 3년간의 퇴직금 및 재해보상금(근로기준법 제37조 제2항) ※ 위 채권들이 서로 경합하는 경우에는 동등한 순위의 채권으로 보아 배당함(재민 91-2)		
4	• 집행목적물에 부과된 국세, 지방세(국세기본법 제35조 제1항 제3호, 지방세법 제31조 제2항 제3호)	• 당해세를 포함한 조세 그 밖에 이와 같은 순위의 징수금	• 근로기준법 제37조 제2항의 임금 등을 제외한 임금, 그 밖에 근로관계로 인한 채권
5	• 국세 및 지방세의 법정기일 전에 설정등기된 저당권·전세권에 의해 담보되는 채권(국세기본법 제35조 제1항, 지방세법 제31조 제2항) • 확정일자를 갖춘 주택 및 상가 건물의 임차보증 금반환채권(주택임대차보호법 제3조의 2 제2항, 상가 건물임대차보호법 제5조 제2항)	• 조세 다음 순위의 공과금 중 납부기한이 저당권·전세권의 설정등기보다 앞서는 건강보험료, 연금보험료	• 당해세를 포함한 조세, 그 밖에 이와 같은 순위의 징수금
6	• 근로기준법 제37조 제2항의 임금 등을 제외한 임금 기타 근로관계로 인한 채권(근로기준법 제37조 제1항)	• 저당권·전세권에 의한 담보되는 채권	• 조세 다음 순위의 공과금
7	• 국세·지방세 및 이에 관한 체납처분비, 가산금 등의 징수금(국세기본법 제35조, 지방세법 제31조)	• 임금 그 밖에 근로관계로 인한 채권	
8	• 국세 및 지방세의 다음 순위로 징수하는 공과금 중 산업재해보상보험료, 국민연금보험료, 고용보험료, 국민건강보험료(단, 납부기한과 관련해 예외규정 있음)	• 조세 다음 순위의 공과금 중 산업재해보상보험 법상의 산업재해보험료 그 밖의 징수금, 구 의료보험법에 의한 의료보험료, 구 국민연금법에 의한 연금보험료 및 납부기한이 저당권·전세권의 설정등기보다 후인 구 국민의료보험법상의 의료보험료, 국민건강보험법상의 건강보험료 및 국민연금법상의 연금보험료	• 일반채권(일반채권자의 채권과 재산형·과태료 및 국유재산법상의 사용료·대부료·변상금 채권) • 일반채권(일반채권자의 채권과 재산형·과태료 및 국유재산법상의 사용료·대부료·변상금 채권)
9	• 일반채권(일반채권자의 채권과 재산형·과태료 및 국유재산법상의 사용료·대부료·변상금 채권)	• 일반채권(일반채권의 채권과 재산형·과태료 및 국유재산법상의 사용료·대부료·변상금 채권)	

매각대금 배당 순위

앞의 표를 보면 1, 2번은 경매 집행비용(필요비, 유익비 포함) 등이다. 통상 매각 가격의 3~5% 정도로 크지 않다. 그다음이 3번의 소액 임차인 최우선변제 채권과 임금채권이다. 임금채권은 근로자의 3개월분 임금과 3년간 퇴직금이고, 산재법상 재해보상금도 포함된다. 만약 집주인이 사업을 한 사람이라면 이 금액이 클 수 있다. 최근에는 법이 강화되어 임금채권을 밀린 경우, 노동법으로 고발당해 구속까지 되는 경우도 많다. 집주인이 사업주인지, 아닌지 알아낼 방법은 없다. 만약 근로복지공단 명의의 압류 사실이 있다면 긴장하고, 경매 관련 서류에서 힌트를 발견해서 사업장 소재지를 알아내서 탐문을 통해 알아내야 한다. 임금 관련 채권 등은 금액이 높을 확률이 크기 때문에 입찰에 특히 유의해야 한다는 사실을 잊지 말자. 4번은 국세 및 지방세 등의 당해세다. 2023년 4월 1일 이후 경매 시 매각허가결정, 공매 시 매각결정되는 경우부터 배당 시 임차인의 확정일보다 당해세의 법정기일이 늦다면, 그 금액만큼에 대해서는 임차보증금액을 우선 변제하도록 개정(국세기본법 제35조(국세의 우선) 제7항 신설 2022. 12. 31)되었다. 확정일자가 빠른 임차인의 보증금은 당해세보다 먼저 배당받는 것이다. 당해세의 종류에는 국세와 지방세가 있는데 국세는 상속세, 증여세, 종합부동산세 등이고, 지방세 중 당해세는 재산세, 도시계획세, 공동시설세, 자동차세(자동차 경매 시) 등이다. 이 외의 세금은 당해세 외의 조세채권이다.

여기서 중요하게 봐야 할 점은 당해세의 기준이 '법정기일'이라는 점이다. 국세, 지방세에 의한 압류에서 당해세 법정기일은 세금 발생일을 기준으로 정해지며, 압류에서는 압류를 등기한 날이 아닌, 해당 세금의 발생일을 기준으로 법정기일이 정해진다. 이는 납세 의무가 확정신고

경매, 공매 배당순서

된 날 또는 고지서의 발송일이 기준이 된다. 공매의 경우는 매각일 7일 전부터 공매매각명세서를 통해 체납세금정보 등을 포함한 서류가 공개되는데, 경매의 경우는 등기부등본상 기재 내용으로만 파악해야 하니 쉽지 않다. 따라서 해당 경매 사건이 공매로도 진행되는지 여부도 필수적으로 체크해보고, 만약 공매로도 진행이 된다면 체납 세금 파악이 훨씬 유리하다. 참고로 세금별 법정 기일을 살펴보면, 법정기일은 세금 자진신고일과 납세고지서 발송일이다. 양도세는 자진신고 일자이고(양도세 신고기한은 양도한 달의 말일부터 2달 이내), 재산세 종부세는 세금 고지서가 발송된 일자가 법정기일이다. 압류된 날짜가 아니라는 것을 꼭 염두에 두길 바란다. 많이 헷갈려서 권리분석을 하는데, 그러다 큰일 날 수 있다. 그다음이 우선변제권인데 임차인의 보증금은 채권인데도 불구하고, 우선변제요건을 갖추면 물권처럼 우선변제를 받을 수 있는 권리가 있다고 배웠다. 우선변제권은 접수한 날짜의 선후 순서대로 배당받는데, 순서가 빠른 우선변제권이 먼저 배당을 받기 때문에 임차권보다 우선한 권리가 있다면 배당을 적게 받거나 아예 못 받을 수도 있다.

임차인 있는 경매 물건을 고르는 방법

이제 본격적으로 하자(임차인 있는 경매 물건) 있는 주거용 부동산을 검색해보자. 이미 언급했듯이 임차인은 대항력과 최우선변제, 우선변제 이 3가지 권리에 주목하라고 했고, 이 권리에 따라 낙찰자가 인수할 보증금이 있을 수도 있고, 없을 수도 있다고 했다. 그래서 임차인 있는 경매 물건을 검색할 때는 내가 임장 및 현장조사 할 수 있는 ❶ 지역 범위를 먼저 설정하고, 경매 사이트의 특수조건에 ❷ 임차인이 있는 물건을 검색하고, ❸ 주거용 물건 중에 아파트 등을 선택해서 검색한다.

검색 결과 선순위 임차권이 있는 물건도 나오고, 주택도시보증공사의 전세보증금 보증을 받고 채권이 양도된 물건도 나오고, 선순위 전세권 물건도 나온다. 이제 여러분들의 손품을 팔 시간이다. 경매 물건은 습관적으로 검색해야 한다. 매주 시간을 정해서 꾸준히 검색하자.

(출처 : 지지옥션(상), 미스고부동산(하))

꿩 먹고 알 먹고,
상가 경매는 반값을 노려라

01

수익형 부동산의
원가구조

　수익형 부동산은 매달 월세 수익이 나오는 부동산을 말한다. 아파트와 빌라처럼 주거용 부동산에도 충분히 세팅해서 월세 수익을 볼 수 있지만, 필자가 여기서 다룰 수익형 부동산은 주거용 이외의 수익형 부동산이고, 그중에서도 '상가'다. 상가도 종류에 따라서 구분등기된 단독 근린생활시설 상가부터 상가로 이루어진 건물(보통 꼬마빌딩 또는 빌딩)까지 통칭해서 '상가'라는 용어를 사용하겠다. 상가의 경우는 원가구조를 알면 투자에 도움이 많이 된다. 보통 상가 투자는 매매가격(분양가격 포함)과 월세 수익을 비교해 수익률이 결정되는데, 월세 수익은 주변의 시세로 결정되기 때문에 어느 정도 범위를 예측할 수 있다. 따라서 상가의 가격에 따라 수익률이 결정된다. 가격은 낮고 월세가 높으면 당연히 수익률이 높고, 가격이 높고 월세도 높으면 수익률은 보통이고, 가격이 높은데 월세가 낮으면 수익률이 낮다. 어떻게 보면 단순한 논리다.

　사람들은 상가를 구입할 때 첫 번째로 연 수익률을 따진다. 예전에 상가는 연 수익률이 6% 정도 되면 적정하다고 했는데, 지금은 고물가에 경기도 좋지 않으니 연 4% 정도면 적정하다고 이야기한다. 그런데 이 또한 합리적 데이터에 기반한 것은 아니고, 통상의 상식에서 나온 이야기 같다. 쉽게 말하면 은행에 예금을 넣으면 3%대이니 그것보다 높으면 된다는 의미인 것 같다. 그렇다면 상가 수익률에서 절대적인 비중을 차지하는 상가의 가격은 어떻게 결정될까? 최초 상가의 가격을 결정하는 것은 '원가'다.

상가 원가 구조
토지가격 + 건축비용 + 각종 세금 + 부대비용 + 시행사 이윤

예를 들어 1층 5호실과 2층 5호실, 총 10호실로 구성된 상가를 시행사에서 분양한다고 가정해보자. 토지매입비용과 건축비용이 기본적으로 들며, 여기에 취득세 등의 세금과 각종 부담금 및 부대비용이 들어갈 것이고, 시행사 이윤도 포함될 것이다. 그렇게 나온 총액을 각 10개의 호실로 나누고, 1층과 2층의 가중치를 두고, 또 상가의 위치 등 개별적 요인 가중치를 반영해 호실별 가격을 차등해서 산출한다. 이 원가구조에서 가격에 가장 큰 변수가 바로 '시행사 이윤'이다. 이윤을 얼마로 잡느냐에 따라 상가의 가격은 큰 변동 폭을 나타낸다. 보통 상가의 마진율은 20~30% 정도 잡는다. 때에 따라서 분양 상황이 좋은 경우는 그것보다 더 높게 잡는 경우도 있다. 말 그대로 시행사 마음대로다. 분양이 잘 되는 지역이거나 분양이 잘되는 시장 상황이라면 비싸도 분양되기 때문에 굳이 싸게 분양할 이유가 없다. 어차피 돈 벌려고 하는 사업이고, 시장이 받쳐 준다면 고분양을 해도 누가 뭐라고 할 이유가 없다.

아파트의 경우 택지지구는 분양가 상한제 시행일 경우 심사받아서 일정 이상 분양가격을 올려 받지 못하도록 제한이 있다. 그런데 상가는 그런 제한이 없다. 그래서 시행사에서는 보통 아파트 분양가격은 최소한의 마진으로 해서 합리적으로 책정하고, 그 나머지 이윤을 근린생활 시설 분양가격에 포함해 분양하는 경우가 많다. 그래서 분양가격을 더 비싸게 받기 위해 상가는 초기에 분양하는 것보다 아파트 입주 때 분양하는 경우가 많고, 심지어는 임대 후 분양하기도 한다. 임대 후 분양의 장점은 임차인이 거금의 시설비용을 들여서 들어오기 때문에 몇 년 뒤 '후분양'할 때 거금을 들여서 들어온 임차인에게 분양하기가 쉽고, 공개 입찰을 통해 분양할 경우 서로 경쟁시켜서 시행사 입장에서는 자금 압박만 없다면 좋은 분양 방법이다. 아파트 단지 내 상가는 대부분 경쟁입찰 방식으로 상가를 분양한다. 경매처럼 최저 입찰가격을 산정해놓고, 최고가 금액 낙찰 방식으로 입찰하는 방식이다. 이 과정에서 바람을 잡기 위해 무수히 많은 마케팅 방법과 편법적인 홍보를 부추기는 방식이 동원된다. 이미 병원이 들어오기로 결정되었다는 소문을 내고, 큰 마트가 임대되었다는 등 그래서 분양만 되면 10년간 안정적으로 월세를 받을 수 있다는 등의 각종 소문이 입찰 전에 무성하게 나돈다. 이것 또한 시행사(분양대행사 포함)에서 상가 분양을 흥행시키기 위한 작전일 수도 있다는 사실을 여러분들은 아는가?

필자 또한 시행사 대표이고, 분양대행사를 운영하고 있다. 예전에 아파트 상가 26개 호실을 통째로 분양 대행을 한 적이 있는데, 처음에 분양 당시 시행사가 제시했던 조건들을 믿고 분양 완판을 시켰는데, 나중에 알고 보니 마케팅 전략의 일부분이라고 말을 슬쩍 바꾸는 시행사를 보고 크게 당황했던 적이 있다. 부동산 업계에서 무수한 편법적 방법과 과장 마케팅 등이 동원되는 시장이 바로 '분양 시장'이다. 특히 상가 분양 시장은 아파트 분양 시장보다 더 과장 광고가 많으니 주의하길 바란다. 지역의 작은 호재 하나라도 빠지지 않고 과장되게 광고하고, 곧 될 것처럼 지금 분양받지 않으면 안 될 것처럼 당신을 유혹한다. 단편적으로 이야기해보면 당신이 분양받는 상가 금액이 5억 원이라면, 그 안에 광고 홍보 비용이 5,000만 원이고 시행사 이윤이 1억 원이라는 이야기다. 과연 그런 가격으로 분양받아서 상가 투자에 성공할 수 있을까? 그래서 필자는 상가 분양을 절대로 추천하지 않는다. 매매 역시 매도자의 이윤이 상당 부분 포함되어 있기 때문에 원가구조가 비슷하다. 따라서 이런 거품을 완전히 빼야만 수익성이 나온다. 그래서 상가 투자는 경매와 공매를 통해서만 투자하길 권한다. 왜냐하면 이런 거품을 싹 걷어낼 수 있기 때문이다.

상가 투자!
관점을 바꿔야 성공한다

2019년부터 전 세계를 강타한 코로나19는 많은 것을 변화시킨 계기가 되었는데, 부동산 시장에 준 영향 중에서는 상가에 미치는 영향이 가장 크다. 바로 대면에서 비대면으로 인식이 바뀌면서 오프라인에서 온라인으로 많은 것이 달라졌다. 음식은 직접 음식점에 가지 않고 배달로 시켜 먹고, 옷도 매장에 가지 않고 쇼핑몰에서 사고, 여행도 단체관광보다 개별관광을 선호하게 되었고, 독채 펜션 같은 곳이 더 각광받았다. 코로나 사태로 인해 대표적으로 오프라인 상가들이 직격탄을 맞은 것이다. 상가 영업시간 제한을 여러분들은 기억하는가? 이미 먼 옛날이야기 같지만 불과 몇 년 전 이야기다. 많은 소상공인이 장사가 안되서 폐업했고, 개중에 일부는 온라인 사업으로 전환했다. 월세 맞추기도 급급해서 연체되고, 권리금도 포기하고 가게를 접는 곳이 한 집 건너 한집이었다. 임대료가 비싼 지역의 상가는 공실이 되었고, 임대인은 상가 대출이자를 고스란히 부담하고 버티다가 못 버티고, 경매로 넘어가는 게 현실이 되었다.

설상가상 상권은 살아 있는 생물이라서 이동한다. 옆 동네에 신도시가 생기면 자연스럽게 상권이 이동하고, 현재 상권은 쇠퇴한다. 임차인은 장사가 안되어 힘들고, 임대인은 임차인이 힘들면 연체가 되거나 공실의 위험으로 같이 힘들어지는 악순환이 반복된다. 이것이 코로나 시대를 거치면서 나타난 상가 시장의 민낯이다. 물론 여전히 장사가 잘되는 상가가 많다. 하지만 장사가 안되는 상가가 더 많다. 공실인 상가도 많다. 심지어 신도시 상권의 경우 공실이 많은 것을 보고 의아해하는 사람들이 있는데, '왜 신규 인구 유입도 많이 되고, 유동 인구도 많은데 공실일까?'라고 생각한다. 왜일까? 정답은 바로 '비싸다' 이 한마디로 모든 게 정리된다.

자그마한 10평짜리 면적의 상가 분양가격이 10억 원이다. 그런데 실제 면적은 5평 정도밖에 안 된다. 왜냐하면 10평은 분양면적이고, 전용율이 50%밖에 되지 않아 실평수는 5평인 것이다. 그러면 연 수익률을 5%로 계산하면, 월 416만 원(10억 원×5%/12개월)의 월세가 들어와야 하는데, 임차인들이 그 상가에서 월 416만 원을 월세로 지불하고 나면 본인이 가져갈 수익이 없는 것이다. 그러니 당연히 임대가 안 될 수밖에 없다. 상가 주인이 상가 분양 당시 대출받았다면, 통상 상가 대출은 분양가격의 50%(5억 원) 정도 된다. 본인 돈 5억 원에 세금 내고, 매달 이자로 5%(상가 이자는 아파트보다 높음)를 낸다면, 매달 208만 원(5억 원×5%/12개월)의 이자를 내야 한다. 내 돈 5억 원을 넣었고, 매달 208만 원의 이자를 길바닥에 버리면서 버틴다는 게 쉬운 일일까? 이것이 신도시 빈 상가들의 현실이다. 세종시가 그랬고, 동탄도 그렇고, 신도시 아파트는 수요가 몰리고 가격이 오르지만, 유독 상가는 찬밥 신세다. 필자가 이야기하는 원가구조를 이해한다면 충분히 그 이유가 납득이 갈 것이다.

03

어떤 상가를
골라야 하나?

그렇다면 어떤 상가를 골라야 할까? 그 해답은 '임차인'에게 있다. 임차인이 들어와서 장사가 잘될 상가를 골라야 하는 것이다. 그러기 위해서는 임대료 책정이 중요하겠지만, 그보다 앞서 장사가 될 수 있는 상권인지가 중요하다. 말 그대로 상가 투자에서는 '상권분석'이 필수적이다. 상권에서 제일 핵심적으로 봐야 할 점은 배후 인구수와 그 인구들의 이동 동선이다. 다음 경매 물건의 사례를 보자.

이 물건은 감정가격 8억 7,700만 원에서 2번 유찰되어 현재 최저매각가격 4억 3,000만 원 정도에 입찰을 앞둔 물건이다. 주상복합 건물로 3층까지 근린생활시설이고, 4층부터는 오피스텔이다. 현재 여러 건의 경매가 동시에 진행되고 있는 물건이고, 해당 상가는 1층 상가다. 이 상가는 등기부등본 확인 결과 2022년 2월에 '9억 7,600만 원에 개인이 분양'받았고, 농협에서 받은 대출 이자를 갚지 못해 경매 물건으로 나오게 된 사례다. 물건 개별 분석에 앞서 상가 주변의 배후 세대를 먼저 체크해보자.

(출처 : 미스고부동산)

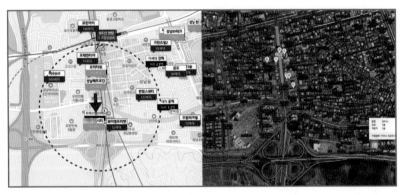

상권 배후 세대 판단 사례

(출처 : 아실(좌), 카카오맵(우))

통상 상권의 배후 세대를 판단할 때 기준이 되는 거리는 500m까지다. 이는 도보로 7분에서 10분 정도의 거리고, 500m를 넘으면 배후 상권이라고 보기 어렵다. 그러면 해당 상가와 500m 내에 세대수를 한번 체크해보자. 상권에서 아파트가 최소 1,000세대 이상이고, 도로와 단절된 세대는 배후 세대에서 제외시켜야 한다. 사람들은 길을 건너길 좋아하지 않는다. 되도록 길을 건너지 않고 이용할 수 있는 상가를 선호한다. 앞의 상가를 기준으로 반경 500m 이내의 세대는 상가 북측에 있는 279세대의 오피스텔이다. 물론 아파트의 세대 기준과 오피스텔의 세대 기준 또한 다르다. 아파트는 가족들 위주로 구성된 2~3인의 세대이고, 오피스텔은 1~2인 세대가 기준이기 때문이다. 해당 상가의 반경 500m 내의 세대수를 합산해보면 1,000세대 정도 된다. 하지만 이 1,000세대는 단순히 거리상 반경으로만 보고, 해당 상가의 배후 세대라고 단정하기 어렵다. 왜냐하면 큰 도로(대로)로 인해 단절되어 있기 때문이다. 과연 1,000세대의 사람들이 큰 도로를 건너는 불편함을 감수하면서 이곳 상가까지 올까? 아마도 이곳 상가가 스타벅스처럼 대중성 있는 상가라면 올지도 모른다.

상가에는 2가지 종류의 상가가 있다. 동선을 따라 그 위치에 있어서 가는 상가와 일부러 찾아가는 상가다. 첫 번째는 음식점이 대표적이다. 특별히 유명한 음식점이 아니라면, 내가 출퇴근하는 동선에 있어서 가는 곳이다. 두 번째는 스타벅스, 배스킨라빈스31처럼 일부러 찾아가는 상가다. 물론 해당 상가의 입지에는 스타벅스나 배스킨라빈스31이 들어오지도 않겠지만, 이 상가는 배후 세대와 큰 도로로 단절되어 있고, 유동 인구도 많지 않으며, 배후 세대들의 모란역 지하철 출퇴근 동선과도 겹치지 않는다. 해당 상가를 최초에 분양받은 사람은 이런 분석을 하지 않고 분양받았을까? 그저 안타깝기만 하다. 시행사는 7평 남짓한 상가를 9억 7,600만 원에 분양했다. 이게 결과다.

아파트와 상가의 가격과 수요 사이의 상관관계를 살펴보면, 아파트는 가격이 내리면 누군가 사용가치를 느끼고 들어온다. 즉 가격이 내리면 그 떨어진 가치를 판단해 수요자가 생긴다는 의미다. 그렇게 들어온 사람이 많아지면, 또 아파트는 그런 수요에 의해서 가격이 상승한다. 오히려 재건축을 할 수 있는 시기가 다가오면, 아파트가 낡아질수록 가격이 더 오르는 현상도 발생한다. 하지만 상가는 가격이 내린다고 사용가치를 보고 들어오는 수요가 없다. 오히려 가격이 비싸더라도 장사가 잘되는 곳이 더 수요도 많고, 가격도 내리지 않는다. 그래서 상가는 오히려 무권리 상가보다 권리금이 있는 상가가 더 좋은 상가다. 상가는 윈윈의 법칙이 적용된다. 임차인이 장사가 잘되면 월세를 연체할 일이 없고, 월세가 꼬박꼬박 잘 들어오면 임대인도 수익이 난다. 임차인의 장사가 잘되어 월세가 상승되면 상가 가격도 같이 올라간다. 반대로 임차인이 장사가 안되면 월세가 연체되고, 월세가 연체되면 임대인은 받은 대출이자를 감당하지 못해 결국 경매로 넘어갈 수도 있다. 이것이 상가의 '윈윈 법칙'이다.

상권은 다양한 방법으로 분석해야 하지만, 큰 원칙을 잊지 말자. 배후 세대수와 접근성과 단절성, 그리고 사람들이 다니는 동선 등을 분석하고, 임대인의 입장이 아닌 임차인의 입장에서 생각해야만 상가를 볼 줄 아는 안목이 생긴다. 앞의 상가 경매는 이 책을 쓰고 있는 지금도 진행 중이다. 얼마에 낙찰이 될지는 알 수 없지만 적어도 반값 이하에서 낙찰될 확률이 높아 보인다. 만약 반값 이하면 업종과 임대료 수준을 알아보고 관심을 가질 사람들이 생기겠지만, 필자라면 다른 물건을 찾아볼 것 같다.

상가 건물
임대차보호법

상가 경매에서 임차인이 있는 경우 상가건물임대차보호법이 적용되는지 확인해야 하는데, 상가 건물 임차인 중 일정 보증금 이하의 임차인만 보호받는다. 물론 주택임대차보호법처럼 일정 요건을 갖춰야 한다. 상가건물임대차보호법을 알아보자.

대항력 부여 : 상가 건물 인도 및 사업자등록 신청

임대차는 채권이므로 원칙적으로 대항력이 없지만, '상가건물임대차보호법'이 적용되는 상가 건물 임대차는 그 등기를 하지 않았다고 하더라도 임차인이 상가 건물을 인도받았고, 사업자등록을 신청했다면 그다음 날부터 제삼자에 대해 대항력을 주장할 수 있다.

임차인의 지위 유지

대항력을 갖춘 임차인은 상가 건물이 매매, 경매 등의 원인으로 소유자가 변경된 경우에도 새로운 소유자에게 임차인으로서의 지위를 주장할 수 있다(상가건물임대차보호법 제3조 제2항 및 제3조 제3항). 즉, 상가 건물이 경매, 매매 등으로 그 건물의 소유자가 변경되어도, 임차인은 임대차 기간이 만료될 때까지 계속 상가 건물을 사용·수익할 수 있고, 또한 보증금을 전액 반환받을 때까지 상가 건물을 비워주지 않아도 된다(상가건물임대차보호법, 제9조 제2항).

우선변제권 인정

임차인이 ① 상가 건물을 인도받고, ② 사업자등록을 신청했으며, ③ 세무서장으로부터 임대차계약서에 확정일자를 받았다면, 임차 건물이 경매 또는 공매되는 경우 그 건물(임대인 소유의 대지 포함)의 환가대금에서 후순위권리자나 그 밖의 채권자보다 우선해 보증금을 변제받을 수 있다(상가건물임대차보호법, 제5조 제2항).

소액 임차인의 최우선변제권 인정

소액 임차인이란
아래의 임차보증금에 해당되는 상가 건물의 임차인을 '소액 임차인'이라고 한다('상가건물임대차보호법 시행령' 제6조).

1. 서울특별시 : 6,500만 원 이하/2,200만 원
2. '수도권정비계획법'에 따른 과밀억제권역(서울특별시 제외) : 5,500만 원 이하/1,900만 원
3. 광역시('수도권정비계획법'에 따른 과밀억제권역에 포함된 지역과 군지역은 제외), 안산시, 용인시, 김포시 및 광주시 : 3,800만 원 이하/1,300만 원
4. 그 밖의 지역 : 3,000만 원 이하/1,000만 원

임차 보증금

보증금 이외에 차임이 있는 경우에는 월 단위의 차임액에 100을 곱해 보증금과 합산한 금액이 임차보증금이 된다(상가건물임대차보호법, 제2조 제2항, 상가건물임대차보호법 시행령, 제6조 및 제2조 제2항·제3항).

※ 다만, 주택임대차보호법에서는 위의 방식의 환산보증금이 아닌, 실제 보증금 금액만 가지고 판단함.

소액 임차인의 최우선변제권 인정

소액 임차인은 임차 건물이 경매 또는 공매로 소유권이 이전되는 경우, 집행 절차에 참가해 보증금 중 일정액을 다른 담보물권자보다 가장 우선해 배당받을 수 있다(상가건물임대차보호법, 제14조 제1항 전단).

상가건물임대차보호법의 경우 앞 장에서 설명했던 주택임대차보호법과 유사하다. 대항력과 최우선변제권, 우선변제권 등이 그렇다. 하지만 상가 임대차의 경우 대항력을 확보하기 위한 환산보증금 규모가 현실과 달리 크지 않기 때문에 대항력이 없는 상가의 경우 주택임대차에는 없는 '권리금'의 변수가 존재한다. 예를 들어 시설비를 많이 들여서 들어온 상가인데, 대항력이 없을 경우 시설비를 받지 못하고 쫓겨날 수 있는 상황이 발생할 수 있다는 의미다. 따라서 이런 경우 상가 임차인들이 직접 해당 상가의 낙찰을 시도하는 경우가 있다. 따라서 당신의 경쟁자가 될 수 있고, 때로는 이 시설비로 인해서 낙찰 후 기존 임차인과 협상으로 기존 월세보다 더 받고 새로운 계약을 할 수도 있다. 그럴 경우는 기존 임차인 입장에서는 본인이 시설한 시설금을 건질 수 있고, 낙찰자는 그러한 원인으로 협의를 해서 월세를 더 받을 수 있는 상황이 되어 서로 윈윈하는 결과를 만들 수도 있다.

상가 경매 물건
고르는 방법

상가 물건은 손품도 중요하지만, 손품으로 고른 물건은 임장 및 현장 조사를 꼭 해야 한다. 낮에도 가보고, 밤에도 가보고, 출근시간에도 가보고, 퇴근시간에도 가보고, 가장 손님이 없을 만한 때도 가봐야 한다. 심지어 비가 오는 날은 어떤지도 체크해봐야 한다. 그만큼 상가는 현장에 답이 있다. 손품 단계에서 상가는 기본적으로 반값 이하 경매만 분석한다. 물론 마음에 드는 위치의 관심 물건은 상가도 예외 없이 신건일 때부터 관심 목록에 넣어 놓고 지켜봐야 한다.

상가는 반값 이하에 낙찰받아야 실패할 확률이 적다. 반값 이하에 낙찰받아서 월세를 받다가 시세의 70~80%에 판다고 생각하거나 아예 꾸준한 현금흐름 창구로 활용하는 것도 괜찮다. 요즘 부자는 자산의 규모로도 판단하지만, 월급이나 사업소득 외 매달 들어오는 현금흐름이 있는 사람들은 심리적으로 안정적이고, 그 현금흐름이 크면 클수록 다른 부동산 투자로의 확장성 역시 커진다. 따라서 당신이 아파트 투자만 고집한다면, 상가 경매 투자도 분산 투자의 관점에서 관심을 가져보길 바란다.

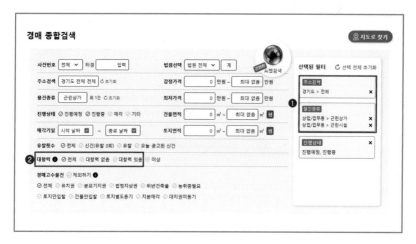

(출처 : 미스고부동산)

상가 경매 물건을 분석하는 방법은 위와 같다. 경매 사이트에서 ❶ 내가 검색하고자 하는 지역을 선택 후 근린상가 또는 근린시설을 검색하고, ❷ 대항력 유무 등 세부적인 조건을 지정 후 검색하면 된다. 이렇게 검색된 물건을 분석해 임장 및 현장조사의 순서로 입찰 대상을 선정하면 된다.

생각을 바꾸면 답이 보인다.
농지경매의 대반전

농지의 개념을 알아야
돈이 보인다

농지를 바라보는 관점

농지는 경매에 앞서 농지의 특수성을 이해하는 것이 중요하다. 토지 중에서도 독특한 특징이 있는 유일한 부동산이다. 그래서 이번 기회에 농지에 대해 정확히 이해하는 기회로 만들어 보자. 농지는 투자의 대상이 아니다. 여기서 말하는 농지는 용도지역상 관리지역에 속해 있는 농지를 말하는 것이고, 농림지역 내의 농지를 말하는 것은 아니니까 오해 없기를 바란다. 우리가 흔히 '농지'라고 부르는 토지는 지목의 분류상 '전, 답, 과수원'인 토지를 농지라고 지칭하는 것이고, 용도지역으로 구분할 때 농지는 일반 주거지 내에도 농지가 존재하고, 관리지역에도 존재하고, 농림지역에도 존재한다. 지목상 농지지만 위치적으로는 농지의 기능을 상실한 농지가 우리 주변에는 존재한다. 따라서 이들 농지는 농지라기보다 나대지의 관점에서 접근하는 것이다. 우리가 투자 대상으로 농지를 보는 관점은 농업진흥지역은 아님을 다시 한번 생각하고 이 내용을 보길 바란다.

최근 농지법 개정으로 인해 도시에 사는 도시민이 주말 체험 영농을 목적으로 구입이 가능했던 농업진흥지역 내 농지 취득이 원천적으로 불가능해졌다. LH 직원과 일부 공무원의 농지 투기 사건 이후 농지법이 강화되었는데, 사실 이로 인한 피해는 정작 평생 농사만 짓는 농민들이 그 피해를 보고 있다. 부동산의 기본 법칙은 수요와 공급인데, 농지 수요의 한 축인 도시민의 주말 체험용 농지 구입을 원천적으로 봉쇄하다 보니 고령의 농민들이 농사를 짓지 못해 농지를 팔고 싶어도 수요가 줄어서 팔지 못하는 사태가 벌어지고 있다. 이유가 어찌 되었던 그 피해는 고스란히 농민들이 보고 있으니 정부도 조속히 이런 상황을 감안해서 농지법 일부 완화를 추진해야 할 것으로 보인다. 다행히 일부 지자체에서 지방의회를 중심으로 법안 개정의 움직임이 있다고 하니 그나마 다행인데, 향후 지켜봐야 할 대목이다.

농지 투자에서 우리가 관심 있게 봐야 할 토지는 관리지역 중에서 특히 향후 개발 가능성이 가장 높은 계획관리지역의 농지를 유심히 봐야 한다. 경매에서도 비도시지역 중 용도지역이 계획관리지역 내에 포함된 농지를 관심 목록에 두고, 개발 방향성을 잡아 입찰하면 좋은 결과를 낼 수 있다. 그러기 위해서 농지의 특성과 개념을 우선 이해해야 한다. '무조건 농지는 투자의 수단으로 삼으면 안 돼!'라는 발상보다는 보전해야 할 농지는 지키며 보전하고, 농지의 기능을 잃은 농지를 대상으로 토지 투자의 관점에서 접근해보자.

농지의 소유 및 농지 취득 자격증명제도

우리나라는 헌법의 경자유전원칙에 따라 농지의 소유 자격은 원칙적으로 농업인과 농업 법인으로 제한해놓았다. 농지는 농업인 또는 농업

법인이 자기의 농업경영에 이용하거나 이용하려고 하는 경우가 아니면 소유할 수 없으나, 농업인이나 농업 법인이 아니더라도 예외적으로 농지 소유가 가능한 경우가 있다.

예외적 농지 소유가 가능한 경우

농지법

제2장 제6조(농지 소유 제한)

- 농지법 시행일(1996. 1. 1) 이전부터 계속해서 해당 농지를 소유하는 경우
- 국가·지방자치단체가 농지를 소유하는 경우
- '초·중등교육법' 및 '고등교육법'에 따른 학교, 농림축산식품부령으로 정하는 공공단체·농업연구기관·농업생산자단체 또는 종묘나 그 밖의 농업 기자재 생산자가 그 목적사업을 수행하기 위하여 필요한 시험지·연구지·실습지 또는 종묘 생산지로 쓰기 위하여 농림축산식품부령으로 정하는 바에 따라 농지를 취득하여 소유하는 경우
- 주말·체험 영농 목적으로 소유하는 세대당 1,000㎡ 미만 농지
- 상속(유증)에 의하여 1ha 이내의 농지를 소유하는 경우
- 8년 이상 농업경영을 하던 자가 이농 당시 소유하는 1ha 이내의 농지
- 평균 경사율이 15% 이상이고, 농지집단화 규모가 2ha 미만인 농지(영농 여건 불리 농지) 등

(출처 : 법제처 국가법령정보센터)

농취증은 농지 매수인의 농지 소유 자격과 소유 상한 등을 확인·심사해 적격자에게만 농지 취득을 허용함으로써 비농업인의 투기적 농지 소유를 방지하고, 헌법상 경자유전 원칙을 실현하기 위해 도입되었다. 최근 농지법 개정으로 인해 농취증 심사 및 발급이 까다로워졌고, 소요

시간도 더 길어졌다. 농지를 취득하려는 자는 농지소재지 시·구·읍·면에 농업경영계획서와 농지취득 자격증명신청서를 작성·제출해 영농 의사와 능력을 인정받으면, 거주지에 관계없이 농지취득자격증명(이하 농취증)을 발급받아 농지 취득이 가능하다. 이는 경매와 공매에서도 예외 없이 적용된다. 농취증은 신청 후 통상 7일이 소요되나 농업경영계획서 또는 주말·체험 영농계획서를 작성하지 않고, 농취증을 신청할 수 있는 경우에 대해서는 4일 이내, 농지위원회 심의 대상인 경우 14일이 소요된다.

예를 들어 제주도의 경우 농지의 투기 방지를 위해 주민등록상 제주도민이 아닌 사람이 농지를 취득하기 위해서는 농지위원회 심의 대상이다. 심의에 통과해야만 농취증 발급이 가능하다. 특히 경매로 인한 낙찰의 경우 매각허가기간 내(통상 7일)에 농취증을 제출하지 못하면 입찰보증금을 몰수당할 수 있다. 농지를 낙찰받았을 경우 해당 농지가 농지위원회 심의 대상인 경우에는 통상 14일이 걸릴 수 있기 때문에 낙찰당일에 해당 경매계에 가서 매각허가 연장 신청을 꼭 해야 한다는 점을 잊으면 안 된다. 법원은 봐주는 것이 없으므로 이 내용을 잘 알고 있어야 한다.

농취증을 발급받지 않고 농지를 취득할 수 있는 경우

농취증을 발급받지 않고 예외적으로 농지를 취득할 수 있는 경우가 있는데, 그 사유는 다음과 같다.

농지처분의무와 이행강제금

앞서 말한 것과 같이 농지는 본인의 농업경영에 이용하거나 이용할 자가 아니면 소유를 못 하도록 제한하고 있다. 예외적으로(예를 들어 상속) 농지를 소유할 수 있지만, 이 경우도 농업경영에 이용되어야 한다. 농지를 취득했다는 그 자체로 농사를 짓겠다는 의미로 받아들인다. 그래서 농취증 발급 시 영농계획서를 제출하는 것이다. 만약 농지를 농업경영에 이용하지 않는다면, 그 사유가 발생한 날로부터 1년 이내 처분해야 한다. 구체적인 내용은 다음과 같다.

농지법

제10조 외

- 처분의무 통지 : 소유 농지를 정당한 사유 없이 자기의 농업경영에 이용하지 않는 경우 처분. 의무기간(1년) 내에 처분할 것을 통지.
  - 취득 농지를 정당한 사유 없이 임대(사용대)하거나 휴경할 경우.
  - 주말·체험 영농, 농지전용허가 농지를 목적대로 이용하지 아니한 경우.
  - 상속·이농 농지의 소유상한을 초과해 소유한 경우 등.
- 처분명령의 유예 : 처분의무를 통지받은 농지 소유자가 해당 농지를 자기의 농업경영에 이용할 경우 3년간, 한국농어촌공사와 매도위탁계약을 체결한 경우 계약 기간 동안 농지 처분명령을 유예. 처분명령을 유예받은 농지 소유자가 유예 사유를 위반한 경우에는 지체 없이 처분명령을 하고, 처분명령 없이 유예기간이 지난 경우 처분의무 소멸처분명령을 받은 농지 소유자는 농어촌공사에 매수 청구할 수 있음.
- 처분명령 : 6개월 이내의 기간을 정하여 농지소유자에게 처분할 것을 명령.
  - 처분의무기간 내에 처분대상 농지를 처분하지 아니한 경우.
  - 거짓이나 부정한 방법으로 농취증을 발급받아 농지를 소유한 것으로 시장·군수·구청장이 인정한 경우.
  - 농업법인이 부동산업을 영위한 것으로 시장·군수·구청장이 인정한 경우.
- 이행강제금 부과 : 처분명령 또는 원상회복 명령을 이행하지 아니한 자에 대하여는 해당 농지 토지의 감정평가액 또는 공시지가 중 더 높은 가액의 25/100에 해당하는 이행강제금부과.
- 농지 처분명령제도의 흐름
  - 정당한 사유 없이 임대·휴경한 경우 등 → 처분의무 통지(1년 이내)
  - (성실경작·매도위탁) 처분명령유예(3년) → 유예기간경과 → 처분의무소멸
  - (미처분 시) 처분명령(6개월 이내) → (처분명령 미이행 시) → 이행강제금 부과(감정평가액 또는 공시지가 중 더 높은 가액의 25%, 매년 1회)

(출처 : 법제처 국가법령정보센터)

농업인의 조건과 혜택

농업인이 되면 정부가 주는 많은 혜택을 누릴 수 있다. 전 세계적으로 식량 주권과 식량 자급이 더 중요해지고 있는 이 시점에 해마다 농촌 인구는 감소하고, 농사를 지을 사람은 점점 더 줄어들고 있다. 고령의 노인들만 있고, 청년들은 도심으로 다 나와버려서 농촌은 점점 더 힘들어지고 있다. 따라서 정부에서는 농촌에서 농사를 짓는 사람들에게 더 많은 혜택을 줘서 농촌이 활성화되고, 농사짓는 인구를 더 많이 유치하려는 정책을 쓰고 있다. 여기서 말하는 농사를 짓는 인구가 바로 '농업인'이다. 그럼 어떤 사람들을 농업인이라고 부르는지 구체적으로 알아보자.

농업인이란 농업에 종사하는 개인을 말하며, 다음의 어느 하나에 해당하면 농업인이다.

- 1,000㎡(약 302평) 이상의 농지에서 농작물 또는 다년생 식물을 경작 또는 재배하거나 1년 중 90일 이상 농업에 종사하는 사람.
- 농지에 330㎡ 이상의 고정식 온실, 버섯 재배사, 비닐하우스 등 농업생산에 필요한 시설을 설치해 농작물 또는 다년생 식물을 경작 또는 재배하는 사람.
- 대가축 2두, 중가축 10두, 소가축 100두, 가금 1,000수 또는 꿀벌 10군 이상을 사육하거나 1년 중 120일 이상 축산업에 종사하는 사람.
- 농업경영으로 농산물의 연간 판매액이 120만 원 이상인 사람.

농업인이 되기 위해서는 위의 자격을 갖추면 된다. 다음 소개할 농지연금에서 영농경력과는 다른 개념이다. 잘 구분해야 한다. 농지는 농업경영을 목적으로만 취득할 수 있다. 하지만 실상에서는 조금 다르다. 도시민도 농업인의 자격을 갖춰서 농업인으로 혜택을 받는 분들이 의외로 많다. 농지를 취득하기 위해서는 농지자격취득증명서를 발급받아야 한다. 농지 취득 시 반드시 발급받아야 할 서류이고, 실무에서는 농지 소유권 등기 시에 법무사에서 대부분 대행해주는데, 최근에는 농지법 개정으로 인해 농취증 발급이 예전보다는 매우 까다로워졌다. 또한 지자체별로 차이가 있는데, 제주도의 경우에는 농지 투기를 방지하기 위해 제주도에 주민등록이 되어 있어야 하고, 본인이 직접 신청 후 발급받아야 한다. 통상 농지소재지 읍, 면 주민센터에서 7일 정도 소요된다(농지심사위원회 대상인 경우 14일 이내). 또한 농업인이 되면 많은 혜택을 받을 수 있는데 의외로 많은 혜택이 있다.

농업인의 혜택은 다음과 같다. 첫 번째는 농지전용 시 농지전용 보전부담금을 면제받는다. 내가 경작하는 농지에 주택을 짓는 경우 공시지가의 30%인 제곱미터당 5만 원(최고 평당 15만 원) 정도의 농지 부담금을 면제받는다. 예를 들어 농지 330㎡(약 100평)을 전용해서 집을 짓는다면, 농지전용부담금이 100평×15만 원=1,500만 원 정도 나오는데, 그 금액을 면제받는다는 이야기다. 엄청난 혜택이다. 이렇게 집을 지으면 농어촌주택 기준에 부합하면 1세대 2주택에서도 제외되니 일석이조다.

두 번째는 농지원부 발급 후 2년이 경과하면, 그 이후 구입하는 농지의 취득세는 50%를 경감받는다. 농지의 신규 취득세는 3.4%인데, 2년 이상 자경했을 경우 1.6%로 줄어든다.

세 번째는 토지에 양도소득세 감면혜택을 주는 유일한 조건인데, 8년 이상 자경했을 경우 양도소득세를 감면받는다. 다만 양도세의 감면 한도가 1년 내 1억 원, 5년간 최대 2억 원이다. 나눠서 매도하는 전략을 세우면 양도세 혜택을 다 볼 수도 있다.

　네 번째는 전, 답에 대해서는 직불금을 지원받고, 농업용 면세유도 지원받는다. 리터당 500원의 세금도 면제받는다.

　다섯 번째는 국민연금 건강보험료를 감면받는다. 건강보험료는 농촌 지역에는 22% 별도 경감이 있고, 연금보험료는 매월 최고 40,950원을 본인이 부담할 연금보험료의 1/2를 초과하지 않는 범위에서 지원받는다.

　여섯 번째는 자녀의 학비 면제 및 대학 진학 시 농어촌특별전형 장학금 지원 등이 있다. 고등학교 재학생은 입학금 및 수업료 전액을 지원하고, 영농후계 고등학생은 일정 자격을 갖추면 연 50만 원 장학금, 대학생은 무이자 학자금 융자가 가능하다. 농업인 자녀로 소득수준과 성적 등 일정 자격요건을 갖추면, 학기당 50~200만 원은 장학금을, 영농후계 대학생은 학기당 250만 원 등의 혜택이 있다.

　일곱 번째는 농촌 태양광 발전사업 지원이 있다. 농촌 태양광 금융지원은 저금리로 융자혜택을 주는 정부지원 사업인데, 1.75% 저금리에 5년 거치 10년 상환으로 대출한도가 90%가 되기 때문에 자금력이 부족한 농업인에게는 안성맞춤 지원제도라고 할 수 있다. 사실 이 태양광 발전사업은 최근 정부의 그린뉴딜 정책과 맞물려 잘 활용한다면, 안정적인 노후생활을 할 수 있는 아주 훌륭한 방법이기도 하다. 하지만 정권이 바뀔 때마다 태양광 정책이 바뀔 수 있으니 잘 알아봐야 하고, 현재는 태양광 사업의 지원이 많이 줄어든 상태다.

　여덟 번째는 농지연금에 가입할 수 있다. 농지연금은 2011년부터 정부가 농어촌공사를 통해 시행하는 제도인데, 필자가 생각하기에는 농업인의 혜택 중 최고의 혜택이 아닐까 싶다. 농지 경매를 해야 하는 이유가 바로 농지연금 때문이다. 언제까지 존재할지는 모르지만, 현재는 시행 중이기 때문에 가능하다면 농지연금을 받을 수 있는 전략을 세워 보자. 농지연금은 뒷장에 별도로 자세히 설명하겠다.

아홉 번째는 농협 조합원에 가입할 수 있다. 보통 단위농협에 출자 후 배당받을 수 있는데, 최소 3% 이상의 배당이 나온다고 하니 이 또한 농업인에게 주는 큰 혜택이다.

이 외에도 소소한 혜택들이 많은데, 결국 정부에서 농업인에게 이런 혜택을 주는 이유는 다음과 같다. 전통적으로 농업국가였던 우리나라가 식량 문제로 인해 농지를 보전하기 위해 농업인들에게 혜택을 주는 것이다. 지금 농촌은 초고령사회로 접어들었고, 젊은이들이 농촌을 떠나는 것을 방지하고, 새로운 농업인을 유입시키기 위해 향후 이러한 혜택이 더 확대될 것으로 예상된다. 우리는 이러한 정부의 정책을 잘 활용해서 은퇴 이후 안정적인 삶을 설계할 수도 있다.

농지대장과 농업경영체 등록

농지에서 상당히 중요한 부분이 '농지대장'과 '농업경영체 등록'이다. 얼마 전까지 '농지원부'라는 용어를 사용했는데, 농지법이 개정되면서 농지원부가 농지대장으로 바뀌었다. 보통 농지대장과 농업경영체 등록, 이 2가지를 헷갈리는 분들이 많다. 하지만 농지의 8년 자경 양도세 감면요건에서 이 2가지가 아주 중요하기 때문에 꼭 개념을 잡고 구분하길 바란다. 농지대장은 행정에서 농지의 소유 이용실태를 파악하고, 효율적으로 관리하기 위한 제도이므로 읍·면·동사무소에서 신청해야 한다. 또한 농가주 1인만 농업인으로 인정되므로, 세대원은 농지대장에 함께 등재는 되지만 농업인으로 인정되는 것은 아니다. 이때 주의해야 할 점은 농지만 구입했다고 해서 바로 신청할 수 있는 것은 아니고, 파종 등 영농을 위한 준비단계가 확인되거나 작물을 식재했을 때 신청이 가능하다.

농지대장은 2022년 8월 18일부터 농지원부에서 농지대장으로 명칭이 변경되었고, 농지의 소유 및 이용실태를 파악해 이를 효율적으로 이용·관리하기 위해 작성·비치된다(전산정보처리시스템으로 관리). 작성 대상은 면적에 상관없이 모든 농지에 대해 필지(지번)별로 작성한다. 주말·체험 영농 목적 취득 농지 등 모든 농지에 대해 농지대장 작성이 가능하나, 농지법상 농업인·농업법인이 아닌 경우는 '농업경영, 농업경영(자경), 농업경영(세대원 경작), 위탁경영'으로 경작현황 작성이 불가하다. 또한 휴경, 주말·체험 영농, 기타(시험·실습지 등 농업법인 외 법인 소유농지) 등 현황대로 경작현황을 기재한다. 농지 소재지를 관할하는 시·구·읍·면에서 작성·비치하며 농지현황, 필지, 소재지, 지적공부상 지목, 면적, 실제 지목·면적, 소유자현황, 등기현황, 이용현황, 경작현황 등과 임대차현황(임대 구분, 인적사항, 임대면적, 임대료, 임차기간 등), 농지취득자격증명(신청인, 취득목적, 신청면적, 발급일 등), 농지이용실태조사(조사기관, 조사일, 이용현황, 경작현황, 처분현황 등), 농지전용(전용구분, 허가·신고·협의 기관·일자, 전용목적, 전용면적 등) 등을 기재한다.

농업경영체 등록은 실제로 농사를 짓고 있는지 확인하기 위해 시행하는 제도로, 농산물품질관리원이 그 주체이고, 지역마다 지사가 있다. 등록 소요기간은 통상 1~3개월 정도 걸리고, 목적은 농업인들의 농사 정보, 즉 누가 어떤 농사를 얼마나 짓는지 등의 자료를 등록해 통합 관리하기 위한 제도다. 1000㎡ 이상 농지를 직접 경작하거나 연간 농산물 판매액이 120만 원 이상이거나 연간 90일 이상 농업에 종사할 경우 농업경영체의 등록 대상이다. 여기서 중요한 사항은 8년 이상 재촌 자경으로, 다음에 농지를 매각할 때 양도세를 감면받기 위해서 '농업경영체 등록 확인서'가 주요 자료가 되며, 직불금을 신청하는 근거 자료가 되니 중요한 과정 중 하나다. 농업경영체 등록이라는 제도가 생긴 배경은 농지현황과 자경, 임대 등 내용이 오래전부터 농지원부에 담겨 이용되어왔지만 농업인 확인서, 농림사업, 직불금 등 모든 서류 업무를 읍·면사무소에서 하기에 어려운 점이 많아 농업경영체가 나오게 된 것이다. 즉 농지원부 내용을 토대로 경영체 등록해서 전산으로 관리하기 위함이다. 실제로 농사를 짓는지 유무를 판단하기 위해서라고 생각하면 된다. 두 기관에서 나눠 맡고 있고, 농지원부를 등록하고 경영체도 따로 등록해야 하는 번거로움이 있지만, 농업현황 서류는 경영체 확인서 한 장이면 되는 편리함도 있다.

예전에는 농업인확인서를 발급받으려면 해당 서식을 작성하고, 농지대장을 확인하고 도장 받고 해야 했지만, 지금은 경영체 등록 확인서 한 장을 팩스로 받으면 된다. 그리고 각종 농림사업이나 직불금도 경영체 등록내용을 확인해 진행하고, 농약 구입도 경영체 조회가 되어야 구입 가능하다. 즉 농업경영체는 전산상으로 농업인임을 확인할수 있는 기본적인 시스템이라고 보면 된다(비료, 농자재, 농약 등을 구입하는 데 농업인만 구매 가능하거나 부가세 면제되는 품목들이 있다. 현장에서 주민등록증을 들고 농지원부를 들고 확인하는 게 아닌, 이름과 주소만 검색하면 경영체 확인이 바로 된다). 임차, 소유 상관없이 1,000㎡ 이상 경작한다면 모두 등록할 수 있다. 농업이라는게 꼭 벼농사만 농사가 아니다. 다양한 작물을 재배할 수 있고, 특히 귀농 귀촌을 처음 하거나 본인의 일을 하면서 부수적으로 농사를 짓고자 하는 분들은 나무를 식재하는 농사를 지어보길 바란다. 특히 병충해에 강한 매실

나무나 호두나무 등의 농사는 묘목을 심어서 자랄 때까지 5년 이상 걸리고, 특별히 관리해야 할 것도 없으니 도시민들이 농업인이 되기 위한 가장 좋은 방법이라고 할 수 있다. 보통 마을에서는 이장님이 거의 모든 일에 관여한다. 동네 이장님을 통해 관청에서 확인하니 동네 이장님과 친하게 지내는 것이 참 중요한 사항이다. 농지 구입 후에는 가능하다면 막걸리에 맛난 안주를 사 들고, 이장님께 인사 드리는 게 필수 코스라는 팁을 잊지 말길 바란다.

농지의 임대차 및 농지은행

농지의 임대는 원칙적으로 금지, 예외적으로 허용

헌법 제121조는 농지의 소작제도를 금지하고, 농업 생산성의 제고와 농지의 합리적인 이용을 위하거나 불가피한 사정으로 발생하는 농지의 임대차와 위탁경영은 법률이 정하는 바에 의해 인정한다. 농지를 임차할 사람은 제한하지 않고 있으므로 임대가 허용되는 농지는 누구나 임차가 가능하다. 다만, 농지법을 위반해 임대하는 경우에는 처분의무를 부과한다. 하지만 다음에 한해서는 예외적으로 농지의 임대를 허용한다.

농지의 임대가 가능한 경우

농지법
제2절 제23조 외
1. 농지법 시행(1996. 1. 1) 이전부터 소유하고 있는 농지, 국가, 지방자치 단체 소유 농지.
2. 상속농지(1만㎡까지), 8년 이상 농업경영 후 이농 시 소유 농지(1만㎡까지).

3. 농지전용허가(신고)를 받은 자가 소유한 농지 및 주무부장관이나 지자체장이 농림축산식품부장관과 농지전용 협의를 마친 농지.

4. 영농여건불리농지.

5. 질병, 징집, 취학 등 부득이한 사유로 임대하는 농지.

6. 고령농이 소유한 농지(60세 이상, 5년 이상 자기의 농업경영, 거주 시·군 또는 연접 시·군 소유농지에 한함).

7. 농업인 또는 농업법인이 자기의 농업경영 이용 목적으로 소유하고 있는(=농지법 제6조 1항에 따라 소유하고 있는) 농지를
   • 주말·체험 영농을 하려는 자에게 임대하거나 사용대차 하는 경우.
   • 한국농어촌공사(농지은행)에 위탁하여 임대하거나 사용대차 하는 경우.

8. 자경 농지를 농림축산식품부 장관이 정하는 이모작*을 위하여 8개월 이내로 임대하거나 사용대차 하는 경우.
   * 하계 작물을 재배한 자경 농지에서, 후속 작물로 해당 연도 10월부터 다음 연도 5월까지 농작물 또는 조사료를 재배·수확하는 것(농림축산식품부 고시 제2015-7호, 2015. 1. 23).

9. 친환경농업기반구축사업, 농산물전문생산단지사업을 목적으로 한 사업을 추진하기 위하여 필요한 자경 농지를 임대하거나 무상 사용하게 하는 경우.

• 임대차 기간은 3년 이상으로 해야 함. 다만, 다년생 식물 재배지, 고정식 온실·비닐하우스를 설치한 농지의 경우 5년 이상으로 해야 함.

• 농지의 위탁경영은 노동력 부족 등 부득이한 경우에만 허용.

• 농업의 위탁경영을 광범위하게 허용할 경우 사실상 임대와 같아 투기목적의 농지 소유와 농업 생산성 저하가 우려되므로, 징집, 복역, 국외여행, 취학, 질병 등 불가피한 경우와 농지이용증진사업 시행계획에 따라 위탁경영하는 경우에만 전부 위탁 경영 허용.

• 농업인이 자기의 노동력이 부족한 경우에는 농작업의 일부 위탁 허용.

(출처 : 법제처 국가법령정보센터)

농지은행 제도

- 한국농어촌공사에서 사업시행
- 경영회생지원 농지매입사업 : 부채 등으로 일시적 경영위기에 처한 농가의 농지 등을 농지은행이 매입하고, 매각대금으로 부채를 갚도록 한 후, 해당 농지를 당해 농가에 장기임대(7~10년)하고 환매권을 보장해 경영 정상화 유도.
- 맞춤형 농지지원 : 농가의 성장단계별 맞춤형 지원을 통해 지속 가능한 농업·농촌 구현.
- 농지매매 : 비농가, 고령 은퇴 및 이농하고자 하는 농가와 비농업법인 등의 농지를 매입해 전업농육성대상자 등에게 매도.
- 임차임대 : 전업 은퇴 또는 영농규모를 축소하는 농가 등으로부터 농지를 장기(5~10년) 임차해 전업농육성대상자 등에게 임대.
- 교환분합 : 농지를 교환·분합하는 경우 농지가격 차액을 지원하거나 경지정리·집단 환지하는 경우 환지청산금을 지원.
- 공공임대용 농지매입 : 농업구조 개선 촉진 및 농지이용 효율화를 위해 농지처분에 어려움이 있는 고령 은퇴, 이농 전업농 등의 농지를 농지은행이 매입해 전업농 육성대상자 등에게 장기 임대
- 농지임대수탁사업 : 직접 경작하기 어려운 농지 소유자가 농시은행에 농지를 임대 위탁하면, 전업농육성대상자 등에게 장기 임대해 규모화 촉진.
- 농지연금 : 고령 농업인에게 농지를 담보로 매월 생활비를 연금형식으로 지급해 노후생활안정 지원

임대수탁사업

농지를 소유했으나 직접 경작이 어려운 경우 해당 농지를 농지은행에 맡기고, 농지은행이 농업인에게 해당 농지를 임차해 농지가 영농에 지속적으로 이용되도록 도모하는 사업.

• 임대수탁 대상 농지 : 농지법상 농지(지목에 관계없이 실제 영농에 이용되는 농지).

임대수탁 제외 농지
① 농지법 시행일(1996. 1. 1) 이후에 취득하여 법인이 소유한 농지
② 맞춤형 농지지원사업에서 제외하는 농지
③ 연접된 제삼자의 소유 토지와 합필 또는 혼합되어 필지의 형상이나 경계가 지적도와 대비하여 불분명한 농지
④ 2인 이상이 공유하는 농지의 일부 지분, 다만 공유자 중 1인이 현재 공유농지를 경작하고 있고, 나머지 공유농지를 현재 경작 중인 공유자에게 위탁하는 경우에는 수탁 가능
⑤ 농지법 제6조 제2항 제3호의 규정에 따라 주말·체험 영농 목적으로 취득한 농지(단, 위탁자가 농업인 신분 보유 시 수탁 가능) 등

임차지원 대상 : 농업인, 농업법인
임대료 : 주변 임차료 수준을 고려하여 농지소유자와 농지 임차자 간 합의
임대수탁기간 : 5년(재위탁 가능)
수탁수수료 : 임차료의 5%(농지 소유자가 농지은행에 납부)
지원방법 : 지원자가 농지은행통합포털(www.fbo.or.kr)에 온라인 신청 또는 농어촌공사지사에 방문하여 신청

(출처 : 농림축산식품부)

농지전용허가와 농지보전부담금

농지전용허가와 농지보전부담금은 같은 맥락에서 이해하면 쉽다. 농지를 다른 용도로 사용하기 위해 농지전용허가를 받고, 농지보전부담금을 내는 것이다. 쉽게 이야기하면 한국농어촌공사가 세금 형식으로 떼어 가는 것으로 생각하면 된다. 그렇게 모인 부담금은 농지관리기금으로 운영, 관리되며 농지의 보전 및 관리에 다시 사용된다. 그럼 구체적인 절차를 살펴보자.

농지전용허가 및 신고

농지법
제34조 외
농지전용허가 이외에 시장·군수·자치구 구청장에게 신고로서 농지를 전용할 수 있다.

농지전용신고의 종류
- 농업인 주택, 어업인 주택, 농축산업용 시설, 농수산물유통·가공 시설 등의 시설을 설치하기 위하여 전용하는 경우(농지법 제35조)
- 영농여건불리농지로 지정·고시된 농지를 다른 용도로 사용하기 위하여 전용하는 경우(농지법 제43조)

농지법 제35조에 해당하는 신고전용 대상 시설(농지법 시행령 별표1)
- 농업인 주택 또는 어업인 주택
- 농업용 시설(농업용 창고, 탈곡장, 잎담배 건조실, 자기의 농업경영에 사용하는 비료·종자 등 농업자재를 생산 또는 보관하는 시설 등)
- 축산업용 시설(야생조수의 인공사육 시설, 건축허가·신고 대상 시설이 아닌 간이 양축 시설 등)

- 농수산물유통·가공 시설
- 어린이놀이터, 마을회관, 마을 공동 주차장 등 농업인의 공동생활의 편익을 위한 시설
- 농수산업 관련 시험·연구시설
- 양어장, 양식장 및 수산종묘 배양시설 등 기타 어업용시설

농지법 제35조에 따라 농지전용신고를 한 시설은 농지보전부담금 100퍼센트(%) 감면

농지불법전용 시 조치, 원상회복명령 대상
- 농지전용허가 또는 농지의 타 용도 일시 사용허가를 받지 않고 농지를 전용하거나 타 용도로 사용한 경우
- 농지전용신고를 하지 아니하고 농지를 전용한 경우
- 농지전용허가가 취소된 경우
- 농지전용신고를 한 자가 법 제39조에 따른 조치명령을 위반한 경우

관할청은 원상회복명령에 위반하여 원상회복을 하지 아니한 때에는 대집행에 의하여 원상회복을 할 수 있다.

농지법 제34조에 따른 농지전용허가 또는 같은 법 제35조에 따른 농지전용신고 등 농지전용절차를 거치지 않고 농지를 전용한 경우
- 그 행위자는 농지법 제42조에 따라 원상회복명령을 받게 되며 그 원상회복 명령을 이행하지 않을 경우 이행강제금도 부과 가능(농지법 제63조)
- 이와 함께 농지법 제57조 또는 제59조에 따라 징역 또는 벌금과 같은 처벌을 받을 수 있음.

(출처 : 법제처 국가법령정보센터)

농지보전부담금(농지법 제38조)

부과목적
식량자급기반 유지 및 우량농지 보전을 위하여 농지전용허가 등을 받은 자에게 농지를 보전·관리 및 조성에 소요되는 비용을 부담하게 함

부과대상
농지전용허가를 받는 자, 농지전용협의를 거친 구역예정지, 지역예정지 또는 시설예정지에 있는 농지를 전용하려는 자
다른 법률에 따라 농지전용허가가 의제되는 협의를 거친 농지를 전용하려는 자 등
1981. 7. 29 이전에 농지전용에 관한 협의를 거쳐 주거·상업·공업지역으로 지정된 지역 안의 농지는 부과대상이 아님(농지법 부칙(법률 제8352호, 2007. 4. 11) 제7조 제4항)

부과금액
산출공식 : 전용하는 농지의 면적(㎡)×농지전용부담금 부과기준일 현재의 전용하는 농지의 개별공시지가의 100분의 30(상한금액 : 5만 원/㎡)
감면대상일 경우에는 감면비율을 적용(농지법 시행령 제52조, 농지법 시행령 별표 2)

위의 내용을 토대로 농지전용부담금을 계산해보자.

예시
허가면적 : 200㎡
해당 농지 공시지가 : 5만 원(㎡)

계산 방법
200(면적)×15,000(공시지가의 30%) = 3,000,000원

앞의 계산 방법으로 나온 부담금은 관할청이 부과결정한 내역을 한국 농어촌공사가 납부의무자에게 통지(납부금액, 산출근거, 납부기한, 납부장소 등)하고, 농지전용 허가 등 전까지 농지보전부담금을 납부하며, 납부기한이 지난 날부터 체납된 농지보전부담금의 100분의 3에 상당하는 가산금을 부과한다. 납부기한이 지난 날부터 1개월이 지날 때마다 체납된 농지보전부담금의 1,000분의 12에 상당하는 가산금(이하 '중가산금')을 더해 최대 60개월까지 부과(체납 농지보전부담금이 100만 원 미만인 경우 중가산금 미부과)한다.

농업진흥지역

예전에는 '절대농지'라고 불리던 지역이 바로 '농업진흥지역'이다. 절대농지는 지금은 사용하지 않는 용어다. 농업진흥지역은 다시 농업진흥구역과 농업보호구역으로 나뉜다. 농업인이 될 목적이 아니라면, 일반인들은 절대 구입에 신중해야 하는 농지다. 말 그대로 농업 본연의 목적을 달성하기 위한 경지 정리가 잘된 반듯반듯한 땅이 보이면 '농업진흥지역이구나'라고 생각하면 된다.

농업진흥지역의 모습

농업진흥지역 제도 개요

농지법
제28조 외

지정·해제권자
시·도지사

지정대상
국토의 계획 및 이용에 관한 법률에 따른 녹지지역·관리지역·농림지역 및 자연환경보전지역(다만, 특별시의 녹지지역은 제외)

해제요건
- 국토의 계획 및 이용에 관한 법률에 따른 용도지역을 변경하는 경우(농지의 전용을 수반하는 경우에 한함)
- 국토의 계획 및 이용에 관한 법률에 따른 도시지역 안에 주거·상업·공업지역 또는 도시계획시설을 지정·결정하기 위하여 농지의 전용에 관한 협의를 하는 경우
- 해당 지역의 여건 변화로 농업진흥지역의 지정요건에 적합하지 아니하게 된 경우(토지의 면적이 3만㎡ 이하인 경우)

농업진흥지역 내 행위제한제도 개요
- 행위제한은 농업진흥지역으로 지정된 지역의 모든 토지에 대하여 적용
- 건물 건축 등 시설물 설치 행위분만 아니라 해당 시설을 사용하는 행위에 대하여도 적용

농업진흥구역에 할 수 있는 행위(농지법 제32조 제1항)
농업생산 또는 농지개량과 직접 관련되는 토지이용행위, 농수산물 가공·처리시설 및 농수산업 관련 시험·연구시설 설치, 농업인 주택, 농업인의 공동생활에 필요한 편의시설, 도로·철도 등 공공시설의 설치 등

농업보호구역에 할 수 있는 행위(농지법 제32조 제2항)

농업진흥구역에서 허용되는 토지이용행위, 관광농원사업, 주말농원사업, 태양광 발전설비, 단독주택, 소매점 등

(출처 : 법제처 국가법령정보센터)

농지경매로
수익 내는 방법

농지와 경매가 만나면 벌어지는 일

농지경매로 수익을 내는 방법은 예전에 농지법이 개정되기 이전이라면, 싸게 낙찰받은 관리지역 주말체험용농지(1,000㎡ 이하)를 개발행위허가(농지전용)를 통해 다른 지목을 바꿔 파는 방법이 대표적이었다. 계획관리지역의 농지를 낙찰받아 공장용지로 용도를 바꿔 시세차익을 보는 방식 등이다. 농림지역의 농지는 농지전용 자체가 까다롭지만, 상대적으로 관리지역의 경우는 농지전용이 쉽기 때문이다. 하지만 농지법 개정 이후에는 이마저도 쉽지 않다. 개인직으로 생각할 때 농지 투자는 농지경매를 통해 싸게 취득해서 농지 본연의 기능을 최대한 살린 '농지연금'으로 사용하는 것이 가장 좋은 방법이라고 생각된다. 앞서 장황하게 농지의 개념을 설명한 이유도 일반인들은 농지를 그냥 다른 땅과 동일하게 보는 경향이 있기 때문에 농지 개념을 길게 설명한 것이다.

모든 토지 중에 농지는 유일하게 국가가 처분명령을 할 수 있는 땅이다. 그만큼 국가가 많이 개입하고 간섭한다. 왜냐하면 농지는 단순히 땅의 개념을 넘어서 식량을 생산하는 기반이 되는 존재이기 때문이다. 그래서 농지는 농지 그 자체로 보전하고 싶어 하는 것이다. 그렇기 때문에 예전 LH 직원이 농지를 대상으로 투기했을 때 정부도, 국민도 다 같이 분노한 것이다. '감히 농지로 장난을 치다니'라는 심리가 작용하는 것이다. 따라서 현재 농지는 농사를 지을 목적이 아니면 구입할 수 없다. 이는 경매에서도 마찬가지다. 도시민들이 주말 체험 영농을 목적으로 구입하려고 해도 농취증 조건을 아주 까다롭게 심사하고, 농업진흥지역 등 안의 농지는 주말 체험 영농 목적이라도 구입을 못하도록 농지법을 개정해 수요 자체를 차단해버렸다. 농민을 위하는 법 개정이 오히려 나이가 들어 농사를 못 짓고 농지를 팔려고 해도 살 수요자가 없는 상황으로 만들어서 농지 거래를 극단적으로 감소시켰다.

　필자의 개인적인 생각으로는 농지법의 재개정으로 도시민들이 농지를 살 수 있는 방법이 완화되기 전까지는 농지 투자는 보류하는 것이 맞을 것 같다. 그러면 농지는 정말 투자 대상에서 제외되어야 할까? 아니다. 농지경매를 활용하면 노후를 준비할 수 있는 훌륭한 대안을 준비할 수 있다. 바로 '농지연금제도'다.

매월 최대 600만 원 받는 농지연금

농지연금이란?

농지연금은 만 60세부터 매월 300만 원씩 연금이 나온다. 부부가 같이 수령하면 월 600만 원을 받을 수 있다. 무슨 달나라 이야기 같지만 '농지연금' 이야기다. 농지연금은 경작 중인 농지를 담보로 매월 일정액을 받는 상품이다. 연금을 받으면서 계속 농사를 지을 수도 있다. 일부 모르는 사람들이 싼값에 농지를 빼앗는 것이라는 말도 있지만 그것은 오해다. 농지연금은 정부가 노후에 접어든 농업인의 소득 안정을 위해 만든 상품이다. 빌은 연금과 이자를 돌려주면 계약 해지도 가능하다. 최근에는 기존 신청자들의 입소문과 유튜브 등에서 홍보해 많이 알려지면서 신청자가 급증하는 추세다. 너무 많아진다면 정부에서도 주는 혜택을 줄일 수도 있으니 관심 있는 분들은 미리 준비하는 게 좋다. 그럼 구체적으로 농지연금에 대해서 알아보자.

농지연금

가입조건
만 60세 이상, 영농경력 5년 이상

대상농지
- 농지법상 농지 중 지목이 전, 답, 과수원으로서 농업인이 소유하고 있고, 현재 실제 영농에 이용되고 있는 농지
- 농업인이 2년 이상 보유한 농지(경매/공매 낙찰 후 포함)
- 농업인의 주민등록상 주소지와 담보 농지가 소재하는 시·군·구 및 그와 연접한 시·군·구 내에 두거나, 주소지와 담보농지까지의 직선거리가 30km 이내의 지역에 위치한 농지

지급방식
- 종신정액형(사망 시까지 매월 고정금액 지급방식)
- 기간형(정해진 기간 매월 고정액 지급 : 5, 10, 15년형)
- 전후후박형(가입 초기 10년 동안 더 많은 금액지급, 초기에 많은 자금이 필요한 분에게 적합하며 나중에는 금액이 작아짐)
- 수시인출형(한도액의 30%까지 일시금으로 중도 인출 가능)
- 경영이양형(지급기간 만료 후 담보 농지를 농어촌공사에 매도할 것을 약정하고, 일반형보다 최고 27% 정도 더 많은 연금을 수령할 수 있는 방법)

월 지급금
상한액 300만 원, 부부가 각각 수령 가능(최고 600만 원까지 수령 가능)

농지연금 기초담보 금액
개별 공시지가 100% 또는 감정평가 90%(둘 중 선택)

연금 해지
- 언제든지 채무상환(월 지급금 총액 + 이자율 2.0% + 위험부담금 0.5%) 후 약정 해지 가능

- 채무 미상환 시 담보농지 임의경매 실행 → 담보농지 처분금액으로 연금 채무를 회수하고, 잔여금액은 가입자(또는 상속인)에게 상환

지원방법

농지은행 홈페이지에서 상담 신청서를 작성하면 연락이 온다. 전화 상담을 통해 제출 서류를 확인받고, 서류 접수 후 심사 및 승인을 받아 지사를 방문 후 계약을 체결한다.

농지연금 Q & A

농지연금이란 농업인이 소유하고 있는 농지를 담보로 매월 노후생활 안정자금을 연금 형식으로 지급받는 일종의 역모기지 상품이다.

Q 가입대상은?

A 2023년 기준, 1963년 12월 23일 이전 출생자(60세 이상)로 영농경력이 5년 이상인 농업인이다. 국민연금과 개인연금 등 공적·사적 연금을 받고 있더라도 농지연금은 역모기지 상품이기 때문에 가입이 가능하다. 다만, 농지에 압류 근저당 등의 제한 물권이 설정되면 신청 불가하다.

Q 수령 개시 후 농사는 가능한가?

A 연금을 받으면서 계속 농사를 지을 수도 있고, 대상 농지를 농지은행 등을 통해 임대할 수도 있다.

Q 연금 지급방식은?

A 사망 시까지 지급받는 '종신형'과 일정 기간만 지급받는 '기간형

(5년/10년/15년)' 중에서 가입자가 선택할 수 있다. 가입신청은 가입을 희망하는 분의 주소지 관할 한국 농어촌공사 지사(☎1577-7770)로 신청할 수 있다.

Q 농지연금 월 지급금 결정 기준은?

A 농지연금 월 지급금은 가입 연령과 담보 농지 평가가격에 따라서 결정된다. 농지은행 사이트에 들어가면 모의 계산을 해볼 수 있다.

Q 도시지역 내 주거·상업·공업지역의 농지도 농지연금 가입이 가능한가?

A 주거·상업·공업지역 내 농지라도 농지연금 가입이 가능하다. 다만, 해당 농지가 농지연금 신청 당시 각종 개발지역이나 개발구역으로 지정되었거나 시행인가 고시가 완료되어 개발계획 등이 확정된 지역 내의 농지는 농지연금 가입이 제한된다.

여기서는 구체적인 농지연금 예상연금을 조회해보자. 농지연금 예상연금을 조회해 보기 위해서는 ❶ 농지은행·농지연금 사이트로 접속해야 한다. 접속 후 상단 카테고리에서 ❷ 농지연금을 클릭 후 ❸ 예상연금조회로 들어간다.

  예상연금조회를 클릭하면 182페이지의 화면이 나오는데, ❶ 예상농지연금 정보를 입력해야 한다. 생년월일은 만 60세가 되도록 임의로 입력해도 된다. 배우자 승계 조건을 하기 위해서는 배우자의 나이도 임의로 입력한다. 그리고 배우자 승계에 체크하면 되고 혼자 받는 것을 가정한다면 비승계에 체크하면 된다. 그리고 ❷ 농지평가 금액에 공시지가(평가율 100%) 또는 감정가(평가율 90%) 중에서 선택해서 체크한다. 보통 감정가격 선택이 많다. 그다음 ❸ 농지가격을 넣는다. 그러면 ❹ 평가 가격은 자동으로 기입된다. 공시지가를 체크한 경우는 농지가격 그대로 기재되고, 감정가격을 체크했다면 농지가격의 90%가 기입된다. 마지막으로 ❺ 결과확인을 클릭한다.

  그러면 결과가 표시된다. 참고로 농지연금은 가입연령이 높을수록, 담보농지 평가가격이 높을수록 월 지급금이 많아진다.

사례 1 종신형 기준❷ 농지연금 월 지급금(2024년 4월 기준)

농지가격 감정가격 : 5억 원(평가금액 : 4억 5,000만 원❶), 월 1,560,890원 수령❸

농지연금은 다양한 수령 방법이 있다. 수시인출형으로 하면 일시금으로 1억 1,200만 원을 수령하고, 월 110만 원 정도 수령하는 방법을 선택할 수도 있다.

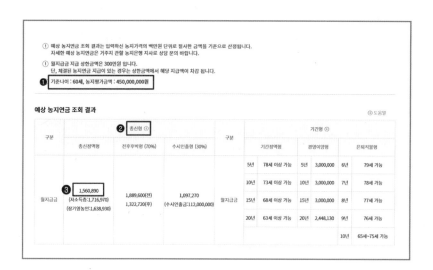

사례 2 **종신형 기준❷, 농지연금 월 지급금**(2024년 4월 기준)

농지가격 감정가격 : 9억 7,000만 원(평가금액 : 8억 7,300만 원❶), 월 300만 원 수령❸

농지연금을 효과적으로 준비하는 방법

농지연금 신청기준은 감정가×90% 또는 개별 공시지가×100% 중 선택할 수 있다. 따라서 농지연금 용도의 농지는 일반 매매보다는 경매나 공매를 통해 매입하는 방법이 훨씬 더 효과적인 방법이다. 가능한 한 많이 유찰된 상태에서 낙찰받으면, 감정평가금액에 대비해 싸게 살 수 있다. 이는 농지연금 기초금액이 되는 감정평가금액과 실제로 내가 낙찰받은 금액의 갭이 크기 때문에 향후 농지연금 신청 시 더 적은 투입 금액으로 더 많은 연금을 수령할 수 있는 장점이 있다. 또한 경매와 공매로 낙찰받으면 공시지가 이하의 금액으로 낙찰받는 경우도 있으니 농지연금 용도의 농지는 일반 매매보다 확실히 경매, 공매가 더 유리하다.

 정프로의 경매 꿀팁

농지의 토지대장을 통해 과거 공시지가를 연도별로 살펴보고 상승률을 계산해보면, 미래 공시지가를 어느 정도 예측해볼 수 있다. 매년 공시지가 상승률을 계산해보면 나중에 내가 농지연금을 받을 때는 어느 정도 금액까지 상승할지 대략 예측이 가능하기 때문에 현재 어느 정도 금액의 토지를 매입해도 될지 예상을 해볼 수 있다.

또한 취득세를 줄이면서 투자 원금도 줄이는 방법이 있다. 대법원 경매 사이트를 보면, 농지경매는 낙찰가격이 1,000㎡ 정도 되는 농지도 몇백만 원에서 몇천만 원짜리 농지가 많다. 최초 취득가격은 값싼 농지를 낙찰받아 취득세를 3.4% 내고, 2년 후 제대로 된 농지를 취득한다면 취득세를 50% 감면받을 수 있다. 3.4%의 취득세를 반값인 1.7%만 납부한다는 말이다. 이 방법은 농업인의 자격을 갖추기 위해 저렴한 농지를 경매, 공매를 통해 매입하고, 매입할 때 부대비용을 줄일 수 있다는 게 핵심이다. 예를 들어 1,000㎡에 3,000만 원 정도의 농지를 매입하면, 취득세는 매입가격의 3.4%인 약 100만 원 정도밖에 되지 않는다. 그렇게 매입하고 농업인 자격을 갖춘 상태에서 2년 후 제대로 된 농지연금용 농지를 취득하게 된다면, 취득세는 50%를 아낄 수 있다.

예를 들어 낙찰가격 3억 원의 농지라면 원래 내야 할 취득세가 3억 원×3.4%=10,200,000원인데, 50%를 감면받아 5,100,000원만 납부하면 되니 절세 효과를 크게 볼 수 있는 것이다. 그리고 5년 동안 영농경력이 있으면 농지연금 수령 자격이 되는데, 기존 최초의 농지를 낙찰받아 2년이 경과한 후 제대로 된 농지를 낙찰받는 전략이 좋다. 최대한 감정가격은 높고, 유찰이 많이 된 농지 중에 선택해서 낙찰받는다. 그렇게 해서 영농경력을 3년 더 유지해서 5년의 영농경력을 채운다. 물론 경작은 여러 가지 작물과 방법으로 직접 해야 되고, 시간이 모자라는 분들은 다년생 식물보다는 수목으로 경작을 인정받는 방법을 고민해보길 바란다. 훨씬 손이 덜 가고 영농경력을 맞출 방법이다. 그리고 3년 동안은 낙찰받은 농지에 대출받아서 이자만 낸다. 어느 나이대에 이 방법을 사용하느냐가 관건이겠지만, 만약 55세에 시작한다면 5년을 준비해서 60세부터 농지연금을 받는 것이 가능하다. 농지연금 신청 시에는 30% 일시인출형을 가입해 공시지가×30%에 해당하는 돈을 먼저 수령해서 이 농지를 낙찰받으면서 받았던 대출원금을 상환한다. 그러고 나면 이제부터는 편안하게 매월 안정적으로 농지연금을 수령하면 된다.

농지연금 최적화 전략 짜기

농지연금은 어떤 전략을 가지고 접근하느냐에 따라 그 결과는 하늘과 땅 차이가 날 수 있다. 농지연금에 적합한 농지를 고르는 방법과 더 적은 돈으로 더 많은 연금을 받을 수 있는 노하우에 대해서 알아보자. 이 과정에서 토지 투자 초급자와 중·상급자의 차이점을 설명할 수 있다. 농지연금을 많이 받기 위해서는 연금의 기초가 되는 가액 2가지를 선택해야 된다고 했는데, 그 기준 가액이 보유한 농지의 공시지가의 100% 또는 감정평가액의 90%다. 통상 공시지가보다는 감정평가액이 높기 때문에 감정평가액을 선택하는 경우가 많다. 감정평가액이 높다는 의미는 시세가 높다는 의미다. 예를 들어 시세가 10억 원인 농지를 사서 연금을 받는다면 굳이 큰 이점이 없다. 그냥 10억 원을 은행에 넣든, 굴리면서 사는 게 더 나을 수도 있다. 그래서 매매를 통해서 농지연금용 농지를 사는 것은 토지 투자 초급자들이 하는 방법이다. 우리에게는 경매라는 좋은 방법이 있다. '감정가격은 높은데 유찰이 많이 된 농지' 경매 사이트에 보면 정말 많다. 우리는 이런 농지들을 노려야 한다. 토지 투자 중급자들은 경매를 통해 감정가격은 높고, 많이 유찰된 농지를 매입한다. 물론 경쟁자들과 경쟁에서 이겨야 가능하다. 그럼 토지 고수들은 어떻게 농지를 매입할까? 'NPL 경매'로 농지를 취득하는 방법이다. NPL 투자 방법은 실전 경매 아이템 5에 자세히 기술해놓았다. 참조하길 바란다.

NPL 경매를 활용한 농지연금

농지연금용 농지는 정상 가격을 주고 매매로 구입하는 것보다는 아무래도 경매를 통해서 많이 유찰된 농지를 구입하는 것이 좋다. 일반적으로 우리가 아는 경매는 권리분석을 통해 시세보다 싸게 사는 경매가 우리가 아는 경매의 전부다. 물론 5억 원짜리 농지를 3억 원에 낙찰받아 살 수 있다면 일반 매매보다는 유리하겠지만, 그것보다 한 단계 더 나아가 'NPL 경매'를 통해 낙찰받는다면, 싸게 사는 이점과 경쟁자를 물리칠 수 있는 확실한 낙찰(본인이 낙찰받고 본인이 배당받는 방식)이라는 장점까지 가져갈 수 있다. 그 이유는 NPL 경매에서는 채무인수방식과 사후 정산방식을 통해 내가 입찰한 금액으로 나와 계약한 대부회사에서 배당받아 다시 나에게 돈이 오기 때문에 다른 경쟁자보다 높은 입찰가격으로 입찰이 가능하기 때문이다. 이 경우 실제 투입되는 돈보다 액면상 낙찰가격이 높기 때문에 잔금 대출 시 훨씬 유리하다.

농지연금 활용 팁

현재 부모님이 지방에서 농사를 짓는데 농지를 매입할 경우 부모님이 60세 이상이면, 각각 최고 월 300만 원씩 합산 600만 원의 농지연금을 받을 수 있다. 경매로 낙찰받은 농지의 경우는 2년이 경과되면 신청 가능한데, 부모님의 영농경력이 5년 이상이고 농지연금 신청 조건이 된다면 아주 훌륭한 방법이 될 수 있다. 만약 본인이 농지연금을 수령할 목적으로 자격을 갖추고, 농지를 매입해서 현재 나이를 기준으로 계획을 세워서 나간다면, 은퇴 후 노후자금 걱정을 해결할 수 있다. 그리고 농지연금은 신청 당시 해당 농지와 주소지 거리가 직선으로 30km 이내에 있어야 신청 가능한데, 신청 당시 조건이기 때문에 신청 전 수령 자격조건을 만든다면 100세 시대 노후자금 활용으로 농지연금이 좋은 대안이 될 수 있다. 농지연금은 부모님이나 본인의 계획에 맞게끔 전략을 짜서 실행하는 것이 중요하다.

농지연금용 농지경매 물건 찾는 법

농지연금용 농지 물건을 찾기 위해서 경매 검색 사이트에서 조건을 주고 검색한다. 본인이 원하는 지역을 선택하고, 농지연금의 최대 금액인 월 300만 원을 받기 위해서는 앞서 말한 대로 감정가격이 최소 9억 원이 넘는 농지가 되어야 한다. 다만, 법원 경매를 위한 감정가격은 높게 책정된다는 사실을 염두에 두고, 감정가격 10억 원 정도의 물건 중에 유찰 횟수가 많은 매물을 검색한다. 여기서 고려해봐야 할 점은 각 물건의 공시지가를 체크해보고, 과거 공시지가 상승률을 확인해보길 바란다.

 정프로의 경매 꿀팁

토지대장을 발급해보면 과거 10년 치 공시지가가 연도별로 나오기 때문에 향후 공시지가 상승률을 예측해볼 수 있다. 농지연금의 기준은 감정가격의 90% 또는 공시지가의 100%이니 경매 물건별로 2가지 가격의 추이를 잘 살펴보고 입찰해야 한다.

검색조건을 주고 검색하니 다음과 같이 많은 물건이 검색된다. 농지의 경우도 시간이 경과함에 따라 공시지가 상승이나 감정가격 상승을 염두에 두자. 본인의 나이가 60세가 되었을 때 상승할 토지의 가치를 계산해서 현재 감정가격에 맞는 물건을 검색해서 선별해보면 된다. 현재 기준으로 감정가격이 아닌, 본인의 60세 나이 기준에 농지연금 월 300만 원 최고 한도를 받기 위해서는 현재 감정가격이 10억 원 정도의 물건이 필요한 것은 아니다. 현재는 7억 원 정도 감정가격이 되어도 본인이 10년 뒤 60세가 된다면, 10년 동안의 농지 감정가격 상승도 염두에 두고 입찰할 물건을 고르라는 의미다.

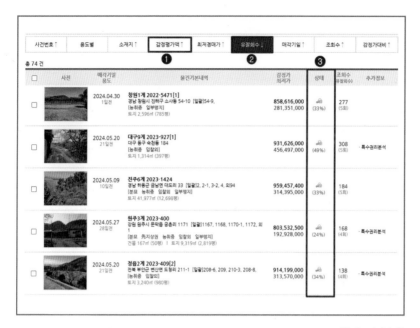

위의 경매 물건은 현재 입찰 진행 중인 물건이다. 경매 사이트에서 감정가격이 9억 원대의 물건 중에 ❶ 감정가격이 높고, ❷ 유찰회수가 많은 물건을 검색해보니, ❸ 최저매각율이 30%대인 물건이 검색된다. 따라서 농지연금 경매의 핵심인 3억 원을 투자해서 월 300만 원 농지연금을 받을 수 있는 물건이 실제 경매 물건으로 많이 나오고 있다는 사실을 확인할 수 있다. 실행하고, 안 하고는 여러분들의 몫이다. 100세 시대에 힘들게 건물 관리를 하면서 월세 받지 말고, 농지경매를 받아 편안히 노후생활을 하자.

경매의 꽃!
고수는 임야경매로 돈 번다

산은
싸니까 산다

임야경매를 위한 임야 본질 파악하기

임야경매는 경매의 꽃이다. 그만큼 아는 사람과 모르는 사람의 차이가 크다. 임야경매는 농지경매와 반대로 많은 지식과 정보, 현장경험이 필요하다. 임야경매에 앞서 임야의 고유한 특성을 아는 것이 더 중요하다. 그래야 임야경매에서 수익을 볼 수 있기 때문이다. 임야를 싸게 낙찰받아서 개발행위를 통해 수익을 보는 방법(예를 들면 전원주택지 개발)도 있고, 큰 임야를 싸게 낙찰받아 분할해서 팔 수도 있다. 지분경매도 해당되고, 묘지경매도 해당된다. 말 그대로 무궁무진한 방법이 있다. 우리나라는 전 국토의 약 65%가 임야다. 토지 투자에서 임야를 뺄 수가 없는 이유다. 그런데 임야는 일반 땅과는 아주 다른 독특한 특징이 있다. 그 특징을 모른 채 투자했다가는 손해 보기 딱 좋다. 이제부터 임야가 가지고 있는 특성을 하나씩 파헤쳐 보자.

임야에서 중요하게 봐야 할 항목은 여러 가지가 있다. 행정적 서류상 관점에서는 임야의 지목상 구분과 그 가치, 경사도와 도로 유무에 따른 개발행위허가가 가능 여부, 용도지역과 산지관리법상 준보전산지, 보전산지의 구별, 보전산지의 세부 항목으로 임업용 산지, 공익용 산지의 차이점 같은 부분들을 체크해야 한다. 실질적 관점에서는 토질은 흙인지 돌, 자갈, 암반이 있는 토지인지, 식재되어 있는 나무의 수종은 무엇인지, 그에 따른 탄소 흡수량은 어느 정도인지, 분묘가 존재하는지, 있다면 분묘기지권이 있는 묘인지 없는 묘인지, 상하수도, 전기는 설치할 수 있는지 등 수많은 체크 항목들이 존재한다. 보통 일반인들은 용도지역, 도로조건, 경사도, 분묘 여부도 모르는 경우가 많다. 아마 '산'에 관한 상식은 '경사도가 완만하고, 맹지보다는 도로가 있는 임야가 더 좋고, 도로가 없더라도 농어촌 도로나 임도라도 있으면, 지자체에 따라 주택 정도는 건축이 된다더라' 이 정도 상식선에서 알고 있을 것이다. 하지만 잘못된 상식도 많다.

예를 들면 '임도(林道, forest road)'는 도로이고, 개발행위허가나 건축허가를 받을 수 있다고 알고 있을 텐데, 임도는 도로법상 도로가 아니다. 따라서 임도를 통해 개발행위허가나 건축허가는 받을 수 없는 게 원칙이다. 물론 예외가 있을 수 있지만, 필자가 본 예외는 없다. 임도란 임산물의 운반 및 산림의 경영 관리상 필요해 설치한 도로로, 임도의 종류는 간선임도와 지선임도로 분류된다. 간선임도는 도로와 도로를 연결하거나 산림지역을 순환해 산림의 보호 및 경영 관리상 중추적인 역할을 하는 임도이고, 지선임도는 간선임도 외의 임도를 말한다. 쉽게 말해 간선임도는 고속도로의 역할이고, 지선임도는 국도의 역할이라고 생각하면 된다. 우리나라 전 국토의 약 65%가 임야라고 했는데, 그만큼 임야를 보유한 사람이 많다는 것이다. 그렇다면 임야는 어떻게 가치를 판단해야 할까? 우선 지번 체계로 판단을 시작해보자.

Q 모든 임야는 지번 앞에 '산'이라는 글자가 붙는다. 맞는 말일까? 틀린 말일까?

A 틀린 말이다. '산'이 붙지 않는 임야도 있다.

실무에서는 '토임'이라고 부르는데, 토지대장이 있는 임야를 그렇게 부른다. 이런 토지는 대부분 산지에 있지만 경사가 거의 없고, 평평한 형상에 농사도 짓고, 농지원부가 있는 경우도 있다. 그런데 지목상으로는 엄연한 임야다. 이런 토지의 경우 지번 앞에 '산'이라고 되어 있는 임야보다 훨씬 가치가 있다. 이미 등록전환이 되어서 토지대장에 기재된 이용 상태가 우수한 토지라고 서류상 평가가 완료되었기 때문이다. 따라서 여러분도 임야인데, 지번 앞에 '산'이 붙지 않은 땅이 있다면 더 주목해서 보길 바란다.

준보전산지와 보전산지

이 개념은 임야에서 아주 중요한 내용이다. 준보전산지와 보전산지는 법률상 개념인데, 산지관리법에 따라 구분된 개념이다. 이 둘의 차이를 이해해야 한다. 어쩌면 용도지역보다 더 중요한 개념이다. 산지관리법상 산지는 준보전산지와 보전산지로 나뉜다. 준보전산지는 여러 조건이 맞으면 개발이 가능한 임야이니 개발이나 투자를 생각하는 분들은 준보전산지 중에서 용도지역을 잘 봐야 한다. 도시지역에서는 자연녹지지역의 준보전산지, 비도시지역은 계획관리지역 중 준보전산지가 주요 투자 대상이다. 특별한 자격 제한(농업인, 임업인 등) 없이 다른 조건이 맞으면 개발이 가능한 산지다. 우리가 주의해서 봐야 할 산지는 보전산지다. 왜냐하면 보전산지는 행위 제한이 많다. 기본적으로 일반인은 보전산지를 개발할 수 없다. 농업인이나 임업인의 자격을 갖춰야만 제한적으로 개발할 수 있다. 자세히 한번 살펴보자. 보전산지는 임업용 산지와 공익용 산지로 나뉜다.

임업용 산지 (출처 : 토지e음)

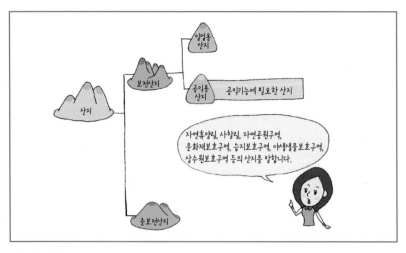

공익용 산지 (출처 : 토지e음)

산지관리법상 보전산지 중 공익용 산지는 거의 개발이 불가능하다. 말 그대로 공익의 목적으로만 개발이 가능한 산지다. 임업용 산지는 용도지역이 농림지역으로 농업, 임업 생산을 위한 산지이기 때문에 농업이나 임업의 목적으로 개발할 수 있다. 다만, 개발할 수 있는 주체는 농업인, 임업인, 농업 법인, 임업 법인 등 일반인은 개발이 불가능하다. 농업인, 임업인이 집도 짓고, 농사도 짓고, 이런 목적이 있는 사람에게 맞는 용도다. 일반인 입장에서는 개발이나 투자가 맞지 않는 산지다. 하지만 일반인이 자격을 갖춘다면 이야기가 달라진다. 대표적으로 농업인이 되면 관광농원을 개발할 수 있다. 관광농원은 농업인이 설치하는 시설이 되고, 여러 조건을 맞춘다면 세금 감면도 되고 숙박시설, 음식점, 캠핑장 등의 시설로 개발할 수 있다. 따라서 임업용 산지 개발에서 관광농원을 잘 연구하면 새로운 블루오션의 시장 개척이 가능하다. 특히 최근에는 정부에서 농어촌 휴양자원개발사업 활성화를 위해 규제도 대폭 완화하고 있으니 관심 있는 분들은 관광농원을 잘 연구해보면 의외로 경쟁 없이 사업을 할 수 있는 길이 보일 수 있다. 요즘도 산지를 지분으로 쪼개서 투자하라는 기획 부동산 회사가 있는데, 대부분 그런 매물들이 보전산지 중 공익용 산지, 임업용 산지, 그린벨트 내 산지 등이니 조금만 주의하면 토지 사기를 당하는 일을 예방할 수 있다.

절대 사면 안 되는 산지

산지를 보유하고 있거나 매입을 고려하는 분들에게 가장 중요한 관심사는 바로 개발행위 가능 유무일 것이다. 개발행위의 유무에 따라 산지의 가치가 판단되기 때문이다.

개발할 수 있는 산지와 개발할 수 없는 산지의 가치는 천지 차이다.

필자가 말하는 내용은 임업인과 농업인이 아닌 일반인이 사면 안 되는 산지에 관한 내용이고, 임업인이나 농업인의 조건을 갖춘 분들이라면 보전산지 부분은 예외다. 오히려 일반인은 개발이 불가능한 임업용 산지를 싸게 사서 개발을 통해 10배 이상 수익을 올릴 수도 있는 방법이 있다. 대표적으로 '관광농원 개발'과 '캠핑장 개발'인데, 이 부분은 다음 장에서 자세히 다루겠다. 우리나라는 국토의 65.3% 정도가 산지로 구성되어 있는데, 2021년 통계에 의하면 전년 대비 2% 감소한 63.3%로 나타났다. 이 결과를 보면 2% 정도의 임야가 주거 용도, 생활기반 시설, 교통기반 시설로 바뀌었다고 보면 되고, 산지를 개발해 다른 용도의 땅으로 용도가 변경되었다는 의미이기도 하다. 용도가 바뀐 산지 2%는 개발로 인해 당연히 땅값이 상승했다는 의미이기도 하다. 여러 분들도 임야로 돈을 벌기 위해서는 2% 안에 드는 산지를 사야만 돈을 벌 수 있다는 뜻이기도 하다. 그런 산지를 사기 위해서는 반대로 절대 사지 말아야 할 산지를 구분할 줄 알아야 한다.

절대 사지 말아야 할 산지를 알려면 첫 번째는 산지관리법을 알아야 한다. 앞서 언급했듯이 산지관리법 안에는 산지의 행위 제한, 개발규제에 관한 내용이 담겨 있다. 산지관리법에 산지의 구분이 나오는데, 준보전산지와 보전산지 그리고 보전산지 내 임업용 산지와 공익용 산지의 특장점을 완벽히 알아야 한다. 필자는 임야에 대해서 특히 상담을 많이 한다. 특히 상속이나 증여 등을 통해 본인의 의사와 상관없이 임야를 보유하게 된 사람들이 많은데, 심지어 본인의 땅이 어디 있는지, 또는 단 한 번도 현장에 가보지 않은 경우도 많다. 본인의 의지로 산 부동산이 아니다 보니 이런 일이 발생하는 것이다. 따라서 그 임야의 가치도 모르고 있는 경우가 대부분이다. 안타까운 사실이다. 만약 이 책을 읽고 있는 당신이 임야를 보유하고 있다면, 이 책을 통해 임야의 가치를 꼭 배워보길 바란다. 기존의 보유자가 아니라 신규 매수 대기자라면, 보전산지 중 공익용 산지는 어떠한 경우에도 절대 구입하면 안 되는 산지다. 왜냐하면 개발하기 불가능한 산지이기 때문이다. 주변에 국립공원이 있거나, 문화재가 있거나, 개발제한구역이거나 풍광과 경치가 아주 좋은 곳은 산지는 대부분 공익용 산지다. 말 그대로 보존해야 하고, 절대 개발해서는 안 되는 산지이기 때문이다. 그렇다면 어떤 산지가 개발이 가능할까? 도시지역에서는 자연녹지지역의 준보전산지, 비도시지역에서는 관리지역의 준보전산지가 바로 개발이 가능한 산지다. 그래서 일반인이라면 이런 산지를 봐야 한다.

두 번째는 산지의 방향이다. 집도 남향을 선호하듯이 산지도 방향이 아주 중요하다. 배산임수라는 말이 괜히 나온 말이 아니다. 북향의 산지는 햇볕이 잘 들지 않아 나무도 잘 자라지 않고 습하며 토질도 좋지 않다. 물론 북향의 산지에서 음수(陰樹)가 더 잘 자랄 수도 있지만, 그것은 예외적인 경우다. 부동산 가치 입장에서 중요한 것은 산지는 개발 가능성이 핵심이다. 예를 들어 산을 개발해서 전원주택지로 만들 경우, 북향이라면 아예 주택지로 개발은 불가능하다. 설령 개발해서 분양해도 아무도 분양받지 않을 것이다. 따라서 투자의 관점에서 북향 산지는 가격이 훨씬 저렴하더라도 절대 사면 안 되는 산지다. 동남향은 그나마 낫고, 서향은 해가 질 때 앞쪽에 더 높은 산이 있을 경우 해가 가려 일찍 어두워진다. 그래서 서향도 안 좋고, 서북향은 더 안 좋고, 북향은 절대 매입하면 안 되는 산지다. 가끔 주변 산지보다 가격이 매우 저렴한 산지가 방향이 좋지 않은 산지인 경우가 많다. 남향의 양지바른 산지는 나무가 잘 자란다. 예전에는 소나무가 많은 산이 좋은 산이라는 말이 있었는데 맞는 말이다. 소나무는 암반보다 양질의 흙에서 잘 자라기 때문에 토질이 좋다는 뜻이기 때문에 소나무가 잘 자라는 산지의 토질은 좋다. 하지만 요즘은 시대가 바뀌어서 나무가 너무 많은 임야는 개발행위허가를 받기가 더 힘들다. 심지어 내 산이지만, 내가 마음대로 하지 못하는 경우도 많다. 나무 하나를 벌목하려고 해도 개발행위허가를 받아야 하고, 그 허가도 잘 나오지 않는다. 그래서 오히려 개발하기 좋은 산지는 나무가 너무 빽빽하지 않거나 나무가 없는 산지가 더 낫다. 따라서 산림이 울창한 산지는 매입하기 전 개발 가능 유무를 행정관청에 확인하고 진행하는 것이 필요하다.

세 번째는 산사태 위험지역과 산림보호구역이다. 산사태 위험지역은 별도로 검색이 안 되고, 해당 지번을 가지고 해당 관청 산림과에 직접 확인해봐야 한다. 특히 산림보호구역으로 지정된 지역은 절대 매입해서는 안 된다. 말 그대로 산림을 보호하기 위한 구역이기 때문에 개발이 거의 불가능한 지역이기 때문이다.

네 번째는 혐오시설이 있는지 체크해봐야 한다. 참고로 묘지도 혐오시설이지만, 묘지는 관점에 따라 달라서 따로 다루기로 한다. 여기서 말하는 혐오시설은 축사, 고압선, 군부대, 쓰레기 소각장, 집단 공동묘지 등이다. 다른 혐오시설은 해당 임야와 거리 정도를 체크하면 되는데, 축사는 조금 다르다. 축사가 주변에 있어 냄새가 나는 지역은 매입하지 않는 것이 좋다. 축사의 경우는 바람의 방향에 따라 냄새가 날 수도 있고, 안 날 수도 있기 때문에 항공사진이나 주변 임장을 통해 더욱 세심하게 살펴봐야 한다. 여러 번 다른 시간대의 현장 방문을 통해 주변 악취를 확인하는 것도 좋은 방법이다. 우리가 여행을 하다 보면 '여기 참 경치 좋네. 이런 산에 집 짓고, 나는 자연인이다 하며 살고 싶다'라고 생각이

드는 경치 좋은 곳은 대부분 개발이 불가능하다고 보면 된다. 왜냐하면 개발보다 보존이 더 큰 이익이 될 경우가 많고, 공원지구나 경관지구로 묶여 있을 확률이 크기 때문이다. 따라서 보기 좋은 떡이 먹기도 좋다는 말은 임야에서는 예외다.

돈 되는 묘지 경매

우리나라는 예로부터 동방예의지국이고, '예'와 '조상 섬김'을 예로부터 행해왔던 나라다. 하지만 '부동산 투자' 앞에서는 예외도 있게 마련이다. 부동산 경매에 묘지가 매물로 나온다. 비록 조상의 시신이 묻혀 있지만, 묘만 있어 언제든 다른 용도로 개발 가능해 돈을 벌 수 있는 땅인 것이다. 최근에는 묘지경매라는 신개념 경매도 나오고, 유튜브 등에서도 관련 콘텐츠가 많이 나오는데, 알고 보면 그렇게 어려운 방법도 아니다. 묘지경매의 핵심은 묘지 땅은 대체로 상속으로 인해 가족 공동 소유인데, 구성원이 사업에 실패하는 등 사정이 어려워지면 지분이 경매로 자주 넘어간다. 이런 지분을 싸게 낙찰받아 가족들에게 차익을 조금 남기고 되파는 방법이다. 뒤에 나오는 실전 경매 아이템 5에 나오는 '지분경매'와 유사하다. 부모님이 사는 집의 지분을 낙찰받아 가족에게 지분을 넘기는 방법이나 묘지가 포함된 임야를 낙찰받아 묘지(지분)를 가족들에게 되파는 방법이다. 결론부터 내리면 묘지경매는 실행하느냐, 안 하느냐로 성공 여부가 갈린다고 생각하면 된다. 묘지니까 무섭다, 꺼림직하다고 생각하는 분은 패스하면 되고, 오히려 부동산 투자의 한 분야로 접근할 분은 소액으로 꾸준히 수익을 볼 수 있는 경매 분야다. 묘지에도 종류가 있는데 분묘기지권이 있는 묘의 경우, 필지에 따라 면적이 넓을 경우 직접 다 둘러보지도 못할뿐더러 나무가 있어서 항공사진으로도 분묘 판별이 어려운 경우도 많다.

분묘기지권

분묘기지권의 뜻은 분묘의 수호와 봉제사(奉祭祀)를 위해 타인의 토지를 사용 수익할 수 있는 권리다. 이는 돌아가신 조상을 극진히 섬기는 과거 한국 문화에 따른 관습상 물권이다. 분묘기지권은 분묘만 설치되어 있다고 모두 성립되는 것이 아니다. 다음의 요건 중 하나를 우선 갖춰야 한다.

- 시효취득형 분묘기지권 : 타인의 토지에 승낙받지 않고, 분묘를 설치하고 20년간 평온, 공연하게 점유해 시효로 분묘기지권을 취득한 경우
- 승낙형 분묘기지권 : 토지 소유자의 승낙을 얻어 분묘를 설치한 경우
- 양도형 분묘기지권 : 자기 소유의 토지에 분묘를 설치한 자가 차후에 그 분묘에 대한 철거나 이장 등의 특약 없이 토지를 매매 등으로 처분한 경우

참고로 2001년 1월 13일 이후에 설치된 분묘는 분묘기지권을 주장할 수 없다. 취득시효형 분묘기지권의 지료 지급 의무는 대법원 2021. 4. 29 선고 2017다228007 전원합의체판결로, 지료 지급이 인정되어 당사자 간 분묘 이전과 관련한 협의의 폭이 넓어졌고, 양도형 분묘기지권의 판례는 다음과 같다.

분묘기지권의 사용료 판례

위의 판례 이후부터 묘지 문제를 해결할 방법이 생겼다. 이 판례를 근
거로 토지 소유자는 분묘기지권자에게 내용증명 등의 방법으로 지료를
줄 것을 청구하고, 만약 협상이 되지 않을 시 법원을 통해 지료청구소송
을 제기할 수 있다. 또한 분묘기지권 지료를 청구했는데, 2년 이상 지료
를 지급하지 않을 때는 분묘기지권 소멸을 청구할 수 있다. 다른 사람의
토지 내에 분묘가 설치되어 있어도 개장하지 않고, 그 분묘와 주변 일정
부분의 토지에 대해서 사용권을 인정해준다. 분명 내 땅인데 다른 사람
의 묘가 있고, 함부로 옮길 수도 없다면 정말 낭패가 아닐 수 없다. 더군

다나 개발을 위해 산지를 매입했는데, 분묘기지권이 있는 분묘가 있다면 개발에 제약이 생길 게 뻔하다. 분묘기지권이 있는 묘는 무연고와 유연고 묘로 나뉘는데, 무연고 묘의 경우는 개장공고를 통해 해결할 방법이 있고, 요즘은 대행해주는 업체에 일정 수수료만 주면 깨끗이 해결할 방법도 있다.

오히려 분묘 때문에 제대로 가치를 인정받지 못한 산지가 분묘 이장 후 제대로 가치를 평가받아 몇 배 차익을 보는 경우가 있다. 분묘 중 관리가 되는 분묘기지권이 있는 종중 소유의 분묘는 일반인들이 상당히 어려워하는데, 반대로 생각해보면 종중과 잘 협의해서 분필해 매각해서 이익을 보는 방법도 있다. 묘지경매의 대표적인 출구전략인데, 경매에서 낙찰받은 임야보다 분묘가 포함된 임야를 일정 면적만큼 분필해서 종중에 매각해 낙찰금액보다 더 받는 경우도 있으니 분묘는 임야경매에서는 수익을 주는 한 분야가 될 수도 있는 것이다. 임야에 분묘가 있는 경우도 여러 사례가 있는데, 묘지의 위치도 아주 중요한 부분이다. 필지 경계 모퉁이 쪽에 위치하거나 개발에 걸리지 않는 위치라면, 필지 분할을 통해 핸디캡을 극복할 수 있다. 만약 묘가 임야 중간에 위치하거나 분묘가 여러 개일 경우는 분묘기지권 성립 여부나 관리가 되는 묘인지, 아닌지에 따라 분석 후 매입이나 입찰을 고려해봐야 한다. 분묘는 분명 혐오시설이 맞지만, 어떻게 접근하느냐에 따라 상당한 수익을 주기도 한다.

예로부터 양지바른 땅은 기운이 좋은 곳이고, 명당에 위치하는 경우가 많다. 역설적으로 이야기하면 분묘가 많은 산지는 명당일 확률이 높다. 그래서 그 땅에 분묘를 이장할 수만 있다면, 제대로 가치를 평가받는 산지가 될 확률이 높다. 분묘를 해결할 수 있는 기술은 그렇게 어려운 기술이 아니다. 법적으로 해결하기보다는 협상으로 단시간 내에 해결하는 것이 핵심이다. 관리가 되지 않은 묘보다 관리가 되는 묘가 훨씬 협상도 수월하고, 주도권을 잡기도 쉽다. 왜냐하면 나에게는 혐오시설인 묘이지만, 당사자의 가족들에게는 묘 이상의 의미인 조상님의 문제이기 때문이다. 앞의 예시대로 최근에는 대법원 판례로 분묘기지권에서 지료청구권이 인정되어 분묘기지권을 해결하는 데 큰 전환점이 되고 있다. 또한 묘지경매의 장점은 명도가 필요 없다. 명도 대신 협상해야 하는데, 협상은 비대면으로 진행할 수 있다. 단점은 묘지는 대출이 어렵다는 점이다. 하지만 묘지 자체가 소액물건이 많아서 특별히 대출 때문에 투자를 못 할 정도는 아니다. 오히려 대출 없이 자기 부담금을 투자하면 조급함이 없어서 협상에서 유리한 심리적 고지를 확보할 수 있는 장점이 있다.

경매에 나오는 묘지 매물의 면적은 1,000㎡(302.5평) 전후가 가장 많고 2,000㎡(605평)가 넘는 물건도 있다. 묘지경매에서 가장 중요한 핵심은 가족들이 매입할 수 있는 묘지를 선택하는 것이다. 묘지를 샀는데 아무도 안 사간다면 그보다 낭패는 없다. 따라서 묘지 선택의 관건은 가족에게 필요한 묘 여부라는 사실을 잊지 말자. 분묘 관리 여부가 중요할 것이고, 무연고 묘일 경우는 아예 개장공고를 통해 묘를 처리하면 하자가 없어지기 때문에 하자 있는 물건을 하자 없는 물건을 만드는 관점으로 접근하면 된다. 가장 조심해야 할 묘는 어중간하게 관리되는 묘이거나 정말 한 번씩 관리되는 묘 중에서 관리하는 사람을 찾기 어려운 경우가 가장 난감한 예다. 따라서 관리가 되는 분묘 중에 낙찰 후 빠른 시간 안에 협상으로 매도가 가능한 묘지 물건을 찾아 입찰하는 것이 관건이다. 물론 집단 공동묘지나 묘의 개수가 너무 많은 물건도 제외다. 그러면 묘지 물건 검색 방법을 알아보자.

| | 사건번호 ↑ | 용도별 | 소재지 ↑ | 감정평가액 ↑ | 최저경매가 ❶ | 유찰회수 ↓ | 매각기일 ↑ | 조회수 ↑ | 감정가대비 ↑ |

총 17 건

□	사진	매각기일 용도	물건기본내역	감정가 최저가	상태	조회수 (유찰회수)	추가정보
□		2024.05.23 23일전	전주5계 2023- 경남 사천군 곤선면 지력리 ❷ [지분매각] 맹지 토지 179㎡ (54평)	❸ 5,176,500 1,696,000 (33%)		79 (5회)	· 특수권리분석
□		2024.05.20 20일전	통영8계 2022- 경남 통영시 산양읍 남평리 [입찰외] 토지 66㎡ (20평)	29,200,000 11,960,000 (41%)		103 (4회)	· 특수권리분석
□		2024.05.27 27일전	해남2계 2023- 전남 진도군 고군면 금계리 토지 3,223㎡ (975평)	244,948,000 87,790,000 (36%)		95 (4회)	· GGTip
□		2024.05.13 13일전	통영6계 2023- 경남 고성군 거류면 용산리 [입찰외] 토지 109㎡ (33평)	3,922,000 2,008,000 (51%)		56 (3회)	
□		2024.05.17 17일전	김천5계 2022- 경북 구미시 옥성면 덕촌리 ❹ 토지 431㎡ (130평)	❺ 29,739,000 14,572,000 (49%)		53 (2회)	· 건축물대장 · GGTip

(출처 : 지지옥선)

경매 검색사이트에 지목이 '묘'라고 되어 있는 물건을 검색해보면 위의 결과가 나온다. 2024년 4월 기준, 총 17건이 검색되었다. 순서를 ❶ 유찰이 많이 된 횟수로 다시 한번 더 조정해서 검색해봤다. ❷ 지분매각 물건도 있고, 이 물건은 감정가격에서 유찰이 많이 되어 ❸ 최저매각 가격이 1,696,000이다. 이처럼 지분 물건은 금액이 소액인 경우가 많으니 큰 금액이 없어도 가능할 수 있다. ❹ 면적이 130평인 한 필지의 묘지도 있다. 이 묘지 역시 감정가격 대비 ❺ 최저매각가격이 49%인 14,572,000원이다. 이처럼 묘지경매는 꾸준히 손품으로 먼저 검색해서 분석한 후 임장 및 현장조사를 갈 물건을 추리는 방법으로 하면 된다. 다시 한번 강조하지만, 묘지경매의 내용과 방법은 쉽지만 실천이 어렵다. 선택은 당신의 몫이다.

임야 보는
안목 키우기

임야에서 꼭 알아야 하는 경사도 확인 방법

이제 본격적으로 임야의 가치를 알아보자. 임야 투자에서 가장 기본이 되는 사항이 '경사도 확인'이다. 여름철 장마나 태풍 때 산사태 낙석 사고 등을 뉴스에서 보곤 한다. 이러한 사고의 원인은 바로 경사도가 높은 산을 무리하게 개발해서 생기는 경우가 대부분이다. 그래서 임야에서는 개발에 관한 경사도에 대해 엄격한 법 적용을 하고 있다. 임야의 경사도는 개발이 가능한지, 불가능한지를 판단하는 첫 번째 기준이다. 임야의 경사도는 법정 평균경사도 25도 이상이면 개발이 불가능하다. 육안으로 확인이 어렵기 때문에 경사도를 알아보려면, 먼저 임야 소재지 '자치법규정보시스템'에 접속해서 지방자치조례에 지자체별 법정 평균경사도를 보고, 다시 조례로 규정을 강화한 경사도를 확인해야 한다. 개발행위허가 항목에서 지자체 조례로 정해진 평균 경사도를 확인한다. 만약 별도로 경사도에 관한 규정이 없다면 법정 평균경사도인 25도까지 개발이 가능하다고 보면 된다. 다음 자료는 예시로 경기도 용인시의 임야 개발행위 경사도를 체크하는 과정이다. 먼저 ❶ '자치법규 정보시스템'을 검색해서 ❷ '용인시 도시계획 조례'를 검색한다. 그러면 통상 개발행위허가를 위한 임야의 경사도는 19~22조 사이에 있다. 용인시는 ❸ 제20조 개발행위허가의 기준에 나오고, ❹ '구'별로 임야 경사도가 다른 특이한 사례다. 평균경사도의 경우 처인구 지역은 20도 이하인 토지, 기흥구 지역은 17.5도 이하인 토지, 수지구 지역은 17.5도 이하인 토지로 할 것이라고 되어 있다. 이처럼 각 지자체 조례를 확인하면 경사도 세부 기준을 조회할 수 있다.

(출처 : 행정안전부 자치법규정보시스템)

자치법규정보시스템을 통해 지자체 조례로 규정된 경사도를 확인했다면, '임업정보 다드림'이라는 사이트를 통해 현재 내가 알고자 하는 임야의 대략적인 경사도를 확인할 수 있다. 임업정보 다드림에서는 임야의 경사도뿐만 아니라, 임야에 관한 여러 가지 사항을 확인할 수 있다. 하지만 여기에서는 경사도만 언급하겠다.

해당 지번을 입력하면 208페이지 자료와 같이 경사도가 대략 표시되는데, 그야말로 대략적이라서 초기 경사도 판단을 하는 데 사용할 수 있다. 정확한 경사도의 산출이 필요하다면 토목설계사무소에 의뢰해야 한다. 우리는 경사도 오차를 감안하고, 단지 개발 가능성 유무 정도를 판단하기 위해 임업정보 다드림 사이트를 활용하는 것이다. ❶ 임업정보 다드림 사이트로 접속해서, ❷ 필지별 산림정보 서비스로 들어가면 지번을 입력하는 곳이 나오는데, 해당 지번을 입력 후 검색을 클릭하면, ❸ 지형 정보 오른쪽에 해당 임야의 ❹ 경사도가 대략 표시된다. 이곳 임야는 15~20도의 평균 경사도를 가진다는 결괏값을 볼 수 있다.

(출처 : 임업정보 다드림)

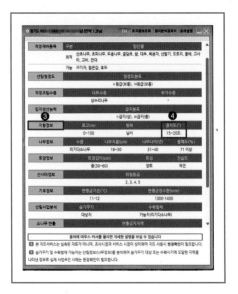

(출처 : 임업정보 다드림)

개발 가능 면적 확인 방법

경사도를 확인했다면 더 세부적으로 산지관리법상 임야의 개발 가능 면적을 확인할 수 있다. 이 내용이 임야의 가치 평가 시 '가장 중요한 항목'이니 잘 보길 바란다. 보통 임야의 경우는 개발할 때 경사도에 의해 개발할 수 있는 면적과 개발이 불가능한 면적을 산출한 후 산지관리법상 개발 가능 면적을 추가로 산정해서 전체 임야 면적에서 개발 가능한 면적을 산출하는 과정이 필요하다. 임야는 다른 땅과 다르게 모든 면적을 개발할 수 있는 경우가 드물다. 그래서 임야의 시세와 가치를 평가할 때 개발 가능 면적을 산출해서 매매가격이나 입찰가격을 산정해야 한다. 그래서 임야의 법원 경매 감정가격은 아무 쓸모가 없다. 이런 사항들은 단 1도 반영되지 않기 때문이다. 통상 임야개발에서는 면적의 50% 이상 개발이 된다면 무난한 임야라고 생각하면 되고, 그 이하면 토지가격과 개발 가능 면적을 비교해서 매입할 때 고려해봐야 한다. 한마디로 비싸게 주고 살 확률이 높은 것이다. 앞서 산지관리법상 개발할 수 있는 임야와 개발이 불가능한 임야를 나눠야 한다고 언급했는데, 그 방법이 산지정보시스템 사이트를 통해 개발 가능 면적을 산출하는 것이다. 해당 지번을 산지정보시스템에 입력한 후 검색하면, 산지관리법상 보전산지와 준보전산지의 면적을 확인할 수 있다. 210페이지 자료에서 보전산지 중 임업용 산지와 공익용 산지의 면적이 표시되는데, 이 면적을 확인해보면 해당 임야에서 개발 가능한 면적을 산출할 수 있다.

임야의 경우 210페이지에 나온 산지정보시스템을 통해 개발 가능 면적을 산출해보자. 먼저 ❶ 산지정보시스템으로 접속해서, ❷ 산지정보 조회를 클릭한다. 그러면 지번을 입력하는 곳이 나오는데, 지번 입력 후 검색을 클릭하면 결괏값을 보여준다. 결과를 보면 ❸ 산지구분범례를 색깔로 임업용 산지, 공익용 산지, 준보전산지를 표시해준다. 그러면 해당 임야 주변에 어떤 산지가 분포하는지 한눈에 볼 수 있다. 결괏값을 보면 이 임야는 보전산지 중 공익용 산지는 해당이 없고, ❹ 임업용 산지 면적이 236,954㎡, ❺ 준보전산지의 면적이 72,948㎡이라는 사실을 확인할 수 있다. 만약 경매에 이 매물이 나왔을 때 입찰자가 일반인(농업인 또는 임업인이 아닌)이라면, 준보전산지 면적만 개발이 가능하므로 전체 면적에서 준보전산지 면적만 계산해서 매입금액과 비교해보면 이 임야의 가치를 판단해볼 수 있는 것이다. 또한 앞에서 평균경사도로 확인한 개발 가능한 경사도까지 같이 종합적으로 판단한다면, 해당 임야의 가치를 정확히 평가해볼 수 있다.

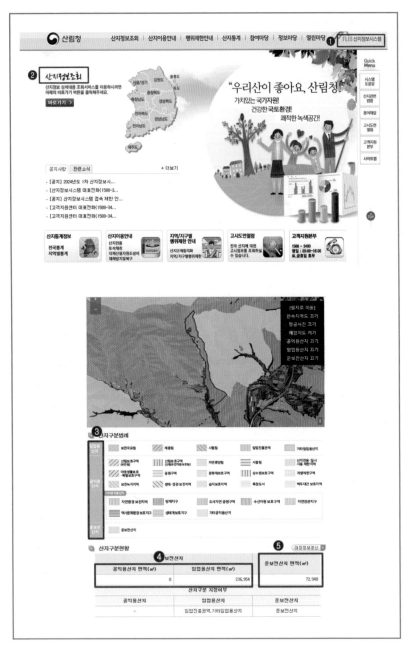

(출처 : 산림청 산지정보시스템)

앞의 방법으로 정확한 개발 가능 면적이 산출되었다면, 해당 지자체 조례로 확인한 평균경사도 이상의 산지를 제외시킨 최종 개발 가능 면적이 산출되고, 건축 조건(도로, 배수로, 입목본수도 등의 조건)을 제외한 최종 해당 임야의 개발 가치를 판단할 수 있다. 이 방법은 임야의 시세 및 가치 판단을 하는 데 정말 중요한 방법이니 임야의 가치를 산정할 때 꼭 사용해보길 바란다. 그래서 임야가 부동산 투자에서 종합세트다. 임야를 볼 줄 아는 사람과 모르는 사람은 천지 차이가 나고, 경매에서도 좋은 물건인지 아닌지, 어느 정도 금액이 적정한지 아닌지를 판단할 수 있는 사람이 임야경매에서 큰 수익을 볼 수 있는 것이다.

산지전용허가와 대체산림자원조성비

산지전용허가는 산지를 전용(용도변경)하려는 사람이 그 용도를 정해 산림청장 등 관할 행정관청으로부터 허가받아야 한다. 허가 순서는 신청서 접수 → 현지조사확인 → 대체산림자원조성비 및 복구비 산정 → 대체산림자원조성비 납부고지 및 복구비예정통지 → 허가의 결정 순으로 진행된다.

대체 산림자원조성비 및 단위 면적당 산출금액은 다음과 같다.

산지전용비(2023년 기준) = ▲준보전산지 7,260원/㎡, ▲보전산지 9,430원/㎡, ▲산지전용·일시사용제한지역 14,520원/㎡

상기 제곱미터당 금액에 개별공시지가의 1%를 합산한 금액

산지전용비 예시

개별공시지가 1,500/㎡ 원 나오는 준보전산지 1,000㎡를 대지로 개발 또는 변경할 때

1,000㎡×(7,260원+15원) =7,275,000원

산지전용허가 신청 절차

산지전용허가를 신청하고자 하는 사람은 사업계획서, 산지의 사용·수익권을 증명할 수 있는 서류, 축척 2만 5,000분의 1 이상의 지적이 표시된 지형도, 산지전용예정지실측도, 산림조사서(660㎡ 미만인 경우 제외), 복구계획서(복구해야 할 산지가 있는 경우에 한정), 표고 및 평균경사도(660㎡ 미만인 경우 제외)와 같이 산지관리법 시행규칙 제10조에 따른 서류를 제출해야 한다.

03

향후 임야가
대박 난다

임야개발로 대박 내기 - 캠핑장

누구나 한 번쯤 즐겨본다는 캠핑, 요즘은 캠핑이 대세다. 성향에 따라서 직접 텐트를 치고 음식을 준비하는 캠핑을 즐기는 분도 있고, '나는 챙기는 게 너무 귀찮아서 몸만 가면 캠핑장과 음식이 다 준비되어 있는 곳이 좋아!'라고 생각하는 분들은 글램핑장에서 캠핑을 즐긴다. 카라반에서 즐기는 캠핑을 좋아하는 사람은 오토캠핑장에서 캠핑을 즐긴다. 아예 자기 차에 차박을 하는 인구도 폭발적으로 늘었다. 그런데 캠핑을 하다 보면 한 번쯤 '나도 캠핑장 한번 해볼까? 돈 될 것 같은데'라는 생각을 해본 적 있지 않은가? 하지만 캠핑장을 어디서부터 알아봐야 할지 막막한 경우가 대부분이다. 그렇다면 캠핑장을 하려면 어떤 것을 알아야 할까? 용어부터 정리해보자. 야영장, 캠핑장, 글램핑장, 숲속 캠핑장, 관광농원 캠핑장 등 들어는 봤는데, 각각 어떤 차이가 있는지 잘 모른다. 어떤 이는 야영장이라고 하고, 어떤 이는 캠핑장이라고 하면서 부르는 용어가 각각 틀리지만, 한글로 하면 '야영장'이고, 영어로 하면 '캠핑장'이다. 따라서 두 용어는 같은 뜻이다. 글램핑장은 법상 용어는 아니고, 정확한 용어는 '야영장업'이다. 야영장업은 적용받는 법에 따라 총 3가지로 나뉜다.

첫 번째, 관광진흥법상으로는 야영장업이다. 우리가 통상 말하는 캠핑장을 총칭하는 용어다. 요즘 대세인 글램핑이 이 야영장업으로 허가받아서 지목이 유원지인 곳에 설치한다. 두 번째, 산림휴양법상으로는 숲속 야영장이다. 산림휴양법에 따른 기준만 충족하면 되고, 부지의 10~30%만 형질변경이 되며, 텐트를 설치해야 하는 곳의 형질변경이 이루어지지 않기 때문에 오수시설 설치는 불가능하다. 또 화장실이 실내에 설치되는 글램핑 카라반 등 오수발생시설 설치가 불가능하다. 보통 산속에 휴양림 형태의 야영장이라고 보면 된다. 세 번째, 농어촌정비법상으로는 관광농원 내에 있는 캠핑장이다. 시골에 가보면 ○○관광농원이라는 상호로 캠핑장도 있고, 숙박시설도 있고, 매점도 있는 형태가 관광농원인데, 관광농원은 일반인이 할 수 없고 농업인이나 임업인의 자격을 갖춘 사람만 할 수 있다. 관광농원을 잘 활용하면 의외로 대박 사업이 될 확률이 높다. 남들은 개발할 수 없는 지역에 일정 요건을 갖추면 근린생활 시설, 숙박 시설 등을 건축하고 영업할 수 있기 때문이다. 이제 법률상 정확한 용어를 알았으니 야영장업을 할 수 있는 토지에 대해서 알아보자.

야영장업을 할 수 있는 토지
- 주거지역·상업지역·자연녹지지역·생산녹지지역 : 1만㎡ 이내
- 공업지역 : 3만㎡ 이내
- 보전녹지지역 : 5,000㎡ 이내
- 관리지역·농림지역 : 3만㎡ 이내

야영장업은 웬만한 토지는 다 가능하나 세부 규정이 별도로 존재한다. 지목상으로는 임야나 농지가 가능한데, 전용허가를 받아야 하고 하수도와 화장실도 갖춰야 한다. 용도지역상 농림지역은 야영장업으로 허가는 불가능하나 산림휴양법상 숲속 야영장으로 허가 진행 검토는 가능하다. 하지만 시간이 오래 걸리고 절차가 복잡해서 권하지는 않는다. 기본 1~2년은 봐야 한다. 야영장업 토지는 도로가 중요한 허가요건이다. 개발행위허가에서 도로 폭에 따라 면적이 결정되는데, 요건은 다음과 같다.

야영장업 도로허가 요건

- 계획관리지역 토지의 경우 도로 폭이 4m 이상이면 1,500평(5,000㎡)까지, 진입도로 폭이 4m 이상이면 계획관리, 생산관리, 보전관리지역 모두 동일하게 1,500평(5,000㎡)까지 개발행위 가능.
- 계획관리지역 토지의 도로 폭이 6m 이상~8m이면 9,000평(30,000㎡)까지 개발행위허가가 가능.
- 생산관리지역, 보전관리지역 토지의 경우, 도로 폭이 6m 이상~8m이면 약 1,500평(5,000㎡)까지, 진입도로 폭이 8m 이상이 되면 개발행위허가에 대한 면적 제한이 없음.
- 생산관리지역 또는 보전관리지역 토지의 경우 진입도로의 폭이 8m 이상이더라도 약 1,500평(5,000㎡)까지만 가능.

위의 조건에서 보듯이 야영장업 토지는 도로 폭이 아주 중요한 요소다. 따라서 진입도로 폭 6m 이상에 접한 계획관리지역이 야영장업을 하기에는 가장 좋은 토지다. 또한 오토캠핑장(자동차 야영장)의 경우, 반드시 6m 이상 도로를 확보해야만 한다. 또한 도시계획심의를 받아야 하며, 유원지로 지목 변경 가능한 곳이어야 된다.

다음은 야영장에 설치할 수 있는 시설물 규정이다. 법상으로 건축물은 야영장 전체 면적의 10% 미만으로 건축 가능하고, 야영장에 설치할 수 있는 시설도 정해져 있다. 제일 확실한 방법은 각 지자체 기관 '관광진흥과'에 꼭 확인하는 게 가장 좋다. 특히 글램핑의 경우 주의해야 한다. 관광진흥법 시행규칙 별표 1에 규정된 야영시설(주재료를 천막으로 해서 바닥의 기초와 기둥을 갖추고 지면에 설치되어야 한다)로, 주재료가 천막이라고 볼 수 없는 재질, 구조 등에 따라 건축물로 판단될 수 있는 형태는 하지 않는 것이 좋다. 천막 재질이라고 해도 2019년 3월 4일 시행된 야영용 시설 천막 등의 방염처리 기준에 따라 천막 재질 규정이 강화되었다. 글램핑장에는 화장실도 건축물에 해당되니 반드시 가설 건축물 신고 또는 건축물 신고를 해야 한다. 그 외에도 방충망, 투명아스테이지, 타포린계 천막 등 또한 사용범위에 따라 달라진다.

요즘 글램핑 창업에 대해 궁금해하는 사람이 많아서 간략히 글램핑장 창업 절차를 소개해보겠다. 먼저 앞의 조건에 맞는 토지를 구입한다. 이왕이면 바닷가 앞 오션뷰 또는 숲속 경치가 좋은 곳으로 1억 원 후반대에서 2억 원까지 저렴한 토지를 찾는다. 발품을 팔면 충분히 구할 수 있다. 땅을 살 때는 땅의 침수 여부, 도로 폭, 전기, 수도를 확인한다. 또한 캠핑장에서 중요한 부분이 물인데, 물이 나오는지 확인해야 한다. 지하수 탐지 업체를 불러서 지하수 매장량을 꼭 확인해야 하는 이유다. 캠핑장 개발 경험이 있는 토목설계사무소를 찾아 각종 인허가 관계, 비용, 농지취득자격증명, 토지개발 행위 가능 여부를 확인한다. 그와 동시에 구입 예정 땅을 자주 가본다. 해 뜰 때도 가보고, 해질 때도 가보고, 비 올 때도 가보면서 수시로 가서 머릿속에 그림을 그려본다. 다른 캠핑장을 벤치마킹해보면 더 좋다. 하룻밤 묵으면서 노하우를 직접 경험해보고, 가능하다면 캠핑장 주인장이나 매니저에게 자문도 구하면, 의외로 친절하게 이야기해주는 경우도 많다. 아마도 캠핑이라는 특성 때문인지도 모른다.

바닷가 앞이라면 갯벌에 해루질이 가능한지도 확인해야 한다. 갯벌도 어촌계에서 관리하는 곳이 많으니 확인은 필수다. 그리고 토지에 관해서는 건축사에게 건축설계를 의뢰해서 행정관청에 개발행위허가 여부도 사전에 확인하면 좋다. 토지를 매입하든, 경매로 낙찰받든 대출 가능 여부와 금액도 미리 확인해야 한다. 한편 캠핑장에서는 토목공사가 중요한데, 토목공사허가가 몇 달 걸린다는 것을 염두에 두고, 조경과 조명의 배치 그리고 수영장 설치 여부가 중요하니까 세심하게 구상해야 한다. 상수도는 1인 100~150리터 정도 필요하니 상수도 옆 관로가 있다면, 관리동은 상수도, 글램핑 텐트동은 지하수 사용을 권장한다. 상수도 신청은 면사무소에 신청하는데, 설계사무소에서 웬만한 인허가 부분은 대행해준다. 전기는 글램핑 텐트당 대략 5kwh, 관리동 겸 매장은 20kwh 정도가 드니까 넉넉하게 한전에 전기승압을 신청하면 된다.

캠핑장 성공 요건 중 시설 부분은 조경과 조명, 수영장, 부대시설, 주차장 배치 등이 아주 중요하다. 그래서 토목을 할 때 그 부분을 많이 고민해서 설계해야 한다. 요즘 소비자들은 눈높이가 높으니 이왕 할 거면 확실히 소비자의 눈높이에 맞춰야만 성공 확률이 높다. 캠핑장 바닥은 기본 데크 외 바닥 면은 인조잔디나 천연잔디를 꼭 하길 권한다. 비용 문제로 바닥이 파쇄석 돌로 시공하는 것보다 잔디로 시공된 캠핑장의 예약률이 훨씬 높다. 비용을 한번 알아보자.

글램핑장 설치 비용

글램핑장의 글램핑 텐트 설치 비용은 평균 최신 텐트와 데크 포함 설치비용 약 800만 원, 글램핑 내부 800만 원 전후(전자제품 200만 원, 침구류 200만 원, 화장실 싱크대 400만 원), 합해서 1동당 약 1,600만 원 정도 소요됨.

글램핑 창업에서 중요한 항목 중 하나가 텐트 설치 업체 선정이다. 간혹 업체를 잘못 선정했다가 공사가 중단되거나 추가금 요구 등 시작도 못 해보고 몸고생, 마음고생, 법적 분쟁으로 가는 사례가 종종 있다. 따라서 시공 업체 선정은 발품을 많이 팔고, 설치한 업체 캠핑장을 방문해 설치 당시와 AS 등이 어떤지 조사를 한 후 업체 선정을 하는 것이 이런 사태를 방지할 수 있는 방법이다. 통상 토지 매입 비용을 빼고, 인허가 토목포함 시설을 모두 하는 데 글램핑장 10동 기준으로 4억 원 정도 예상된다. 본인 자금과 대출, 그리고 토지 매입 비용을 감안하면 적게는 5억 원 많게는 7억 원 정도 소요된다. 토지 형질변경 후 지목변경이 되고 나면 토지 대출이 추가로 가능하니 대출금액을 감안한다면, 본인 자금은 4~5억 원 정도 있으면 10동 글램핑장 창업이 가능할 것으로 예상된다.

예상 수익

수익성은 매출로 봤을 때 성수기, 비수기를 고려하지 않는다. 주말 단가는 20만 원, 평일 단가는 15만 원으로 한다. 10동 기준으로 평일은 공실을 절반으로 잡으면 다음과 같다.

- 주말 : 20만 원×8일(주말 일수)=160만 원
- 주중 : 15만 원×10일(주중 일수 20일 중 절반 공실 가정)=150만 원
- 합산 : 310만 원×10동
     = 3,100만 원×12개월
     = 약 4억 3,000만 원(연 매출)

여기에 인건비, 공과금, 유지보수비를 감안해서 이익률을 계산하면 될 것이다.

 정프로의 경매 꿀팁

경매 시장에는 캠핑장이 경매로 나오는 경우가 거의 없다. 필자도 캠핑장을 경매에서 본 적이 1~2회밖에 없다. 그만큼 현금흐름이 좋은 아이템이다. 경매로 물건이 나오기 위한 첫 번째 요건인 대출이자 연체가 없다는 의미다. 따라서 캠핑장에 관심 있는 사람은 앞서 말한 캠핑장 요건에 맞는 임야를 싼값에 경매받아서 캠핑장을 조성 후 직접 운영해도 되고, 임대를 주고 월 수익을 받다가 일정 기간이 지나면 매매차익까지 보는 전략을 세워도 된다. 의외로 캠핑장을 임대하고 싶은 수요가 많다. 아무래도 총비용이 부담되어 임대로 먼저 해보고자 하는 수요가 많은 이유일 것이다.

임야개발로 대박 내기 – 관광농원

농어촌 관광휴양사업에는 농어촌 관광휴양단지사업, 관광농원사업, 주말농원사업, 농어촌민박사업이 있다. 위의 사업 중 관광농원을 개발하기 위한 관련 법은 국토계획법, 산지관리법, 농지법, 농어촌정비법, 환경정책기본법, 건축법 등이다. 만약 여러분이 관광농원사업을 하고자 한다면, 해당 지방자치단체의 관광농원을 담당하는 부서 혹은 토목설계사무소에 문의하는 게 가장 정확한 방법이다. 임야는 산지관리법상 보전산지의 공익용 산지에서는 관광농원을 할 수 없고, 준보전산지와 임업용 산지에서 가능하다. 관광농원에는 지역 특산물 판매 시설, 영농 체험 시설, 체육 시설, 휴양 시설, 숙박 시설, 음식 또는 용역을 제공하는 시설, 그 밖에 이에 딸린 시설 등을 설치할 수 있다. 부동산을 개발할 때 원칙은 해당 용도지역에서 '국토의 계획 및 이용에 관한 법률'에서 규정하고 있는 용도지역별 허용 가능한 행위와 건물의 규모에 맞게 개발해야 한다는 것이다. 따라서 농어촌정비법상 관광농원에서 할 수 있는 행위는 해당 용도지역에서 허용 가능한 행위만 할 수 있다는 점을 꼭 명심해야 한다. 관광농원은 국토계획법에 의해 허용되는 용도지역 내에서 가능하고, 산지관리법과 농지법에 의해 허용되어야 하며, 농어촌정비법에서도 허용되어야 한다.

관광농원의 허가 요건

관광농원은 최소 면적제한은 없고, 최대 10만㎡까지다. 농업보호구역의 농지는 2만㎡, 일반 농지는 3만㎡, 임업용 산지는 1만㎡다.

허가신청자는 농·어업인, 농업인 단체, 한국농촌공사 등이어야 한다(농어촌 정비법 제87조). 즉, 비농어업인(도시인)은 안 된다.

농어촌정비법

제83조(관광농원의 개발)

① 관광농원은 '농업·농촌 및 식품산업 기본법' 제3조 제2호에 따른 농업인(이하 '농업인'이라 한다), '수산업·어촌 발전 기본법' 제3조 제3호에 따른 어업인(이하 '어업인'이라 한다), 한국농어촌공사, 그 밖에 대통령령으로 정하는 농업인 및 어업인 단체가 개발할 수 있다

② 관광농원을 개발하려는 자는 사업계획을 세워 대통령령으로 정하는 바에 따라 시장·군수·구청장의 승인을 받아야 한다. 승인을 받은 사항 중 대통령령으로 정하는 중요한 사항을 변경하려는 때에도 또한 같다.

제84조(토지 및 시설의 분양)

농어촌 관광휴양단지와 관광농원(이하 '농어촌관광휴양지'라 한다)의 개발사업 시행자가 제114조에 따른 준공검사를 받은 때에는 토지와 시설을 분양하거나 임대할 수 있다.

제85조(농어촌관광휴양지사업자의 신고 등)

① 농어촌 관광휴양단지사업은 시장·군수·구청장 또는 시장·군수·구청장에게 신고한 자가 경영할 수 있고, 관광농원사업은 제83조 제1항에 따른 자 중에서 시장·군수·구청장에게 신고한 자가 경영할 수 있다.

제86조부터는 농업촌민박에 관한 사항인데, 최근에는 시골집 등을 경매로 낙찰받아서 농어촌민박을 통해 수익을 보려는 사람이 많다. 그래서 농어촌민박에 관련된 허가 요건도 보고 참고하길 바란다.

농어촌민박 허가 요건

농어촌정비법

제86조(농어촌민박사업자의 신고)

① 농어촌민박사업을 경영하려는 자는 농림축산식품부령 또는 해양수산부령으로 정하는 바에 따라 시장·군수·구청장에게 농어촌민박사업자 신고를 하여야 한다. 신고내용을 변경하거나 폐업할 때에도 또한 같다. 〈개정 2013. 3. 23〉

② 농어촌민박사업을 경영하려는 자는 다음 각 호의 요건을 모두 갖추어야 한다. 〈신설 2020. 2. 11〉

1. 농어촌지역 또는 준농어촌지역의 주민일 것

2. 농어촌지역 또는 준농어촌지역의 관할 시·군·구에 6개월 이상 계속하여 거주하고 있을 것(농어촌민박사업에 이용되고 있는 주택을 상속받은 자는 제외한다)

3. 신고자가 거주하는 '건축법' 제2조 제2항 제1호에 따른 단독주택(같은 법 시행령 별표 1에 따른 단독주택과 다가구주택을 말한다. 이하 같다)

4. 신고자가 직접 소유하고 있는 단독주택

③ 제2항에도 불구하고 다음 각 호의 어느 하나에 해당하는 자는 제2항 제4호의 요건을 갖추지 아니하여도 농어촌민박사업을 신고할 수 있다. 〈신설 2020. 2. 11〉

1. 관할 시·군·구에 3년 이상 거주하면서, 임차하여 농어촌민박을 2년 이상 계속해서 운영하였고, 제89조에 따른 사업장 폐쇄 또는 1개월 이상의 영업정지처분을 받은 적이 없는 자

2. 농어촌민박을 신고하고자 하는 관할 시·군·구에 3년 이상 계속하여 거주하였으며, 임차하여 2년 이상 계속하여 농어촌민박을 운영하고자 하는 자

④ 시장·군수·구청장은 제1항 전단에 따른 신고 또는 같은 항 후단에 따른 변경신고를 받은 날부터 10일 이내에 신고수리 여부를 신고인에게 통지하여야 한다. 〈신설 2019. 1. 15, 2020. 2. 11〉

⑤ 시장·군수·구청장이 제2항에서 정한 기간 내에 신고수리 여부 또는 민원 처리 관련 법령에 따른 처리기간의 연장을 신고인에게 통지하지 아니하면 그 기간(민원 처리 관련 법령에 따라 처리기간이 연장 또는 재연장된 경우에는 해당 처리기간을 말한다)이 끝난 날의 다음 날에 신고를 수리한 것으로 본다. 〈신설 2019. 1. 15, 2020. 2. 11〉

⑥ 시장·군수·구청장은 농어촌민박사업자가 '부가가치세법' 제8조에 따라 관할 세무서장에게 폐업신고를 하거나 관할 세무서장이 사업자등록을 말소한 경우에는 신고사항을 직권으로 말소할 수 있다. 〈신설 2020. 2. 11〉

⑦ 시장·군수·구청장은 제6항에 따른 직권말소를 위하여 필요한 경우 관할 세무서장에게 농어촌민박사업자의 폐업 여부에 대한 정보 제공을 요청할 수 있다. 이 경우 요청을 받은 관할 세무서장은 '전자정부법' 제36조 제1항에 따라 농어촌민박사업자의 폐업 여부에 대한 정보를 제공하여야 한다. 〈신설 2020. 2. 11〉

⑧ 제1항에 따른 신고의 방법 및 절차 등에 필요한 사항은 농림축산식품부령 또는 해양수산부령으로 정한다. 〈개정 2013. 3. 23, 2019. 1. 15, 2020. 2. 11〉

⑨ 시장·군수·구청장은 제8항에 따라 신고를 받은 경우에는 그 신고내용을 확인한 후 농림축산식품부령 또는 해양수산부령으로 정하는 바에 따라 신고확인증을 신고인에게 내주어야 한다. 〈개정 2013. 3. 23, 2019. 1. 15, 2020. 2. 11〉

제87조(농어촌관광휴양지사업의 승계)

③ 제1항 또는 제2항에도 불구하고 관광농원은 제83조 제1항에 따른 자만 종전의 농어촌관광휴양지사업을 신고한 자의 지위를 승계한다.

그리고 관광농원은 농업 관련 기관 이외에는 농업인, 어업인만 개발이 가능하다. 그리고 관광농원의 (영업)승계도 농업인, 어업인끼리만 가능하다. 즉, 경매 또는 파산한 경우에도 농업인, 어업인만 운영(승계)이 가능한 것이니 경매로 낙찰받을 경우는 이 사항을 꼭 확인해야 낭패를 피할 수 있다. 관광농원은 먼저 사업계획을 승인받아야 한다. 따라서 회원 사업승인이 분양을 전제로 승인된 것이라면 분양이 가능할 수 있지만, 그렇지 않으면 준공 후에 분양을 위한 분할을 할 수 없다. 즉, 허가권자가 개인의 개발에 특혜를 주지 않는다. 또한 국토계획법에 의해 허용되는 건축물로만 용도변경이 가능할 것이며, 농지전용과 산지전용은 5년이 지나지 않으면 용도변경 승인을 별도로 받아야 한다. 그리고 관광농원 개발도 환경정책기본법에 의한 사전환경성 검토 대상이다. 그러므로 용도지역별로 일정 면적 이상의 개발은 검토 대상이므로 고려해야 한다. 하지만 임야(임업용 산지)인 경우에는 건축물이 없으면 3만㎡까지는 검토 대상에서 제외될 확률이 높다.

관광농원 개발 시 중요사항

- 관광농원은 20% 이상이 영농 체험 시설을 해야 한다.
- 일부 부지를 관광농원에서 분할해 제외하려면 변경승인을 받아야 하는데, 5년 이내에는 개발행위허가기준과 전용기준에도 맞아야 한다.
- 숙박시설이나 음식물 제공 시설을 처음부터 넣지 않거나, 허가 후에 변경승인을 통해 뺄 수는 있어도, 따로 분리(분할)해 사용할 수는 없다.

기후위기의 시대! 탄소배출권 거래

산과 숲이 돈 되는 시대가 곧 온다. 이미 뉴스에는 기후위기로 인한 많은 뉴스가 나온다. 아직은 개인 간 거래는 허용되지 않는 탄소배출권이지만, 탄소배출을 상쇄하기 위해 산림 투자에 뛰어드는 기업이 늘어나고 있다. 따라서 개인이 기업에 산림을 임대해 수익을 올리거나, 지자체와 협업해 탄소배출권을 일정 비율 나누는 방법 등으로, 개인 산주에게도 탄소배출권으로 돈을 버는 시대가 곧 도래할 것 같다. 산림청에서 개인 소유 임야를 매입한다는 현수막 본 적 있을 것이다. 국가에 땅을 판다고 생각하고 혹해서 매도하는 사람들도 있는데, 이는 산지의 가치를 제대로 모르기 때문에 일어나는 일이다. 왜냐하면 앞으로는 임야를 소유한 산주 입장에서 탄소 흡수원이 꾸준한 수익원이 될 수 있기 때문이다. 다음 자료는 미국의 탄소배출권 월봉 그래프다. 2020년을 기점으로 배출권 가격이 급등하는 모습을 볼 수 있다.

미국 탄소배출권 월봉 그래프   (출처 : 인베스팅)

다음 그래프는 유럽 탄소배출권 월봉 그래프다. 앞의 미국 가격과 거의 비슷한 모습을 보이고 있다.

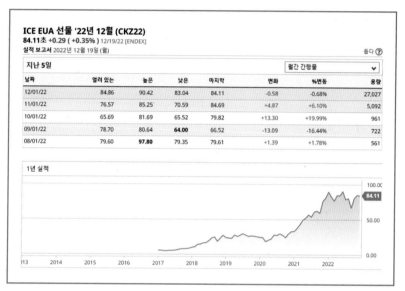

날짜	열려 있는	높은	낮은	마지막	변화	%변동	용량
12/01/22	84.86	90.42	83.04	84.11	-0.58	-0.68%	27,027
11/01/22	76.57	85.25	70.59	84.69	+4.87	+6.10%	5,092
10/01/22	65.69	81.69	65.52	79.82	+13.30	+19.99%	961
09/01/22	78.70	80.64	64.00	66.52	-13.09	-16.44%	722
08/01/22	79.60	97.80	79.35	79.61	+1.39	+1.78%	561

탄소배출권 월봉 그래프   (출처 : 인베스팅)

현재 우리나라도 KRX 거래소 시장에서 기업 간 탄소배출권 거래를 실시하고 있는데, 거래 활성화를 위해 향후 개인도 거래할 수 있도록 거래 시장 개방을 추진하고 있다. 또한 개인에게도 온실가스 감축에 관한 부담을 부과할 수 있다고 한다. 예를 들어 지금 시행하고 있는 쓰레기 배출에 대한 반대급부로 돈을 주고, 종량제 봉투를 사서 버려야 하는 것처럼 휘발유나 경유 자동차를 구입할 때 탄소부담금 등을 부과시키는 방식으로 개인에게도 부과될 수도 있다. 우리나라도 향후 배출권 가격이 톤당 10만 원 정도 갈 것이라는 일부 전문가들의 예상도 있다. 중요한 것은 향후 탄소배출권은 꾸준히 가격이 올라갈 것이라는 데 이

견이 없는 것 같다. 보통 1ha(약 3,000평)당 탄소흡수량이 10톤 정도인데, 10ha가량의 산지를 소유한 산주의 연 소득이 현재 가격 기준으로 보면 연간 1,000만 원(예상치) 정도 될 수 있다. 산으로 적지만 꾸준한 연금을 받는 시대가 향후 도래할 것이다. 우선 탄소배출권 관련 용어가 생소한 분들을 위해 간략한 용어정리부터 해보자.

산림탄소상쇄제도
탄소흡수원 증진 활동을 통해 확보한 산림탄소흡수량을 기업, 산지, 지자체 등이 자발적 시장에서 거래할 수 있는 제도다.

온실가스 배출권 거래제도
정부가 온실가스를 배출하는 사업장을 대상으로 연 단위 배출량을 할당해 할당 범위 내에서 배출행위를 할 수 있도록 하고, 할당된 사업장의 실질적 온실가스 배출량을 평가해 여분 또는 부족분의 배출권에 대해서 사업장 간 거래를 허용하는 제도다.

온실가스 배출권 거래제 상쇄제도
온실가스 의무감축량을 할당받은 사업장이 해당 영역 외에서 외부감축실적 감축 활동을 수행하고, 환경부로부터 인증받은 배출권을 해당 사업장의 감축량으로 인정하는 제도다. 다만 5%까지만 인정받을 수 있다.

산림 탄소배출권
제조공정에서 발생하는 이산화탄소를 정부가 일정 부분 할당량을 주는데, 그 양을 초과했을 때는 거래 시장에서 탄소배출권을 구매하거나 자체적으로 줄이는 데 한계가 있는 기업은 산림에 나무를 심거나 숲을 가꿔서 확보한 탄소크레딧으로 대체할 수 있는 제도다.

그래서 탄소배출량이 많은 제조업이 숲을 활용한 크레딧 사업에 뛰어들고 있다. 대표적으로 SK그룹이 기업형 조림사업회사를 꾸려 충북 충주 인등산에 호두나무, 자작나무 등의 고급 활엽수를 약 400만 그루를 심은 예가 대표적이다. 향후 SK그룹은 개인도 자유롭게 탄소크레딧을 거래하는 산림 기반 플랫폼을 만든다고 하니 산을 보유한 개인 산주들은 곧 본인의 산에서 나오는 탄소배출권을 돈을 받고 팔 수 있는 시대를 대비하자. 아직 우리나라는 탄소배출권을 개인이 거래는 할 수 없고, 기업 간에만 거래할 수 있는 거래소만 존재한다. 뉴질랜드의 경우는 산림탄소배출권을 개인 산주도 참여할 수 있다. 하지만 정부는 국토의 63%가 임야인 우리나라의 실정에 맞는 산림 뉴딜을 계속 추진하며 발굴하고 있어서 머지않아 개인도 참여할 수 있는 날이 올 것이다. 기후위기가 빠를수록 기회는 더 빨리 올 것이다. 현재 간접적으로 산림탄소배출권을 통해 수익을 얻을 방법은 어떤 게 있을까? 한국임업진흥원에서 실시하는 산림 부분 배출권 거래제 외부 사업을 통한 간접 참여 방법이 있다. 이 사업은 그동안 산업 분야에만 치중되어왔던 온실가스 배출권 거래제를 산림 분야까지 확대하는 사업이다. 국가의 온실가스를 줄이기 위한 근간 사업으로 2030 온실가스 감축 프로젝트를 대비해 산림의 순기능을 활용한 사업이다.

산림 부분 외부사업

외부사업 추진절차

외부사업 사업자(할당 대상 업체)는 승인된 방법 중 하나를 선택해 농림축산식품부에 승인 신청 후 사업모니터링을 한국임업진흥원에 흡수량 인정 신청을 통해 인증실적을 발급받고, 국내 탄소 시장 거래소에서 거래하면 된다.

현재 2022년 9월 기준 총 50건 신청 중 9건 승인 완료.
신규 조림 2건, 산림 경영 1건, 식생 복구 6건.

외부사업 방법

1. 신규조림, 재조림 사업은 산림이 아닌 지역에 인위적인 식재 등으로 산림을 조성하는 사업이다.
2. 목제품 이용 사업은 수확된 국산 원목, 가공 생산된 목제품을 이용해 목제품 구입 또는 사용하는 최종 소비자가 사업자가 된다.
3. 식생 복구 사업은 산림이 아닌 지역에 도시림, 생활림, 가로수 등을 조성해 산림 탄소 흡수량을 증가시키는 식생 복구 사업이다.
4. 산림 경영 갱신 조림이란 산림에서 기존 임분보다 이산화탄소 흡수가 우수한 임분을 갱신 조림을 실시하는 사업이다. 기존의 한 구획을 전체 벌채 후 탄소흡수량이 우수한 수종으로 전체를 조림하는 사업이다.
5. 산불피해지 조림사업이란 항구 복구지에서 실시한 인공 복구를 통한 조림사업이 대상지. 개인 산주인 경우 내 임야에 산불이 발생했을 경우 현행법은 산주가 조림에 관한 비용을 부담하게 되어 있다. 이럴 경우에는 배출권 확보가 필요한 지자체나 기업을 통해 피해지 복구에 대한 지원을 받고, 피해를 복구하고, 이렇게 발생한 배출권의 일부분을 기업과 지자체에 판매하는 방식으로 외부사업을 추진하면 된다.

사유림을 대상으로 하는 정책사업이 많기 때문에 산주의 외부사업 참여에 대한 적정한 보상체계를 지자체에 확인해보고 추진하면 도움이 된다. 지자체에서 매년 적극적으로 사업을 발굴하고 추진해야 되는 상황이니 개인 산주라면 지자체를 적극적으로 활용해보면 어떨까? 내가 산지를 보유하고 있다면 지자체 산림과 등에 지원사업 여부를 수시로 확인하고, 참여의사를 미리 밝히면 도움이 되고, 산림조합 조합원 가입을 통해 산림조합에서 실시하는 정책사업에 참여해보자. 온실가스 배출권 거래제는 2가지 종류가 있다 배출량만큼 세금을 부과하는 탄소세 방식과 총량을 규제해서 기업별로 할당량 이하로 맞추는 방식이다.

탄소배출권이란 온실가스를 배출할 수 있는 권리인데, 배출권을 할당받은 기업들은 의무적으로 할당 범위 내에서 온실가스를 사용해야 한다. 그리고 남거나 부족한 배출권은 시장에서 거래할 수 있다. 대표적으로 미국의 전기차 기업 테슬라가 자동차를 만들어내는 수익도 크지만, 탄소배출권 거래로 막대한 이익을 내는 기업이라는 것을 여러분은 아는가? 테슬라의 재무제표를 보면 알 수 있다. 탄소배출권만으로 탄소 배출 규제를 하는 데는 한계가 있다. 결국 산림탄소상쇄제도가 곧 정착될 것이고, 그러면 애물단지라고 생각했던 임야를 가진 소유주들에게도 기회가 올 것이다. 바로 임야에 관심을 가져야 하는 이유다. 현재는 이산화탄소 배출량이 많은 기업은 에너지 절감 등 기술개발로 배출량을 줄이거나 여유분의 배출권을 소유한 기업으로부터 그 권리를 사서 해결한다. 탄소배출권은 유엔 기후변화 협약에서 발급하며, 발급된 탄소배출권은 시장에서 상품처럼 자유롭게 거래할 수 있다. 2015년부터 KRX 한국거래소가 배출권 시장을 개설해 운영하고 있다. 향후 탄소배출권이 임야에서 게임 체인저가 될 수 있다는 흥미로운 사실을 여러분도 지켜보길 바란다.

나는 산에서 연금 받는다

농지에서는 농지로 연금을 받는 농지연금이 있다면, 산지는 산지연금형 사유림 매수사업이 있다. 아직 완전히 정착되지는 않았지만, 현재 실시하는 제도이니 참고로 알면 도움이 된다. 산지연금형 사유림 매수 제도는 각종 규제에 묶인 산을 국가에서 매수하는 제도로, 계약 시 매매대금의 40%를 선지급하고, 나머지를 10년(120개월)간 균등하게 지급한다. 원래 기준단가가 적용되었으나 삭제되었고, 공유 지분(4명까지)의 산림도 매수 가능하다.

산림청에서 매수 공고 보는 법
산림청 홈페이지 - 행정정보 - 알림정보 - 사유림을 삽니다

위와 같이 메뉴를 클릭하면, 올해 나온 지역별 매수 계획 공고가 나온다. 공고 내역을 보고, 자세한 내용을 살펴보면 매수 대상지 및 조건들이 나온다. 매수 대상지는 국유림 확대 계획지 내에 있거나 접해 있어야 하고, 멀리 떨어질 경우 일정 크기 이상만 매수한다. 매수대상지 조건은 지형이 경사도 30도 이하, 암석지 또는 석력지가 5% 이하인 임야이고, 신청 조건에 맞는지를 정확하게 알고 싶다면 미리 해당 관계 부처에 전화로 확인 가능하다. 다만 저당권이나 지상권이 설정되어 있는 산림은 매수하지 않기 때문에 대출이 있으면 안 된다. 그러면 내가 대출받지 않는 한도 내에서 임야를 매입하거나 4명까지 공유 토지도 가능하

므로 지분으로 매입하는 방법이 있다. 그리고 상속·증여받은 토지가 아니라면 소유권이전 1년 이후 신청이 가능하다. 산지 연금의 가장 큰 장점은 감정가격의 40%를 일시금으로 지급한다는 것인데, 산지 연금이 2021년에 도입된 초기에는 20%였으나 2022년 초기에 제도의 단점을 보완해 40%로 개선되었다.

예시

감정가격 5억 원의 토지를 산지연금형 사유림 매수를 신청할 경우, 2억 원을 일시금으로 받고, 나머지 3억 원을 토지 지가 상승분과 이자를 합친 금액으로 산정해 120개월로 나눠 받는다.

첫 달 일시금 : 2억 원
매달 : 약 315만 원(10년간, 이자 포함)을 받는다.

경매로 저렴하게 낙찰받아 산지연금 사유림 사업 매수 용도로 활용한다면, 훨씬 높은 수익률을 기대할 수 있다. 주택이나 일반 토지와 달리 임야는 경매로 낙찰될 경우 감정가격의 50% 이하로 낮은 매각가율을 보이기 때문이다. 2024년 기준, 전국에서 경매 진행 중인 임야를 검색해보니 최저매각가율이 대부분 30%대다.

(출처 : 지지옥션)

위의 자료를 보면, ❶ 2024년 5월 20일에 감정가격이 10억 8,715만 2,000원 임야가 2억 8,499만 원에 최저매각가격으로로 경매가 진행 중인 것을 볼 수 있다. 만약에 이 토지가 3억 6,000만 원 정도에 낙찰되어 산지연금 신청 조건에 맞는다고 가정하면 다음과 같다.

낙찰가격 : 3억 6,000만 원

일시금 : 약 4억 원

매달 : 약 600만 원(10년 동안)

낙찰받은 가격 3억 6,000만 원보다 4,000만 원을 더 일시금으로 돌려받고, 10년 동안 매달 600만 원의 연금을 준다. 솔직히 조건에 맞는 산지를 찾는다면 농지연금보다 더 수익률이 좋을 것 같다. 농지연금에 있는 나이 제한도, 수령금액 제한도 없다는 게 장점이다. 또한 제도가 도입된 지 얼마 되지 않아서 아직 일반인들에게는 생소하고 알려지지 않았기 때문에 관심 있는 분들은 서둘러 알아보고, 임야에 관심을 가져보길 바란다. 결국 시간이 지나서 일반인들에게 알려지고 많이 신청하다 보면, 농지연금처럼 조건들이나 제한사항들이 추가될 수 있기 때문이다. 다만 산지연금에 부합하는 임야를 찾는 게 쉽지는 않다. 부단히 찾아보고 발품, 손품 다 팔아야 한다. 어디 돈 벌기가 쉬운 일인가? 어떤 물건이 확실히 대상이 되는지, 어떤 물건을 낙찰받아야 할지는 직접 물건을 찾아보고 산림청에 문의하는 게 가장 확실한 방법이다.

경매나 공매로 나온 물건들의 지번을 해당 공고를 한 지방 산림청에 전화해서 매수 대상 조건이 되는지, 안 되는지 확인해보자. 안 된다고 하면 왜 안 되는지 이유를 정확히 확인해봐야 다음번에 될 수 있는 임야를 고를 수 있게 된다. 최근에는 산림청에서 정한 기준단가가 있는데, 초과되어서 매입이 안 되는 경우가 있으니 참고하길 바란다. 아무래도 예산을 배정받아서 하는 사업이다 보니 단가와 매입실적 목표를 감안해 매입하는 것 같다. 일단 매입하는 임야의 조건이 국유림 인접 임야여야 하는데, 일일이 등기부를 떼기가 번거로우니 '디스코'라는 앱을 사용해서 확인하면 공짜로 확인할 수 있다. 또한 매입에서 제외해야 할 임야는 그린벨트나 문화재보호구역 등 지자체의 허가가 필요한 임야는 매입에서 제외이니 참고하자. 국유림과 인접해 있으면서 예산에 따라 자체 기준단가 이하로 싸고 넓게 매입할 수 있는 임야로 지역 산림청의 각각의 기준단가를 확인하자. 기준단가 이하인 물건을 경매나 공매를 통해서 계속 검색해서 매입할 물건을 고르는 습관을 갖도록 하자.

알면 돈 버는
특수경매

단기간 수익 내는
지분경매

특수물건으로 분류되는 아파트 지분경매는 소액 투자와 단기 투자가 가능하고, 일반 물건에 비해 경쟁이 적은 것이 장점이다. 만약 당신이 경매 초보라고 생각된다면 소액으로 할 수 있는 지분경매부터 시작하라고 조언하고 싶다. 경매의 경험을 쌓을 수 있는 좋은 경험이고, 투자금 자체도 크게 들어가지 않고, 무엇보다 '출구전략'을 다양하게 활용할 수 있는 장점이 있다. 하지만 지분이기 때문에 온전히 전체가 나의 소유권이 아니고, 지분만큼 공동 소유하는 형태이며, 지분이라는 이유로 일단 대출이 불가능하다. 하지만 지분경매 자체가 소액물건을 대상으로 하기 때문에 크게 문제가 되지는 않는다. 또한 주택의 지분인 경우 주택 수에 포함되고, 최종입찰에서 낙찰되더라도 해당 부동산의 공유자가 '공유자우선매수청구권'을 사용하면, 최고가 매수 지위가 사라지는 단점이 있다.

공유자우선매수청구권

공유자우선매수청구권 제도 규정은 민법과 민사집행법에 있다. 쉽게 말해 다른 공유자와의 유대관계를 유지하고, 공유지분의 매각으로 인해 기존의 공유자에게 그 공유지분을 매수할 기회를 주는 것이다. 공유자우선매수신고는 민사집행법 제140조 제1항 규정에 따라 매각기일까지 민사집행법 제113조에 따른 매수신청보증을 제공하고, 최고매수신고가격과 같은 가격으로 채무자의 지분을 우선매수 하겠다는 것이다. 부동산등기사항증명서와 주민등록표 초본 등을 첨부해야 한다.

공유자가 우선매수권을 행사해 신고하면, 당초 최고가매수신고인은 차순위로 밀린다. 공유자의 다수가 우선매수신고를 하는 경우, 매수 신청한 공유자의 지분 비율에 따라 정하게 되고, 별도의 협의로도 비율을 정할 수 있다. 공유자가 사전에 우선매수신고를 했으나 입찰자가 없는 경우, 최저매각가격을 기준으로 우선매수를 인정하고 있다. 그런데 우선매수신고서만 미리 제출해 일반 입찰을 꺼리게 만들고, 보증금을 내지 않는 방법으로 경매를 방해하는 공유자들이 늘면서 법원에서는 매각물건명세서 비고란에 '공유자우선매수는 1회로 제한' 등의 단서 조항을 두어 이를 제한하고 있다.

돈 되는 지분경매 출구전략

지분 투자의 장점은 다른 온전한 경매 물건에 비해 상대적으로 가격이 낮게 형성되므로 비교적 소액으로도 투자 가능하고, 빠른 매도를 할 수 있는 방법이 많다. 지분경매 투자 시 기존 시세보다 20~30% 조금 더 저렴하게 낙찰되기도 하고, 물건 가치만 뛰어나면 아파트나 빌라의 경우 동별, 층별, 방향별로 시세를 확인해서 투자해야 한다. 그럼 지분

경매를 낙찰받으면 어떻게 해결해야 될까? 그 방법을 살펴보자. 첫 번째는 우선 매각하는 방법이 있다. 현재 다른 지분을 소유하고 있는 공유자 또는 내 지분을 필요로 할 수 있는 이해관계인에게 파는 방법이다. 두 번째는 공유자와 협의해 부동산 전체를 시세대로 매도하는 방법이다. 세 번째는 상대방의 지분을 협의 매입해서 온전한 물건으로 만들어 향후 출구전략을 고민하는 방법이다. 네 번째는 이도 저도 협의가 안 되면 '공유물분할청구소송'을 통한 형식적 경매로 대금을 분할해 배당받는 방법이다. 지분경매의 대부분 물건은 상속으로 인해 배우자와 자식에게 일정 비율로 나눠진 공유지분으로 나오는 경우인데, 그 공유자 중에 꼭 1명 정도는 금융사고를 치거나 채무관계 등으로 인해 경매가 나올 경우다. 앞의 4가지 출구전략 중 내 지분을 파는 방법은 가격 협상이 잘되어야 가능하다. 가령 내가 낙찰받은 금액이 감정가격의 50% 정도라면, 감정가격의 100%를 달라고 하면 협상이 되지 않는다. 감정가격의 70~80% 사이에서 협상한다면 확률이 있을 것이다.

그러면 이렇게 의문을 품는 사람이 있을 것이다. '공유자라면 입찰 때 참여해서 공유자우선매수청구권을 사용하면 되지 않았을까?' 맞는 말이다. 법원은 공유자에게는 보통 1회의 '공유자우선매수청구권'을 사용할 수 있는 권리를 준다. 그런데 실제로 경매 법정에 가보면, 집행관이 최고가매수인으로 선정되었다는 발표 후 "공유자우선매수청구권을 신청하실 분 계신가요?"라고 물어보면, 청구하는 경우는 10건 중 1건 정도밖에 되지 않는다. 그러면 왜 공유자들은 우선매수청구를 하지 않을까? 사실이 부분은 공유자들이 본인들의 공유물건이 진행된다는 사실만 알지, 실제로 공유자우선매수청구권에 대해서 잘 모를 경우가 많고, 또 가족 중 1명의 지분이 경매까지 갈 정도면 이미 그 공유자는 가족들에게 채무관계도 많고, 돈도 많이 갚아주고, 애도 많이 먹였을 확률이 높다. 하다 하다 안 되고, 가족들도 포기해서 경매에 나올 확률이 높다는 의미다. 아마도 그 공유지분 가족 얼굴도 보기 싫을 정도로 정이 떨어졌을 수도 있고, 그래서 누가 낙찰받든 나랑 상관없다는 생각으로 무관심한 경우도 많다. 또 어떤 경우는 사는 게 바쁘다 보니 경매 일정을 놓치는 경우도 있고, 공유지분을 매입할 돈이 없어서 못 하는 경우도 있다. 이렇게 다양한 이유로 공유지분우선매수청구권을 사용 못한 결과 제삼자가 낙찰받아 내용증명이라도 보내오면, 그때 비로소 아차 하는 것이다. 더군다나 해당 부동산이 주택이고, 부모님 중 살아계신 분이 거주하고 있다면 문제는 더 심각해진다. 당장 낙찰받은 지분을 매입하지 않으면 공유물분할청구소송으로 인해 결국 집이 매각될 수 있는 상황이 올 수밖에 없는 것이다.

 정프로의 경매 꿀팁

지분경매에서 물건을 고를 때 이런 물건이 협상이 쉽다. 현재 부모님이 거주하고 있는 지분경매 주택을 고르는 것이다. 이 부분은 전입세대열람 등 서류 확인도 필요하겠지만, 실제로 거주하는지가 더 중요하다. 그래서 임장 및 현장조사가 중요한 이유다. 아파트나 빌라의 경우는 우편함에 꽂혀 있는 우편물의 명의를 슬쩍 보고, 탐문을 통해 실제 거주자가 누구인지, 나이대는 어느 정도인지, 공유자 중 1명인 부모님인지 등 다양한 방법으로 조사해야 한다. 보통 나이가 있는 분들은 상속받은 집에 거주하는 경우 돌아가실 때까지 거주하는 경우가 많다. 특히 시골집의 경우는 더 그런 사례가 많다. 그렇다면 홀로 계신 부모님이 사셔야 하는데, 제삼자가 지분을 낙찰받고 협의해오면 응하지 않을 수가 없는 것이다. 그래서 주택 지분경매 물건을 고르는 핵심은 현재 부모님 중 한 분이나 가족이 실거주하는 물건을 고르는 것이다.

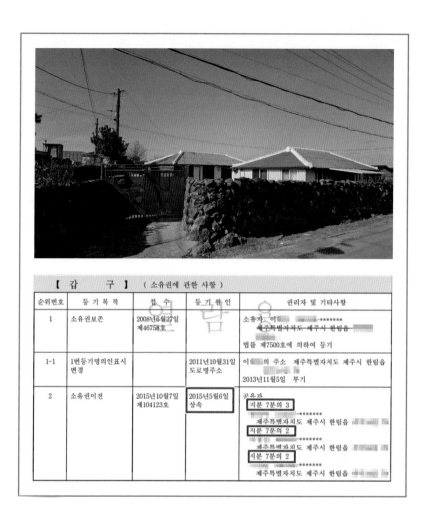

【 갑　　구 】		(소유권에 관한 사항)		
순위번호	등 기 목 적	접　수	등 기 원 인	권리자 및 기타사항
1	소유권보존	2008년6월27일 제46758호		소유자 이　　　　　　-******* 제주특별자치도 제주시 한림읍　 법률 제7500호에 의하여 등기
1-1	1번등기명의인표시 변경		2011년10월31일 도로명주소	이　　의 주소 제주특별자치도 제주시 한림읍 2013년11월5일 부기
2	소유권이전	2015년10월7일 제104123호	2015년5월6일 상속	공유자 지분 7분의 3 　　　　　　-******* 제주특별자치도 제주시 한림읍 지분 7분의 2 　　　　　　-******* 제주특별자치도 제주시 한림읍 지분 7분의 2 　　　　　　-******* 제주특별자치도 제주시 한림읍

　위의 주택은 3명의 공유자로 구성되어 있고, 아버지가 사망 후 상속
된 지분이 어머니 7분의 3, 자식 2명에게 각각 7분의 2씩 상속된 후
1명의 지분이 경매로 나온 사건이다.

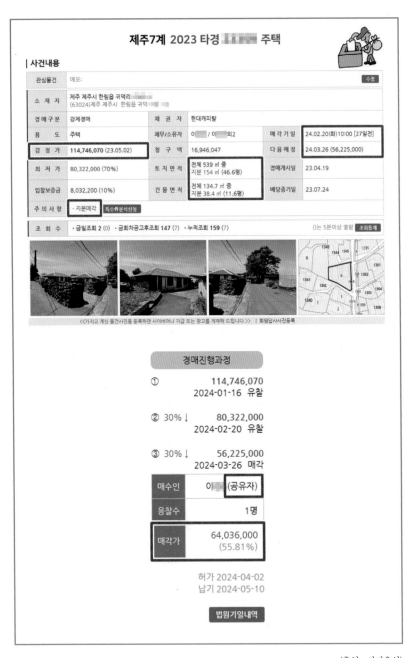

제주7계 2023 타경 ████ 주택

사건내용

관심물건	메모:			수정
소 재 지	제주 제주시 한림읍 귀덕리 ████ (63024)제주 제주시 한림읍 귀덕 ████ ██			
경 매 구 분	강제경매	채 권 자	현대캐피탈	
용 도	주택	채무/소유자	이███ / 이████ 외2	매 각 기 일	24.02.20(화)10:00 [27일전]
감 정 가	114,746,070 (23.05.02)	청 구 액	16,946,047	다 음 예 정	24.03.26 (56,225,000)
최 저 가	80,322,000 (70%)	토 지 면 적	전체 539 ㎡ 중 지분 154 ㎡ (46.6평)	경매개시일	23.04.19
입찰보증금	8,032,200 (10%)	건 물 면 적	전체 134.7 ㎡ 중 지분 38.4 ㎡ (11.6평)	배당종기일	23.07.24
주 의 사 항	·지분매각 ·특수件분석신청			
조 회 수	·금일조회 2 (0) ·금회차공고후조회 147 (7) ·누적조회 159 (7)		()는 5분이상 열람	조회동계

《(가지고 계신 물건사진을 등록하면 사이버머니 지급 또는 광고를 게재해 드립니다.)》 · 회원답사사진등록

경매진행과정

①   114,746,070
2024-01-16 유찰

② 30%↓   80,322,000
2024-02-20 유찰

③ 30%↓   56,225,000
2024-03-26 매각

매수인	이██ (공유자)
응찰수	1명
매각가	64,036,000 (55.81%)

허가 2024-04-02
납기 2024-05-10

법원기일내역

(출처 : 지지옥션)

실제 주택에는 어머니가 거주 중이었고, 현장을 방문해보면 거주 사실을 어렵지 않게 확인할 수 있다. 빨래도 널려 있고, 집 안 내부에 수확한 고추도 말리는 등 현장조사를 해보면 어렵지 않게 확인할 수 있다. 전입세대 신고서에도 어머니의 전입 사실을 확인할 수 있다. 이 물건은 2024년 3월 26일에 매각되었는데, 앞의 자료를 보면 매수인에 '공유자'라고 되어 있는 것을 볼 수 있다. 최고가매수신고인은 아쉽게 본인이 입찰한 금액에 공유자가 우선매수청구권을 행사해서 낙찰이 된 경우다. 앞서 말했던 부모님 한 분이 거주하고 계셨기에 입찰 때마다 경매법정으로 나왔고, 낙찰되는 것을 보고 공유자우선매수청구권을 사용해서 가져갔다. 낙찰은 감정가격의 55%이니까 만약 공유자우선매수청구가 없이 낙찰되었다면 보증금으로 563만 원을 냈을 것이고, 감정가격의 80% 선에서 협의가 되었다면 약 2,720만 원 정도의 수익을 단기간에 볼 수 있었을 것으로 예상된다. 투자 원금 대비 수익률을 단기간에 엄청나게 볼 수 있었을 것인데, 무척 아쉬운 대목이다. 하지만 이런 경험 또한 경매에서 소중한 경험이었으니 충분히 도움이 되었을 것이다.

경매는 낙찰보다 패찰에서 더 많은 것을 배울 수 있으니 패찰 경험을 많이 쌓자. 지분경매 낙찰 후 공유자와 협의가 쉽지 않다면 공유물분할청구소송을 통한 형식적 경매 신청으로 대금을 분할받을 수 있다. 요즘은 대법원 사이트에서 전자소송으로 비교적 간단하게 신청할 수 있고, 기간은 1년 정도 소요된다. 지분경매는 항상 공유물분할 소송까지 갈 각오를 하고 입찰해야 한다. 하지만 협상만 잘하면 단기간에 안정적인 수익을 볼 수 있다. 설령 형식적 경매까지 가더라도 2년 안에는 거의 종료되기 때문에 부동산 투자에서는 비교적 단기 투자에 안정적인 투자라고 할 수 있다.

아파트와 빌라 중에 부부 공동명의로 2분의 1씩 되어 있는 지분경매 물건을 검색해서 입찰해서 낙찰받으면 협의가 좀 더 쉽고 수익 창출도 더 쉽다. 왜냐하면 부부인데 지분이 경매가 나와도 공유자우선매수청구권을 사용하지 않는다면, 이미 부부 사이가 안 좋거나 한쪽은 그 집을 나왔을 확률이 높다. 현재 거주하고 있는 당사자인 한쪽 당사자도 집을 팔고자 마음을 먹었을 확률이 더 높다. 따라서 제삼자가 낙찰받는다면 협의를 통해 시세대로 집을 팔 확률이 높다. 지분경매이니 싸게 낙찰받고, 시세대로 관리가 된 주택을 파는 것이니 크게 신경 쓸 일도 없다. 당신이 경매 초보라면 주택(아파트, 빌라 등) 지분경매에 관심을 가지고 낙찰받아 보자.

뛰는 놈 위에 나는 놈? 공유지분 가등기

최근 대법원에서 공유물분할판결과 관련된 의미 있는 판례가 하나 나왔다.

이 판례는 공유지분 가등기 수법에 대한 대법원 판례다. 소위 경매 고수라는 사람들이 가장 유치권자, 가장 임차인 등 가짜를 내세워서 낙찰 가격을 떨어뜨리고, 물건을 저가에 낙찰받기 위해 법을 교묘하게 피해 가면서 사기 아닌 사기를 치고 있다. 특히 지분경매나 공유물분할을 위한 형식적 경매에서 지분 가등기 제도를 이용하는데, 수법은 이렇다. 필자도 추천한 지분경매로 돈 버는 방법 중에 지분 취득 후 공유자에게 분할 요구 후 협의가 되지 않음을 이유로, 법원에 공유물분할판결을 신청한다. 판결 후 대금분할로 결정받으면, 공유물분할판결을 받은 후에 분할을 위한 경매를 신청하기 전에 일부 지분에 대해 타인과 매매예약(미래 시점에 이 부동산을 당신에게 팔겠다는 약속)을 한 것처럼 가등기를 설정한다.

가등기에는 2가지 종류가 있는데, 금전을 빌리고 그 담보로 설정하는 담보가등기와 진정으로 소유권을 이전받기 위해 하는 소유권이전 매매예약 가등기가 있는데, 이들은 후자를 이용한 것이다. 실제로 경매 입찰 시 일부 지분에 존재하는 선순위 가등기는 낙찰자가 인수해야 하므로 초보자는 아예 입찰도 하지 않을 것이고, 고수들도 낙찰 후 인수 부담 때문에 여러 번 유찰되고 가격도 많이 내려갈 수밖에 없다. 이렇게 최하로 내려간 가격에 이들이 낙찰받아 엄청난 시세차익을 보는 경매 방법이다.

이 판결이 나오기 전까지는 암암리에 성행하는 고수들의 경매 방법이었다. 대법원의 판례가 나온 이후 '통정허위표시'의 이유로 가등기 무효 소송을 하면 무효로 되돌릴 수 있고, 실제로 가등기에 주고받은 돈도 없고 계약서도 가짜라고 생각되면 경매입찰방해죄로 형사고소까지 가능하다. 하지만 이 판례에서 주목해야 할 점은 공유지분권자가 공유물분할소송을 제기해서 변론이 종결된 뒤에 가등기를 하거나, 변론 없이 판결이 난 경우 판결이 선고된 뒤에 가등기를 한 경우에 한해 앞의 판결에 의해 가등기가 말소될 수 있다는 것이다. 판결이 선고된 뒤에 가등기를 한 경우만 가등기가 말소될 수 있고, 만약 공유물소송 진행 중이거나 변론 종결되기 전에 가등기를 한 경우라면 이때는 앞의 판례를 적용할 수 없게 된다. 필자가 볼 때는 향후 여기에 관한 판례도 나오지 않을까 싶은데, 현재로서는 막을 방법이 없다. 결국 법을 교묘하게 피해가는 경매 고수는 끊임없이 나올 것이고, 이런 방법이 옳다 그르다의 판단은 여러분들이 스스로 한번 내려 보길 바란다.

대 법 원

제 3 부

판 결

사 건   2020다■■■■ 가등기말소

원 고(탈퇴)   주식회사 ■인베스트먼트

원고승계참가인, 상고인

        원고승계참가인

피고, 피상고인   ■■■ 주식회사

        소송대리인 변호사 최광■

원 심 판 결   서울중앙지방법원 2020. 7. 22. 선고 2019나70799 판결

판 결 선 고   2021. 3. 11.

주   문

원심판결을 파기하고, 사건을 서울중앙지방법원에 환송한다.

이   유

상고이유를 판단한다.

1. 상고이유 제2점에 대하여

    가. 원심은, 공유물분할판결이 선고된 후에 원심판결 별지(이하 '별지'라고 한다)

- 1 -

목록 제1항 기재 부동산(이하 '이 사건 토지'라고 한다) 중 소외 1의 2/8 지분과 별지 목록 제2항 기재 부동산(이하 '이 사건 건물'이라고 한다) 중 소외 1의 1/3 지분에 관하여 각 2016. 11. 4. 매매예약을 원인으로 한 소유권이전청구권가등기(이하 '이 사건 가등기'라고 한다)가 마쳐진 사정만으로 가등기권자인 피고가 공유물분할을 위한 경매절차에서 이 사건 토지와 건물의 소유권을 취득한 매수인에게 대항할 수 없다고 볼 수 없고, 가등기에 기한 본등기가 경료되어 매수인이 그 지분에 관한 소유권을 상실하게 되면 별소에 의하여 담보책임을 추급할 수 있을 뿐이라는 이유로 매수인으로부터 이 사건 토지와 건물의 소유권을 이전받아 이 사건 가등기의 말소를 구하는 원고 승계참가인의 청구를 기각하였다.

　나. 그러나 원심의 위와 같은 판단은 다음과 같은 이유로 수긍하기 어렵다.

　　1) 대금분할을 명한 공유물분할 확정판결의 당사자인 공유자가 공유물분할을 위한 경매를 신청하여 진행된 경매절차에서 공유물 전부에 관하여 매수인에 대한 매각허가결정이 확정되고 매각대금이 완납된 경우, 매수인은 공유물 전부에 대한 소유권을 취득하게 되고, 이에 따라 각 공유지분을 가지고 있던 공유자들은 지분소유권을 상실하게 된다. 그리고 대금분할을 명한 공유물분할판결의 변론이 종결된 뒤(변론 없이 한 판결의 경우에는 판결을 선고한 뒤) 해당 공유자의 공유지분에 관하여 소유권이전청구권의 순위보전을 위한 가등기가 마쳐진 경우, 대금분할을 명한 공유물분할 확정판결의 효력은 민사소송법 제218조 제1항이 정한 변론종결 후의 승계인에 해당하는 가등기권자에게 미치므로, 특별한 사정이 없는 한 위 가등기상의 권리는 매수인이 매각대금을 완납함으로써 소멸한다.

　　2) 원심판결 이유와 기록에 의하면 다음과 같은 사실을 알 수 있다.

- 2 -

가) 소외 1은 이 사건 토지 중 2/8 지분을, 소외 2, 소외 3은 이 사건 토지 중 각 3/8 지분을 각 소유하고 있었다. 소외 1, 소외 2, 소외 3은 이 사건 토지 지상의 이 사건 건물 중 각 1/3 지분을 소유하고 있었다.

나) 소외 1은 2016. 8. 1. 이 사건 토지와 건물의 공유자인 소외 2, 소외 3을 상대로 서울중앙지방법원 2016가단94199호로 이 사건 토지와 건물에 관하여 대금분할을 명하는 내용의 공유물분할의 소를 제기하였다. 위 법원은 소외 2, 소외 3이 소장 부본을 송달받고도 답변서를 제출하지 아니하자 2016. 10. 26. 무변론으로 이 사건 토지와 건물에 관하여 대금분할을 명한 판결을 선고하였고, 위 판결은 2016. 11. 18. 확정되었다.

다) 소외 1은 위 판결 선고 후인 2016. 11. 10. 피고에게 이 사건 토지 중 소외 1의 2/8 지분과 이 사건 건물 중 소외 1의 1/3 지분에 관하여 이 사건 가등기를 마쳐 주었다. 이 사건 가등기는 소유권이전청구권의 순위보전을 위한 가등기이다.

라) 소외 1은 위 판결에 기하여 이 사건 토지와 건물에 관하여 공유물분할을 위한 경매를 신청하여 2017. 6. 26. 경매개시결정을 받았고, 위 경매절차에서 원고가 최고가매수신고인으로서 매각허가를 받아 2018. 5. 18. 매각대금을 완납하고서 2018. 5. 25. 이 사건 토지와 건물에 관하여 소유권이전등기를 마쳤다. 한편 집행법원은 이 사건 가등기를 매수인 원고가 인수하는 내용의 특별매각조건을 설정하지 않았다.

마) 원고는 제1심 소송계속 중이던 2019. 3. 5. 원고 승계참가인에게 이 사건 토지와 건물에 관하여 2019. 2. 25. 환매특약부 매매를 원인으로 한 소유권이전등기를 마쳐 주었다.

3) 이러한 사실관계를 앞서 본 법리에 비추어 살펴보면 다음과 같이 정리할 수

- 3 -

있다.

대금분할을 명한 공유물분할판결이 무변론으로 선고된 뒤에 소외 1이 피고에게 이 사건 토지 중 소외 1의 2/8 지분과 이 사건 건물 중 소외 1의 1/3 지분에 관하여 이 사건 가등기를 마쳐준 다음, 위 공유물분할판결의 당사자인 소외 1이 공유물분할을 위한 경매를 신청하여 진행된 경매절차에서 이 사건 토지와 이 사건 건물에 관한 최고가 매수신고인인 원고에 대한 매각허가결정이 확정되고 매각대금이 완납되었다. 이에 따라 원고가 이 사건 토지와 이 사건 건물에 대한 소유권을 취득하게 되고, 이에 따라 이 사건 토지 및 이 사건 건물 중 각 공유지분을 가진 공유자들은 지분소유권을 상실하게 된다.

그리고 위 공유물분할판결의 효력은 민사소송법 제218조 제1항이 정한 변론종결 후의 승계인에 해당하는 이 사건 가등기권자인 피고에게 미치므로, 원고가 이 사건 토지와 건물에 대한 매각대금을 완납함으로써 이 사건 가등기상의 권리는 소멸한다.

그러므로 이 사건 토지와 건물에 관하여 원고로부터 환매약특약부 매매를 원인으로 한 소유권이전등기를 마친 원고 승계참가인은 소유자로서 소유권에 기한 방해배제청구권 행사의 일환으로 피고를 상대로 이 사건 가등기의 말소를 구할 수 있다.

4) 그런데도 원심은 그 판시와 같은 이유로 원고 승계참가인의 청구를 기각하였다. 이러한 원심의 판단에는 공유물분할판결의 효력, 공유물분할을 위한 경매절차에 관한 법리를 오해하여 판결에 영향을 미친 잘못이 있다. 이를 지적하는 취지의 상고이유 주장은 이유 있다.

2. 결론

그러므로 나머지 상고이유에 대한 판단을 생략한 채 원심판결을 파기하고, 사건을

- 4 -

다시 심리·판단하도록 원심법원에 환송하기로 하여, 관여 대법관의 일치된 의견으로
주문과 같이 판결한다.

재판장   대법관   김재■

대법관   민유■

주 심   대법관   이동■

대법관   노태■

- 5 -

경매의 신세계!
NPL 투자

NPL 투자는 부동산 경매를 공부하는 사람은 한 번쯤 들어본 용어일 것이다. NPL은 우리말로 '부실채권'이다. 'Non Performing Loan'의 줄임말로, 부동산 경매에서 파생된 개념이다. 아마 경매 공부 초보인 분들은 용어도 낯설고, 이해도 쉽지 않을 것이다. 하지만 NPL을 알고 나면 투자의 신세계가 펼쳐질 것이다. 그러니 지금은 잘 이해가 되지 않아도 개념 정도만 이해해서 넘어간다고 생각하며 보길 바란다. 부동산 경매에서는 부동산을 대상으로 입찰하는데, NPL은 부동산이 아닌 채권이다. 정확히 이야기하면 NPL이란 대출이자가 3개월 이상 연체되어 부실된 채권을 말한다. 우량은행으로 평가받기 위해서 은행은 자기자본비율(BIS 비율)을 맞춰야 한다. 자기자본비율은 자기자본과 부실채권을 비율로 따져 매년 일정 이상 비율을 맞춰야 하고, 부실채권의 비율이 높아지면 자기자본 비율은 떨어질 수밖에 없다. 따라서 은행은 손해를 보더라도 일정 비율 이상의 부실채권은 손해를 보고 처분한다. 이렇게 처분된 부실채권이 시장에 나오고 거래가 된다. 하지만 아쉽게도 개인은

NPL에 투자를 직접 하지 못하도록 제한이 되어 있다. 금융감독원에 등록된 대부 법인만 직접 투자할 수 있고, 개인은 이런 대부 법인을 통해 간접 투자할 수 있는 방법이 있다.

한편 NPL 경매란 3개월 이상 부실채권에 투자하는 경매다. 금융기관에 돈을 빌렸는데 돈을 갚지 못해서 부실처리된 채권을 싸게 매입하는 투자를 말한다. 금융기관 입장에서는 어차피 받기 힘든 채권을 조금이라도 덜 손해 보는 가격에서 채권을 회수해서 손실을 확정해야 한다. 이러한 부실이 난 채권을 잘 골라서 투자하면 일반 매매나 경매보다 더 싸게 살 수 있고, 경쟁도 피하면서 경매의 낙찰율도 높일 수 있다. 구체적으로 수익을 보는 방법은 다음과 같다. 기존 경매 방식은 근저당권에 의해 소유권이 부실화된 부동산을 경매로 매입하는 방식이라면, NPL 투자란 근저당권을 싸게 사서(확정채권 양도) 얻을 수 있는 차익과 연체이자 등의 금액을 배당을 통해 받아 차익을 보는 방식이라고 생각하면 된다.

예를 들면 10억 원 시세의 아파트를 대출 5억 원을 받았고, 은행은 보통 대출원금에 이자 등을 고려해 6억 원의 근저당을 설정해 채권최고액은 6억 원이 설정되었다. 소유자의 사정으로 대출이자가 연체되어 경매로 넘어가게 되었고, 시장에 나온 근저당권 NPL을 협상을 통해 싸게 4억 원에 사온다. 그리고 이 물건은 연체이자까지 가산되어 채무액은 점점 더 빨리 늘어난다. 통상 경매개시결정까지는 6개월~1년 정도 걸리는데, 그사이 불어난 이자 금액은 꽤 많다. 그렇게 쌓여 채권최고액인 6억 원까지 되었다. 경매가 시작되고 낙찰되어 1순위로 배당받는다면 6억 원을 배당받을 수 있다. 이 경우 원금 4억 원에 사서 NPL 투자로 1년 남짓 걸렸는데, 차익은 2억을 봤다. 시간만 지났다면 은행이 가져갈 수 있는 이익을 NPL 채권을 사간 사람이 가지고 간 것이다. 은행도 이 사실은 안다. 하지만 방법이 없다. 자기자본비율을 맞춰야 하기 때문에 어쩔 수 없는 것이다.

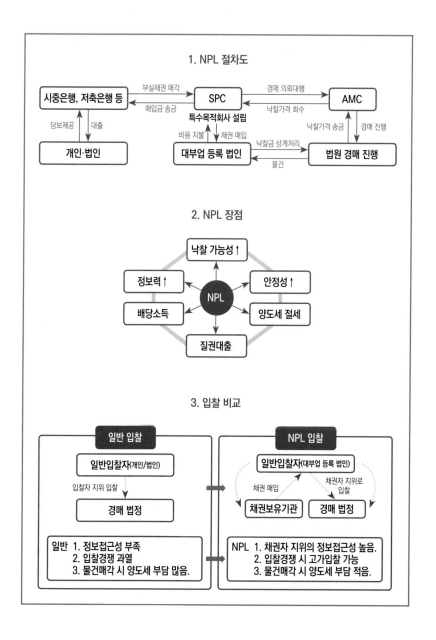

NPL의 수익구조

NPL 경매 투자를 위해서는 먼저 NPL의 구조를 이해하는 것이 중요하다. 전체적인 흐름은 채권자인 금융기관이 있고, 부실화된 채권을 일괄 매입하는 유동화전문회사가 있다. 또한 그 부실채권을 위탁관리하는 AMC 자산관리회사가 있고, 부실채권에 투자하는 대부 법인이나 개인이 있다. 금융기관은 우리가 일반적으로 아는 1, 2금융권 은행이니 다들 알 것이고, 유동화전문회사는 조금 생소한 회사일 것이다.

유동화전문회사

우리가 아는 일반 금융기관의 자회사라고 생각하면 된다. 자신들의 부실채권을 매입할 자회사를 각 금융기관들이 자금을 출자해 설립하는데, 서류상 페이퍼 컴퍼니로는 대표적으로 유암코, 대신에프엔아이, 케이비자산운용 등이 있다.

이런 유동화회사는 서류상의 회사이니까 실제로 일을 처리할 회사가 필요한데, 그 회사가 바로 AMC라는 회사다.

AMC와 AM

실질적으로 일하는 회사로 NPL의 가격을 산정하고 관리하고, 매각하는 일을 하는 회사다. 현장조사와 인근시세조사, 실거래조사, 수익가치산정을 해서 낙찰가율도 매겨보고, 개별 자산별 현황을 파악한다. 실제적으로 우리가 만나서 매각할 NPL을 가격협상하는 담당자를 'AM'이라고 하는데, AM도 사람이다 보니 많이 만나서 인맥을 쌓으면 좋은 물건을 받을 수 있다. 하지만 AM들은 개인의 친분보다는 회사에서 설정해놓은 기준이 있다 보니 가격 협상보다는 좋은 물건을 다른 사람보다 먼저 내가 가져올 수 있는 것에 초점을 맞춰 접근하는 전략을 세우는 게 더 낫다.

여기서 중요한 점은 앞서 말했듯이 예전에는 개인도 이러한 NPL 채권을 매입할 수 있었는데, 지금은 대부업법이 개정되어 개인은 직접 AM과 협상해서 부실채권을 매입할 수 없고, 대부업으로 등록된 법인만 NPL 채권을 직접 매입해서 사올 수 있다. 이러한 방식을 '론세일 방식'이라고 하는데, 1차적인 NPL 투자 방식이 바로 '론세일 방식'이다. 은행의 근저당권을 싸게 사와서 이 물건이 낙찰되면, 법원에서 배당받으러 오라고 통보가 오고, 그 뒤 배당받아 수익을 보는 방식이다. 말 그대로 등기의 과정 없이 순수하게 경매 과정 안에서 채권만 경매받아 배당받는 방식이다. 이러한 론세일 방식에서 가장 중요한 것은 그 물건의 가치를 제대로 평가해야만 수익을 볼 수 있다는 것이다. 내가 사온 채권의 가격보다 더 낮게 낙찰된다면 손실을 볼 수도 있으니까 최소한 내가 사온 부실채권의 가격보다 높게 낙찰받을 수 있는 부동산이어야 된다. 또한 내가 사온 가격과 이익을 합한 금액 위에서 낙찰될 수 있는 물건의 채권이어야만 수익 또한 안정적으로 볼 수 있다. 따라서 NPL 투자에서도 필자가 서두에 설명했던 부동산의 가치가 가장 중요하고, 해당 부동산의 가치평가가 꼭 선행되어야 한다.

돈 되는 NPL 투자 사례

실제 매각된 사례를 통해 NPL 투자를 통해 얼마의 수익을 볼 수 있는지 알아보도록 하자.

8-2	8번근저당권이전 ❹	2022년4월13일 제45194호	2022년4월12일 확정채권양도	근저당권자 ████자산관리대부주식회사 서울특별시 강서구 마곡 ██ ██, 에이동 ████(마곡동, 리더스퀘어마곡)
8-3	8번근저당권부채권 근질권설정 ❺	2022년4월13일 제45195호	2022년4월12일 설정계약	채권최고액 금312,000,000원 채무자 ████자산관리대부주식회사 서울특별시 강서구 마곡 ██ ██, 에이동 ████ 마곡동, 리더스퀘어마곡 채권자 ████████개피탈주식회사 전라북도 전주시 덕진구 백제대로 ██ ██(금암동)
9	7-1번질권등기말소	2021년3월4일 제34449호	2021년3월3일 해지	
10	7번근저당권설정등 기말소	2021년3월4일 제34450호	2021년3월3일 해지	
11	8-1번질권등기말소	2022년4월13일 제45189호	2022년4월13일 해지	

앞의 물건은 경기도 용인시 성복동에 있는 아파트로 감정가격 ❶ 10억 400만 원에, 낙찰가격은 ❷ 7억 280만 원이다. 낙찰은 2024년 2월 16일에 결정되고, 대금은 2024년 4월 9일에 납부되었다. 대금 납부가 되었으니 그 후 배당이 진행되었을 것이다. 임의경매 개시 결정일이 2022년 6월 30일이니까 배당받을 때까지 약 22개월에 해당하는 이자와 연체이자를 포함해서 배당받을 것이다. ❸ 말소기준권리는 한국외환은행의 근저당권이고, 경매를 넣은 주체는 1순위 근저당권자인 한국외환은행이 아니라 2순위 근저당권자다. 2순위 근서당권자인 ○○대부회사가 ❹ 확정채권 양도를 원인으로 근저당권을 인수했다. NPL 채권을 근저당권로부터 샀다는 이야기고, 등기부등본상에는 '확정채권 양도'라고 기재된다. 그리고 '근저당권 이전'이라는 표시도 같이 된다. 물론 얼마에 샀는지는 모른다. 다만 여기서 중요한 것은 1순위 근저당권자가 전액 배당을 받고 남은 금액에서 원금과 이자를 배당받기 때문에 100% 배당을 받는다는 보장은 없다. 따라서 근저당권을 살 때 3억

1,200만 원에서 일정 부분 할인해서 매입했을 것이라고 추측해볼 수 있다. 3억 1,200만 원 안에는 원금과 이자가 포함된 설정 금액이니 원금은 2억 5,000만 원 정도 될 것이다. 2억 5,000만 원의 원금을 일정 부분 할인해서 샀을 것이고, 경매를 신청하고 약 22개월 만에 배당이 되었으므로 신청 당시 채권액 244,970,958원과 22개월의 연체이자까지 받아 갔을 것이다. 만약 할인받지 않고 근저당권을 샀고, 채권최고액을 배당받았다고 가정하면 다음과 같다.

수익분석
채권최고액 312,000,000원−청구액 244,970,958원
= 순이익 67,029,042원 ①

하지만 2순위 근저당이라는 위험 때문에 낙찰가격에 따라 전액 배당받지 못할 위험이 있기 때문에 근저당금액 자체를 할인해서 샀을 것이다. 왜냐하면 경매 배당에서는 법원 경매 비용과 당해세 등 1순위 근저당보다 먼저 배당받는 금액이 존재하고, 낙찰 금액에 따라 2순위 근저당은 전액 배당받지 못할 위험이 도사리고 있기 때문이다. 그럼 2순위 확정채권을 양도받은 대부 법인은 전액 본인 돈으로 근저당권을 매입할까? 대부분은 대출을 통해 자금을 충당한다. 양도받은 NPL 채권을 담보로 '질권설정'을 하고 대출받는다. 경락자금 대출은 보통 낙찰가격의 80%까지 대출이 가능한데, 근저당권을 담보로 질권설정 대출은 최고 95%까지 가능하다. 그래서 2순위 근저당권을 양도받은 대부 법인은 또 다른 대부 법인에게 근저당권을 사기 위해 대출받았다. 앞의 등기

부등본에 ❺ 8번 '근저당부채권 근질권설정'이라고 되어 있는 부분이 바로 근저당권을 사기 위해 대출받았다는 내용이다.

실제로 자기자본을 5%로 95%를 질권대출이자 6.5% 정도로 받고 대출받았다면, 2022년 4월부터 배당일까지 약 2년간 지급할 이자는 다음과 같다.

250,000,000×95% = 237,500,000원×연 6.5%
= 15,437,500원×2년 = 순이자 30,875,000원 ②

근저당권을 할인하지 않고, 이자와 연체이자만 계산해서 수익을 본 경우는 다음과 같다.

①-② = 67,029,042원-30,875,000원 = 36,154,042원

근저당권을 5,000만 원 할인받고 매입해서 이자와 연체이자를 계산해서 수익을 본경우는 다음과 같다.

①-②+50,000,000원 = 86,154,042원

앞의 2가지 사례를 실제 투자한 원금(12,500,000원)으로 계산해보면, 수익률이 엄청나다는 사실을 알 수 있다.

개인도 NPL 투자로 수익이 가능할까?

앞의 사례는 대부 법인이 NPL 투자를 통해 수익을 내는 방법이다. 그럼 우리 같은 개인도 대부 법인을 만들어야만 NPL 투자가 가능할까? 개인은 직접 매입하는 투자가 어렵지만, 다른 방식의 NPL 투자는 가능하다. 개인의 NPL 투자 방식을 이해하기 위해서는 NPL의 매각 방식을 알아야 한다.

NPL의 매각 방식

1. 론세일 방식

채권 판매대금을 주고 채권을 산 사람에게 즉시 권리가 양도되는 방식이다.

2. 채무인수 방식

채권 매입자가 채권을 양도받지만, 10%의 계약금을 지불하고 잔금은 치르지 않은 상태라서 기존 채권자로부터 채무를 지는 형태로 채권 판매가 이루어지는 방식이다. 기존의 채권자는 채권 매입 계약을 한 매입자로부터 서로 합의하에 경매에 직접 참여해서 합의된 입찰가격으로 입찰할 것을 약속하고, 기존 채권은 서로 합의한 할인금액으로 채권을 넘긴다. 일종의 조건부 계약으로 경매 입찰일에 합의된 금액으로 낙찰이 되면 배당받고, 잔금을 지불하면서 계약은 종료된다. 하지만 더 높게 써낸 다른 낙찰자가 있을 경우 기존 계약은 무효가 되고, 10% 계약금은 반환받고 계약은 종료된다. 기존 채권자 입장에서 채무인수 방식이 좋은 점은 채권을 낙찰 전에 빠르고 안전하게 매각할 수 있어서 좋고, 채권을 매입한 사람은 채권액의 10%만 투자하고 채권을 매입할 수 있는 장점이 있다.

3. 사후정산 방식

절차적으로 채무인수 방식과 유사하다. 하지만 채무인수 방식은 채무자의 지위로 채무인수승낙서로 상계 신청이 가능하고, 10% 계약금만 주고 채권을 사오는 것이다. 사후정산 방식은 채권자의 지위라서 상계가 불가능하며, 10% 계약금을 주고 채권을 미래에 살 것을 약속하는 것이다. 결국 낙찰받은 뒤 채권을 양도받고 잔금을 지급하는 방식이라서 낙찰받은 사후에 정산하는 방식이다.

개인이 할 수 있는 투자 방식은 '채무인수 방식'과 '사후정산 방식'이다. 그리고 이 2가지 방식은 기존 채권자인 은행이 투자 과정에 깊숙이 관여하고 있어서 배당 과정에 수익을 내는 데 한계가 있고, 대부분은 확정채권 양도 계약으로 대부 법인이 은행에서 NPL을 사오는 경우가 많다. 따라서 개인은 AMC(Asset Management Company) 유동화 회사나 대부 법인에 이 2가지 방식으로 협의를 보는 경우가 더 많다. AMC와 대부 법인과 계약을 맺어서 보유하고 있는 채권 금액보다 할인해서 계약하고, 실제로 입찰기일에 직접 낙찰받아서 정산하는 방식이다. 다른 경쟁자보다 더 높은 가격에 입찰해도 채권배당을 받기 때문에 안전하게 낙찰받을 확률이 높다. 앞의 사례를 대입해보면 금융감독원 홈페이지에서 대부 법인 검색을 이용해서 AMC회사나 2순위 확정채권을 양도받은 ○○대부 법인의 전화번호를 확인한 후 전화를 건다. 그리고 현재 NPL 채권을 팔 의향이 있는지 확인한다. 여러 건의 NPL 물건으로 문의하다 보면 기회가 온다.

최근 대한민국 부동산 시장의 최대 이슈인 빌라 전세사기 사건을 보면, 해당 빌라에 대한 경매 진행을 임의로 중지시키고 있다. 하지만 그 와중에도 경매가 진행되어서 낙찰되는 빌라가 바로 근저당권을 보유한 금융기관의 이 부실화된 채권(NPL)이 유동화회사를 거쳐 대부 법인에 흘러들어 갔기 때문에 영세한 대부 법인의 특성상 경매를 중지하지 못하고 그대로 진행해서 낙찰되는 사례다. 만약 대부 법인이 매입한 NPL 채권이 제때 경매가 진행되지 못하고 중단된다면, 대부 법인 역시 질권 등 금융이자로 인해 파산할 수도 있다. 말 그대로 사유권 침해의 논란이 될 수 있기 때문에 마냥 전세사기로 인한 이유로 경매를 중지할 수도 없게 되는 것이다. 이렇듯 그 부동산에 대해 경매가 개시된 원인(대출 이자 연체)이 되는 부실이 난 근저당권을 할인해서 사고파는 것이 NPL 경매의 핵심이다.

NPL 투자 물건 고르는 방법

그렇다면 NPL 물건은 어떻게 골라야 할까? 가장 쉬운 방법은 경매 정보 사이트를 이용하는 방법이다. 지지옥션, 옥션원 등 시중의 경매 정보 사이트에는 부실채권, NPL 물건을 별도로 검색할 수 있도록 카테고리를 두고 운영하고 있으니 경매 사이트에서 검색하면 된다. NPL처럼 특수물건은 무료 사이트에서는 검색이 어렵고, 유료 사이트 중에서도 규모가 큰 경매 사이트에서만 검색할 수 있다.

(출처 : 지지옥션)

NPL 투자의 양면성

그럼 NPL 투자는 긍정적인 면만 있을까? NPL은 사실 일반인들이 이해하기에는 쉽지 않은 구조다. 은행이나 금융기관에서 채권을 경험 해본 사람이 아니라면, 쉽게 이해도 안 되고 이해가 안 되니 투자도 어려울 수밖에 없다. 특히 NPL 경매의 경우는 채권을 이해하고, 경매 입찰까지 해야 하니 더 어려울 수밖에 없다. 하지만 요즘같이 치열한 경매 시장에서 남들과 달리 꾸준히 수익을 내기 위해서 NPL 투자는 너무 매력적인 시장이다. 하지만 NPL은 위험한 부분도 많다. NPL 투자에서 위험한 부분 몇 가지를 짚어 보도록 하자. 우선 NPL은 가치평가가 중요하다. 이 채권이 선순위인지, 후순위인지에 따라 위험도가 달라진다. 따라서 낙찰가격에 따라 말소기준권리인 채권인데도 불구하고, 전액 배당을 못 받는 경우도 많다. 왜냐하면 유찰이 많이 되면 될수록 선순위채권 금액에도 못 미치게 낙찰이 된 경우에는 자칫 NPL 매입 금액보다 더 낮게 낙찰되어 손실을 볼 수 있는 상황이 올 수도 있는 것이다. 그럼 이런 상황을 대비할 수 있는 방법은 무엇일까? 바로 NPL 채권보다 우선 해당 부동산이 어떤 가치를 가졌는지 파악해야 한다. 필자가 서두에 언급한 '나무를 보지 말고 숲을 보라'고 했던 이유가 NPL 투자에서도 그대로 적용된다. 그래서 너무 채권금액과 할인율에만 신경 쓰다 보면, 정작 더 중요한 해당 '부동산의 가치'를 간과하는 경우가 많다. 세상은 그렇게 호락호락하지 않다. 생각보다 할인율이 높은 NPL 채권을 가끔 매입할 기회가 오는데 이때 정말 조심해야 한다. 상대방이 아무 이유 없이 NPL을 싸게 팔 이유가 없다. 뭔가 문제가 있을 수 있기 때문에 위험을 헷지하기 위해 높은 할인율로 NPL을 파는 것이다. 그럴 경우에 제일 먼저 해당 부동산이 얼마에 낙찰될지 조금 더 면밀한 조사와 판단을 하고, 협상해야 한다. 눈앞의 연체이자 마진을 보는 것보다 더 중요한 해당 부동산의 가치를 평가하는 것, 그게 더 중요한 일이라는 사실을 잊지 말길 바란다.

또한 AMC나 대부 법인과 협상을 할 때 그들은 당신보다 물건 분석에 더 능하고, 이미 매각할 금액을 회사 차원에서 정해 놓고 협상하는 경우가 많다. 당신이 초보인 티가 나는 순간, 먹이를 향해 달려드는 야수처럼 협상의 주도권은 순식간에 그들이 가져간다. 10% 할인해서 살 수 있는 NPL을 5%만 할인받고 당신이 살 수도 있고, 아예 할인 없이 연체이자 배당만 받을 목적으로 사게 만들 수도 있다. 참고로 그들은 해당 경매 사건의 채권자이기 때문에 많은 정보를 볼 수 있고, 이 사건의 전후 관계를 누구보다 잘 아는 사람들이다. 따라서 협상에서 손해 보지 않기 위해서는 당신도 충분히 물건 분석을 하고 밀고 당겨야 한다. 참고로 그들은 이미 얼마에 팔지 정해 놓고 협상에 임하기 때문에 그 금액보다 더 할인받아서 사기는 현실적으로 힘들다. 왜냐하면 그들도 자금 여력이 되고, 여러 건의 NPL을 보유해서 투자하지 않았다면 시간만 지나면 수익을 보는데, 굳이 당신에게 할인해서 팔 이유가 없기 때문이다.

 정프로의 NPL 투자 팁 1

경매 사이트에서 NPL 물건을 검색할 때 경매 확정 물건보다는 경매 예정 물건을 검색해서 대부 법인이 NPL 물건을 사가기 전에 AMC와 접촉해 근저당권을 이전하는 전략을 세우고 꾸준히 검색한다.

정프로의 NPL 투자 팁 2

개인도 NPL 투자를 직접 할 수 있는 방법이 있는데, 바로 개인 근저당이 있는 경우 개인 근저당을 협상해서 확정채권양도로 사올 수 있다. 근저당권의 선후 관계를 잘 분석하면 좋은 근저당권을 싼값에 살 수도 있다.

Part 5

출구전략이
경매 성공을
결정한다

임대수익과 매각차익
두 마리 토끼 잡기

경매 부동산은 명도가 끝나면 공실 상태다. 보통 경매에 나왔던 집은 일반 매매로 나온 집과 비교하면, 아무래도 상태가 나쁠 확률이 훨씬 높다. 예전에는 수리하지 않는 대신 좀 더 싸게 내놓거나 했지만, 최근의 추세는 거의 수리와 인테리어를 하고 임대든, 매매든 하는 추세다. 아무래도 보기 좋은 떡이 먹기도 좋다. 그럼 과연 어떤 인테리어를 해야 가성비 좋게 부동산의 가치를 올리고, 수요자를 만족시킬 수 있을까? 만약 임대를 놓고 나중에 매각을 할 생각이면, 임차인의 입장에서 만족할 만한 인테리어를 하는 것이 중요하다. 요즘 임차들은 무조건 싼 곳만 찾지는 않는다. 같은 가격이면 인테리어가 잘되어 있는 집을 선호하고, 조금 비싸더라도 낡은 집보다는 수리된 집을 더 선호해서 임대가 더 잘 나간다. 매매와는 달리 정말 특이한 취향의 리모델링 집이 아닌 이상 보통 무난한 인테리어에 포인트를 잘 주는 인테리어를 한다면, 임대의 속도도 빠르고 금액도 잘 받을 수 있다.

그렇다면 낙찰 후 매도를 계획한다면 어떨까? 집을 매수할 매수인들은 각자의 취향이 존재한다. 어떤 사람은 엔틱한 분위기의 인테리어를 좋아하고, 어떤 사람은 모던한 인테리어를 좋아하고, 또 어떤 사람은 화이트풍 인테리어를 좋아하고, 어떤 사람은 짙은 색 계열의 인테리어를 좋아한다. 임대차와는 달리 매매의 경우에는 자칫 비싼 돈 들이고 인테리어를 했는데, 사는 사람이 "이거 다 뜯어내고 새로 할 거예요"라고 한다면 참 난감할 수밖에 없다. 그렇다고 인테리어 비용을 빼줄 수도 없고, 사려는 사람은 빼달라고 하는 상황이 될 수 있다. 그렇다고 아예 인테리어를 안 하고 명도 받은 그대로 금액을 조절해서 내놓으면, 매수할 사람들이 와서 훼손된 벽지나 낡은 싱크대 등을 본다면 과연 매매 확률이 높아질까? 부동산 매매에서는 첫인상이 무척 중요하다. 그래서 필자는 명도 후 최소한의 수리와 평범한 인테리어를 추천한다. 특히 최소의 비용으로 최대의 효과를 내기 위해서는 이동이 가능한 가구와 소품 조명 등을 최대한 활용해서 가성비를 높일 수 있는 인테리어를 추천한다.

예를 들면 비용이 많이 드는 주방 싱크대 교체나 바닥 강화마루 교체 같은 품목은 브랜드 제품보다 일반 제품을 설치하고, 비교적 값이 저렴한 조명 제품과 소품(예를 들면 액자) 등으로 집 안 내부 분위기에 집중하는 인테리어를 했다고 가정해보자. 집은 첫인상이라고 했는데 누구나 집에 들어왔을 때 처음에는 브랜드, 가격보다는 집 안의 색상 톤, 낡은 정도, 조망, 채광 이런 것들은 먼저 본다. 그다음 세부적으로 고장 유무, 브랜드 등을 보는 게 순서다. 우리가 해야 할 일은 바로 매수자에게 첫인상을 좋아 보이게 만드는 인테리어를 하는 것이 첫 번째다. 1,000만 원을 들여서 2,000만 원의 가격을 더 받을 수 있는 인테리어를 해보자. 사실 낙찰자도 집 안을 볼 수 있는 시기는 낙찰받고, 그 집 안에서 점유자를 만날 때 처음 집 안 내부를 볼 수 있다. 그래서 낙찰받은 날 가능하면 최대한 빨리 해당 주택에서 점유자와 만나는 것이 좋다. 물론 점유자는 집 내부에서 만나는 것을 좋아하지 않을 것이다. 하지만 어떤 핑계를 대든 집 안에서 만나도록 유도해야 한다. 명도에 관한 이야기를 하면서 집 안 내부를 잘 살펴봐야 한다. 집 내부 상태는 어떤지, 바닥, 벽지, 싱크대 상태 등 어떤 것을 수리해야 할지 눈으로 스캔하고, 점유자에게 슬쩍 물어봐서 알아야 할 내용도 있다. 예를 들면 "누수는 없죠? 보일러는 잘되죠?" 등 물 흐르듯이 자연스럽게 이야기 도중에 물어보면, 점유자도 무심결에 대답하는 경우가 많다. 가능하다면 사진을 찍는 것도 좋은 방법이다. 물론 점유자의 동의를 받고 해야 하고, 그러기 위해서는 예의를 갖추고 좀 능청스럽게 할 필요도 있다. 그렇게 준비하고 계획을 세워야만 여러분들의 돈을 한 푼이라도 아낄 수 있다.

리모델링!
계획부터 실행까지

인테리어를 계획할 때 가장 먼저 고려해야 할 사항은 현재 이 집의 상태다. 인테리어 공사는 집의 구조적인 공사를 하는 것이 아니라, 기능적인 부분과 시각적인 부분이다. 가장 먼저 확인해봐야 할 부분이 균열 및 누수다. 아파트의 경우는 관리실을 통해 공용부분 누수가 없는지 확인하고, 점유자를 통해 전용부분 누수를 확인해야 한다. 그다음 비교적 비용이 많이 들어가는 새시, 도어, 싱크대, 바닥재, 도배 등을 확인한 후 업체를 통해서 할지, 아니면 내가 직접 할 것인지 결정한다. 보통 인테리어는 인테리어 업체를 통해서 많이 하는데 마진구조는 이렇다. 인테리어 원청 업체에 견적을 의뢰하면 고객과 미팅을 통해 인테리어 콘셉트를 정하고 품목을 확정한 후 각종 자재, 비용, 기간 등을 정해서 확정되면, 각 협력업체(도배, 바닥, 싱크대 등)에 해당 주택의 견적서를 받아서 발주한다. 협력업체들이 준 견적을 취합해서 그 금액에 인테리어 원청의 이윤과 인건비 등을 추가로 넣어서 최종 견적을 낸다. 통상 인테리어 원청의 마진율은 30% 내외인데, 총 공사금액에 따라 금액이 커지면 마진율이 줄고, 금액이 소액이면 마진율이 높아진다.

예를 들어 1억 원짜리 인테리어 공사면 마진을 20%만 잡아도 2,000만 원이고, 2,000만 원짜리 공사면 마진을 30% 잡아도 600만 원이라는 의미다. 총 공사비가 적을수록 원청의 마진율이 더 커지는 구조다. 또한 소규모 공사에서는 견적 내용 중 실제로는 사람을 고용해서 인건비를 올렸지만, 청소비나 철거 인건비 등을 직영(사람을 쓰지 않고 원청이 직접 하는 방식)으로 처리해서 마진을 남기는 경우도 많다. 그럴 경우는 공정 자체가 전문가가 아니다 보니 미흡한 부분이 분명 있다. 사실 인테리어라는 분야가 이런 구조만 이해한다면, 인테리어 원청의 역할을 본인이 하면 큰 비용 절감이 가능하다. 일명 '셀프 인테리어'라고 하는데, 그렇다고 싱크대를 직접 만들고 도배를 직접 하라는 의미는 아니다. 보통 협력 업체 한 군데를 섭외하면, 나머지 협력 업체는 다들 공유하고 아는 사람들이기 때문에 소개받으면 된다. 기본적인 시공지식과 인테리어를 볼 줄 아는 기본적인 안목만 있다면 충분히 도전해볼 수 있다.

인테리어에서 필수인 품목이 도배다. 따라서 도배 사장님이 협력 업체를 많이 알 확률이 높다. 셀프 인테리어를 도전한다면, 우선 지역에서 오래 장사한 도배 업체를 수배한다. 요즘은 인터넷에 검색만 해도 많은 업체가 나오는데, 몇 군데서 견적을 받아본다. 예를 들어 동일 조건으로 "전용 25평의 방 3개, 거실이 있는 아파트 실크 벽지로 매매 용도로 중간급으로 견적 부탁해요"라고 하고, 몇 군데 견적을 받아보자. 다만 여기서 조심해야 할 점은 일부 업자들이 처음에는 견적을 싸게 하고, 나중에 현장에 와서 추가로 더 들어간다고 이야기한다. 이삿짐 업체들이 현장 방문 시 잔짐이 많아 돈을 더 내야 한다는 수법처럼 업자들의 노련한 영업 수법이다. 물론 선량한 대부분의 업자는 그렇게 하지 않지만,

일부 업자들은 아직도 이런 방식을 쓴다. 따라서 견적은 현장 방문을 꼭 요청 드리고 받아보길 권한다. 현장을 오지 않고 견적을 내려는 업체는 처음부터 배제하고 진행하는 게 낫다.

또한 공사비는 자재비용과 인건비로 나뉜다. 인건비는 동일하지만, 자재등급에 따라 자재비가 많이 차이가 날 수 있다. 예를 들어 바닥의 경우 요즘은 장판을 거의 안 한다. 데코 타일, 강화마루, 강마루, 폴리싱 타일 등 자재에 따라 금액 차이가 크게 날 수 있다. 임대로 할 것인지, 매매로 할 것인지를 명확히 하고 견적을 받길 바란다. 주택 경매를 계속 할 생각이면 기본적인 건축과 인테리어 상식을 익히면 도움이 많이 된다. 특히 자재의 경우는 유튜브나 책을 통해 기본적인 지식과 특장점, 가격 정도를 익혀 놓으면 많은 도움을 받을 수 있다. 필자도 몇 년 전 건축기사 자격증을 땄는데, 늦은 나이임에도 불구하고 부동산 투자를 하기 위해서 관련 분야인 건축 분야를 디테일하게 알고 싶어서 자격증을 취득했다. 그 과정에서 그동안 어렴풋이 어깨너머 알았던 지식을 구체화했고, 현재는 많은 도움을 받고 있다. 보통 인테리어 협력 업체들은 인테리어 원청 업체의 눈치를 많이 본다. 왜냐하면 자기들에게는 밥줄과도 같기 때문이다. 그래서 인테리어를 맡기고 일하는 것을 지켜보면, 유독 일을 잘하는 공정의 업체 사람을 보게 된다.

예를 들어 화장실 리모델링 업체인데, 일도 꼼꼼하고 세세한 것까지 신경을 쓰면서 자신의 공정에 최선을 다하는 업체를 만났다고 하자. 만약 여러분이 다음번에는 인테리어 원청 업체를 배제하고, 직접 연락해서 화장실 리모델링 공사가 있을 때 연락하고 싶다고 연락처를 달라고 하면 쉽지 않을 것이다. 왜냐하면 이런 사실을 원청 업체가 알았을 때는 자기를 배제하고, 연락처를 줬다는 사실에 다음번부터는 일감을 주지 않을 것으로 생각할 수도 있기 때문이다. 그래서 필자는 조심스럽게 "저는 경매 낙찰을 많이 받으니까 원청에 이야기 안 할 테니 연락처를 주시면 다음번에 따로 연락드리겠습니다"라고 이야기한다. 그 뒤 실제로 다음번에 그 업체를 통해서 공사를 해보면, 결과물은 같은데 비용은 훨씬 싼 결과를 가져올 수 있다. 실제로 이렇게 해서 협력 업체들과 친해져서 아예 인테리어 원청 업체를 하는 사람도 있다. 뭐든 노력하는 자세가 중요하고, 배우려는 자세가 중요한 이유다. 혹시 셀프 인테리어에 관심이 있다면 가장 중요한 사항이 공정 순서다. 이 공정 순서대로 해야 원하는 공사기간을 맞출 수 있고, 비용도 절감되니 알아두면 좋다.

인테리어 공사 공정 순서

철거 공사 – 새시 공사 – 배관/설비 공사 – 욕실/화장실 공사 – 도장(페인트) 공사 – 바닥 공사 – 도배 공사 – 전기 공사 – 싱크대 공사

위의 공정 순서가 바뀌면 비용도 더 들고, 공사기간도 더 소요된다. 그래서 인테리어 공사는 공정 순서가 아주 중요하다.

03

직접 사업으로
사업소득 극대화하기

　흔히 경매로 낙찰받은 물건은 임대하거나, 매매하거나 둘 중 하나의 출구전략을 사용한다. 여기서 말하는 '출구전략'이란 말 그대로 경매로 낙찰받은 물건을 어떤 목적으로 수익화하느냐에 대한 방법이다. 예를 들어 상가를 반값에 낙찰받아서 임차인을 맞춰서 수익률이 나오게끔 하고, 정상 가격보다 조금 싼 가격에 바로 매매하는 방법도 출구전략이다. 또한 전세가격이 높은 지역의 아파트를 낙찰받아 갭 투자 형식의 아파트로 만들어 소액의 금액으로 향후 몇 년 뒤 매각해서 차익을 보는 방법도 출구전략이다. 농지를 낙찰받아 60세부터 매월 300만 원씩 농지연금을 받는 목적으로 자격을 맞추고, 영농경력을 쌓는 것도 미래를 위한 출구전략이다. 말 그대로 출구전략은 해당 부동산을 통해 수익을 볼 수 있는 방법을 미리 입찰 전부터 계획을 세우고 낙찰이 되면 그 계획대로 밀고 나가는 전략이다. 물론 중간에 계획을 수정할 수도 있다. 다만 중요한 것은 출구전략 없이 무작정 입찰에 참가해서는 안 된다는 것이다.

출구전략 중에서 최근에는 낙찰 후 물건을 직접 사업에 사용해서 사업수익을 보는 방법도 많이 사용되고 있다. 대표적으로 촌집을 낙찰받아 리모델링 후 농어촌 민박 사업을 직접 하는 경우다. 요즘은 플랫폼 시대다 보니 숙박도 대부분 인터넷을 통해 숙박 예약 플랫폼 사업자를 통해 예약한다. 에어비앤비, 여기어때, 야놀자 등과 공유렌터카 업체인 쏘카도 숙박예약 사업을 겸하는 등 플랫폼을 통해 예약을 간편하게 할 수 있는 시대가 온 것이다. 따라서 관광지나 경치가 좋은 시골에 촌집을 낙찰받아 직접 농어촌 민박을 운영해서 사업소득으로 발전시키는 모델도 경매에서 많이 시도되고, 실제로 성공한 사례가 많다. 요즘 숙박업은 분업이 잘되어 있다. 월 계약으로 청소부터 침구 관리까지 해주는 업체도 많아서 예약 관리만 잘하면 타 지역에 있어도 관리하기가 어렵지 않다. 다른 사례로는 도심의 3층 이상 사무실로 사용되는 낡은 상가를 낙찰받아서 애매한 용도의 핸디캡을 극복하고자 공유 오피스 체인점과 프랜차이즈 계약을 하고 직접 운영하는 경우도 있다. 프랜차이즈 공유 오피스는 관리자가 상주하지 않아도 되어서 인건비 절감도 있고, 웬만한 관리는 프랜차이즈 본사에서 해주기 때문에 물건 낙찰 후 리모델링을 거쳐 사업하는 모델로 훌륭하다. 이렇게 운영을 해서 매출을 극대화시키고, 향후 일정 시점에 매각하면 사업소득과 매각차익이라는 두 마리 토끼를 잡을 수 있는 훌륭한 출구전략이 된다.

경매를 통해서 수익을 보는 방법을 단순히 낙찰받아서 가격이 오르면 판다는 일차원적인 생각에서 벗어나 해당 부동산의 '사용가치'에 좀 더 집중해보면, 임대소득과 사업소득의 관점에서 새로운 안목이 생길 수 있다. 우리는 그 부분에 좀 더 집중하자. 투자 방법의 대표적인 주식

리모델링 후 농어촌 민박을 사용하는 시골집

과 부동산을 비교해보면 주식은 오로지 자산가치만 있고, 사용가치가 없다. 하지만 부동산은 사용하는데 가격도 올라가는 사용가치와 자산 가치 둘 다 있다. 그리고 진짜 주식 부자는 회사를 설립하거나 운영하는 사업을 하는 오너들이다. 그들만이 주식의 보유를 통해 경영권을 확보하고, 주식의 사용가치를 가지는 사람들이다. 일반 주식 투자자는 사용가치를 누릴 수 없다. 하지만 부동산은 이 사용가치 측면에서 아주 월등하다. 사용하는데 가치가 오르는 자산이다. 자동차는 사용가치가 있지만, 자산가치는 반비례한다. 그래서 우리나라 부자는 대부분 주식보다 부동산으로 부자가 된 사람이 많다. 출구전략의 의미도 사용가치를 최대한 활용하고, 차후 자산가치도 누릴 수 있는 방법을 찾는 하나의 과정이라고 보면 될 것 같다.

경매를 아는 것과 경매를 하는 것! 당신의 선택은?

필자는 경매에서 수없이 많은 패찰 경험이 있다. 돌이켜 보면 50~60건 입찰하면 1건이 낙찰될 정도다. 그만큼 필자가 써낸 입찰가격은 보수적이다. 낙찰이 안 되어도 상관없다. 경매 시장은 매주 열리고, 기회는 언제든 올 수 있다는 생각으로 지금도 입찰하고 있다.

때로는 소신을 지키지 않아 손해 본 경우도 많았다. 그래서 경매 입찰가격만은 내 원칙과 소신을 지키자는 생각으로 지금도 소신 투자를 하고 있다. 소신 입찰로 낙찰받은 물건이 그냥 낙찰받는 물건보다 수익이 훨씬 크다. 오히려 투자 수익을 본 부동산은 경매 물건보다 매매와 개발 행위, 건축 등으로 더 많은 수익을 봤다. 부동산 투자 초창기에는 바쁘다는 핑계로 경매보다는 현 시세를 주고 사서 개발을 통해 수익을 보는 방식을 취했다. 만약 그때 경매를 통해 아파트를 구입해 리모델링 해서 팔고, 위치 좋은 낡은 건물을 사서 리모델링 해서 팔고, 토지를 낙찰받아 개발과 건축을 했더라면 훨씬 더 많은 수익을 남겼을 것이다.

부동산은 늘 호황기만 있는 게 아니다. 불황기를 거치면서 피 같은 재산이 경매로 넘어가는 상황을 겪다 보니 정신이 번쩍 들었다. '이렇게 많은 고생과 노력, 그리고 돈이 들어간 부동산이 경매로 넘어가니 정말 헐값이구나! 아무리 날고 기는 전문가라도 큰 파도(코로나, 금리 급등, 부동산 경기 침체 등)를 맞을 수밖에 없구나. 이 건물을 낙찰받는 사람은 정말 횡재다.' 순간, 망치로 머리를 세게 얻어맞은 듯 큰 깨달음을 얻었다. 내가 정상가격과 정상마진을 위해 노력할 때 누군가는 경매를 통해 좋은 물건을 싸게 사고 있었다. 그 이후로 미친 듯이 부동산 경매와 공매 공부를 하기 시작했다. 닥치는 대로 서점에 가서 신간을 다 읽고, 도서관에 가서 예전 경매, 공매책을 섭렵하다시피 했다. 나름 부동산 투자의 전문가라고 자부했는데, 한참 모자란 자신을 발견했다. 지금도 매주 열리는 경매 법정에 습관적으로 간다. 여전히 모의 투자를 하고, 그중에 괜찮은 물건은 입찰해서 낙찰받는다. 요즘은 점점 경매 물건이 많아지고, 경매 법정에 사람이 많아진다는 것을 체감한다.

현재 경매 시장에 나오는 물건은 대략 1년 전에 연체가 시작된 물건들이다. 이제 본격적으로 대출금리 4%대 이상의 물건이 나오기 시작한다. 그렇기 때문에 대출금리 5%대 이상의 물건도 곧 순차적으로 쏟아져 나올 것이다. 어떤 사람들에게는 아픔이겠지만, 또 어떤 사람들에게는 기회가 오는 것이다. 아픔과 기회가 공존하는 그 시장이 바로 경매 시장이고, 그렇게 부실을 정상으로 만드는 역할이 부동산 경매다. 오늘도 경매 법정은 열린다. 여러분들은 어떤 기대를 품고 이 책을 펼쳤는가? 이 책을 읽는다고 단번에 경매를 다 알 수는 없다. 하지만 이 책을 통해 새로운 영감과 팁을 얻을 수 있다면, 그래서 당신의 투자에 또 하나의 무기를 장착할 수 있는 계기가 되었으면 하는 바람이다. 이 책은 나의 두 번째 책이다. 첫 번째 책인 《지금은 땅이 기회다》를 통해 '토지 투자'와 '토지 개발' 방법을 독자들에게 제시했는데, 부동산 경매를 통한 투자 방법 요청이 많아 두 번째 책을 집필하게 되었다. 앞으로 세 번째, 네 번째 책 집필을 위해 또 나는 열심히 현업에서 투자하고, 경험을 쌓을 계획이다. 마지막으로 내 인생의 좌우명인 《성공하는 사람들의 7가지 습관》의 저자 스티븐 코비(Stephen Covey) 박사의 명언으로 마무리한다.

"생각이 바뀌면 행동이 바뀐다."

이 책이 여러분의 생각을 바꾸는 계기가 되길 바란다.

돈 되는 실전 경매 5가지 아이템

나는 부동산 경매로
부자를 꿈꾼다!

제1판 1쇄 2024년 6월 28일

지은이 정병철(정프로)
펴낸이 허연 　　　　　　　**펴낸곳** 매경출판㈜
기획제작 ㈜두드림미디어
책임편집 배성분 　　　　　　**디자인** 김진나(nah1052@naver.com)
마케팅 김성현, 한동우, 구민지

매경출판㈜
등록 2003년 4월 24일(No. 2-3759)
주소 (04557) 서울시 중구 충무로 2(필동 1가) 매일경제 별관 2층 매경출판㈜
홈페이지 www.mkbook.co.kr
전화 02)333-3577
이메일 dodreamedia@naver.com(원고 투고 및 출판 관련 문의)
인쇄·제본 ㈜M-print 031)8071-0961

ISBN 979-11-6484-692-4 (03320)

같이 읽으면 좋은 책들

신방수 세무사의 개정판
확 바뀐
**부동산
매매사업자
세무** 가이드북
실전 편

땅 투자의 초특급 핵심 비밀
**오르는 땅의
비밀 노트**

기초부터 나 홀로 소송까지
**부동산 경매
권리분석
5단계**

신방수 세무사의
**가족법인
이렇게
운영하라**

**재개발·재건축
이론과
투자 중개실무**

출구전략을 확보한 안전한 땅투자 비법
**시행의
금뱃트에
내 땅을
꺼내라!**

**부동산 투자의
내비게이터**

누구나 성공할 수 있는 경매 투자 교과서
**조보자도 고수 되는
부동산 경매**

노하우·데이터·인공지능 시대의
부동산 정책 분석
**시장을 이기는
정책은 없다**

부동산 정책을 알면 시장이 보인다!

**WHY
부동산
정책,
&
HOW**

세금 모르고 건축하다가는 쪽박 손해본다!
신방수 세무사의
**신축·리모델링
건축주 세무
가이드북**

**토통령의
답이
정해져 있는
땅 투자**

당신도 5년 안에
**100억
부동산 부자가**
될 수 있다

대박나는 부동산 중개
**핵심
공인중개사
실무 교육**

스스로 사고파는 상위 1%
**토지 투자
비밀 과외**

건설부동산전문가와 함께 살펴보는
**부동산의
가 치 를
높 이 는
방 법**

똑똑한 사람들은
월세 낼 돈으로
**건물주 돼서
창업한다!**

**부동산
공 매**
이렇게 쉬웠어?
경매 실무와 실전 사례

**부동산
공 매**
이렇게 쉬웠어?
알기 쉬운 기초 공매

**오피스텔
투자 바이블**
35살, 35채로 인생을 바꾸다

백만장자 라이프
꼬마빌딩 건축

신방수 세무사의
확 바뀐
상가
빌딩
절세 가이드북

우대빵과 함께하는
성공 부동산
중개사무소
창업

수익형간 깐깐한 두 마리 토끼를 잡는
지식산업센터
투자의
정석

닥치고 현장!
소액자본으로
부동산
부자되기

신방수 세무사의
부동산 증여에
관한 모든 것

부자 경매의 시작
알기 쉬운
기초 경매

라쌤과 함께 공부하는
셀프 경매
바이블

실전 사례로 풀어보는
상가 셀프
경매의 정석

닥치고 현장!
부동산에
미치다

빌라
투자
방정식

DEVELOPER
부동산 투자의 제4물결
디벨로퍼
경매

부동산 슈퍼리치만 아는
투자 비밀

월세
보증금으로
부동산 산다
반값 생활 경매 솔루션

신방수 세무사의
1인
부동산
법인
마련과 제대로
운영하라!

대박나는 부동산 중개
공인중개사
실무 교육

실전사례로 알려주는
부동산
경매·공매
특수물건
투자 비법

보험아줌마 상가 투자로 건물주 되다
거지였던 나는
상가 투자로
32억
건물주
가 되었다

부동산 흐름을 알 수 있을
공매 투자,
지금이 기회다

직장인도 따라 할 수 있는
별장펜션 창업

한 권으로 끝내는
토지투자 성공공식

임장의 여왕이
알려주는
부동산 투자 전략

'발칙한 발상'이
부동산 성공 투자를
부른다
토지, 상가의 성공 투자법

미니
재개발·재건축의
모든 것

이기는
부동산 경매의
비밀

이제 부동산 세금을 알아야
주택 보유&
처분
할 수 있는
시대다

투자 전, 꼭 알아야 하는
상가임대차법

부동산 경매,
초보에서
탈출하라

초규제 시대,
부동산 투자의 정석

돈이 되는 부동산
vs
돌이 되는 부동산

양도
소득세
완전
분석

사례로 풀어보는
지분경매
지분경매 해결 TWO 기둥
= 소송+협상

부동산 거래 전에
자금출처부터
준비하라!

부동산 관리도
경영의 시대

부동산 관리와
종합서비스

상속분쟁 예방과
상속
증여
절세 비법

길 파옇도 돈 버는
셰어하우스
SHARE
HOUSE

내 꿈에 저당한
대박 상가
투자법

주택임대사업자
등록과
절세 비법

나는 장애를 딛고
부동산 경매로
성공했다

지식산업센터 투자 실전 편
부동산 투자,
아파트형
공장이
틈새다

2금 만에 월세 200만 명 받는
월세 부자
레시피
이제 당신도 부자가 될 수 있다!

직장인들도
쉽게 따라할 수 있는
新 부동산 공매
가이드북
실전편

경공매·NPL·부동산의 자산가치 꼭 알아야 하는
부동산
매매·임대사업자
세무
Real estate
Business
Tax
Guide Book
가이드북
실전편

나는
부동산 투자로
파산자에서
100억 부자가
되었다

경매하기 싫은 경매 투자자들의 신세계
지분경매,
공유지분,
독점경매
남들과 경쟁하기 싫고,
혼자 전부 독식하고 싶다!

입찰에서 취득까지, 배당에서 명도까지
부동산 경매의 모든 것
이것이 진짜
성공 경매다

부동산 전문 아나운서의 재테크 실전법
결혼은 선택이지만
부동산
투자는
필수다

수익형 부동산 건축과 재테크 투자 비법
헌집 살래
새집 살래
건축을 알면
알짜 부동산이 한눈에 보인다!

부자 되는
주택
임대사업
이제 대세는 수익형 부동산이다
평생 돈 걱정 없이 사는 월세 부자 되기

돈 버는
공인중개사 는
따로 있다

전세가를 알면
부동산 투자
가 보인다
시장 심리를 파악하면, 투자 흐름이 보인다

서울시 공장경매과
주무관이 알려주는
부동산
거래와
판 례

지분 경매로
토지 개발업자 되기

부동산 재테크
역세권이
답이다

세무사 3인이 알려주는
세무조사
대비의 모든 것

커피 한 잔 값으로
초대형 오피스 주인 되기
리츠
일리어답터

고수익을 안겨주는 토지투자
신의 한 수
금맥
경매

권리분석
완전정복으로
10년 안에
10억 벌기
"치밀한 경정분석이
투자 성공률을 높여라!"

고수가 알려주는 월화 타짜 땅 투자의 모든 것
대한민국을
움직이는
땅 투자 법칙100